진화하는 대학도서관

이용자 관점에서 살펴본 대학도서관의 문제와 대안

진화하는 대학 도서관

이용자 관점에서 살펴본 대학도서관의 문제와 대안

지넷 우드워드 지음 ┃ 이윤희 옮김

한울
아카데미

차례

옮긴이의 말

과거에서부터 현재까지 대학사회를 구성하는 기본 요소에서 대학도
서관이 빠졌던 적은 없었다. 하지만 다가오는 미래에도 그럴 거라고
확신할 수 있을까? 전통적 개념의 대학도서관 존속에 의문을 제기하
는 목소리가 계속해서 이어지고 있다. 지금 대학도서관은 유사 이래
가장 어두운 시간을 보내고 있는 중이다.

솔직히 대학도서관이 처한 어려운 상황이 어제 오늘 일은 아니므
로 이에 대한 원인은 다양하게 분석할 수 있다. 하지만 상당 부분은
대학도서관이 학내 전체에 미치는 영향력이 미약하기 때문임을 부인
할 수 없다. 묵묵히 맡은 바 책임을 다하는 것만으로는 부족한 시대이
니 어쩔 수 없다. 좀 더 적극적으로 대학도서관의 존재를 알려야 한
다. 아니, 어쩌면 이것만으로는 부족할 수 있다. 서글프지만 이제는
전략적으로, 정치적으로 대학도서관 사서들이 행동할 때이다.

이러한 의미에서 대학도서관 운영의 가치를 소속 대학의 교육 목
표와 연관시켜 나가야 한다는 이 책의 내용은 주목할 필요가 있다. 도
서관 방문자 수나 대출 책수와 같이 이용률을 근거로 대학도서관 가
치를 보여주는 방식은 대학 본부의 의사결정자나 이해관계자에게 설
득력을 얻기 어렵다. 그보다는 대학도서관 활용이 학내 구성원의 교
육이나 연구활동에 어떤 영향을 끼치고 있는지 보여주는 편이 더 유
용할 것이다.

기존에는 방대한 장서량만으로 대학도서관 순위를 가늠하는 일
이 가능했다. 하지만 온라인상에서도 필요한 정보를 찾고 활용하기가

점점 수월해지고 있다. 굳이 도서관을 찾지 않더라도 말이다. 그렇다면 앞으로의 대학도서관 운영은 어디에 초점을 맞추어야 할까? 이 책의 저자는 공공도서관과 여러 대학도서관의 사례를 소개하면서 학내 구성원의 긍정적인 도서관 경험을 강조하고 있다. 가능한 한 많은 학내 구성원이 도서관의 물리적인 공간과 자료를 경험할 수 있는 기회를 제공해야 한다는 것이다.

이러한 차원에서 학내 구성원의 니즈를 파악하는 일은 매우 중요하다. 이 책에서도 수차례 언급하고 있지만, 그동안 도서관에서는 이용자 전체의 니즈에만 관심을 가져 왔다. 하지만 이제는 다양한 요구를 수용하기 위해 개별 이용자의 니즈에도 관심을 기울여야 한다. 그들의 라이프스타일에 관심을 갖고, 학내 구성원으로서 어떤 어려움과 니즈를 갖고 있는지 적극적으로 파악하고 충족시키기 위해 노력해야 한다. 이제 더 이상 립서비스에 그친 이용자 서비스로는 충분하지 않다.

사실 이 책은 대학도서관 운영에 대한 체계적인 가이드나 총괄서는 아니다. 그보다는 대학도서관을 사랑하는 선배 사서의 주관적인 경험담이자 의견에 더 가깝다. 게다가 10년 전에 발표된 내용이라 대학도서관 혁신이라 말하기 조금 쑥스러운 것도 사실이다. 다만 이 책을 통해 우리와 비슷한 어려움을 앞서 겪었던 미국 대학도서관 사례를 참고하면서 앞으로 우리가 나아갈 방향을 함께 고민하는 시간이 되었으면 한다. 더불어 저자의 표현대로 장밋빛 미래이든 아니면 절망적인 미래이든 구체적인 대학도서관의 미래를 함께 그려볼 수 있는 기회가 되기를 바라본다.

2021년 5월
이윤희

서문

전문사서를 주축으로 보조사서와 근로학생의 지원을 받아 참고봉사에서부터 장서 개발, 자료를 분류하고 목록을 작성하는 업무, 이용자에게 자료를 빌려주고 반납을 받는 업무에 이르기까지 다양한 활동이 진행되고 있는 전통적 의미의 대학도서관이, 유사 이래 가장 어려운 시간을 보내고 있다. 굳이 도서관을 찾지 않더라도 인터넷상에서 이용할 수 있는 학술자료가 날로 증가하고 있는 이 시점에 대학도서관은 어디에 초점을 맞춰야 할까? 최근 대학도서관 사서들은 제대로 정신을 차리기 어려울 만큼 급격한 변화를 겪어야만 했다. 그런데 이런 상황이 앞으로도 계속된다면 과연 어떻게 대처해야 할까? 또, 오프라인 도서관 운영에 필요한 많은 비용에 대한 정당성은 어떻게 확보해야 할까? 대학도서관 본연의 임무를 수행하는 데 오프라인 도서관은 어떻게 활용할 수 있을까?

변화하는 요구에 대응하기

그동안 대학도서관 사서들은 이용자들의 변화하는 요구를 바탕으로 새로운 서비스를 개발하면서 도서관과 사서의 필요성을 재편성해 왔다. 그런데 실은 커피숍에서 공부하고 집에서는 노트북과 함께 휴식을 취하는 학생과 교수진에게 쓸데없이 어제의 도서관을 마케팅하고 있었는지도 모른다. 이들이 스타벅스나 각자의 방에서 느끼는 편안함을 대학도서관은 어떻게 제공할 수 있을까?

사서들은 변화하는 이용자 성향에 늘 관심을 갖고 대응해 왔다고 자신하지만 겉으로 잘 드러나지 않는 가장 골치 아픈 변화를 직접 마주했던 적은 없다. 과거 도서관의 근간이라 할 수 있는 많은 양의 인쇄 자료를 새로운 기회로 활용하려면 어떻게 해야 할까? 한편 대학도서관의 물리적 공간과 인쇄 자료는 21세기인 지금도 여전히 필요하다는 사실을 이용자에게 어떻게 알려줘야 할까? 대학도서관이 성장하기 위해서는 도서관의 가치와 사서의 역할을 진지하게 고민해야 한다. 나는 이러한 차원에서 대학도서관의 변화에 따른 사서들의 창의적인 대응 방법과 혁신적인 성공 전략을 한자리에 모아 소개하는 책을 펴내게 되었다.

미국의 대학도서관 사서직은 교수직이 롤 모델이었다고 한다. 때로는 부당한 처우와 수적 열세로 인한 어려움도 있었지만, 교수직과 동등한 권리와 혜택을 보장받기 위해 대학도서관 사서들은 오랫동안 노력했다. 이러한 인식을 바탕으로 대학도서관 사서들은 교과과정 개발과 학문의 자유를 위한 권리를 확립하기 위해 적극적으로 참여했다. 당연히 순탄한 과정은 아니었다.

물적 요구의 충족보다 지적 추구의 자유를 강조하는* 대학교 문화가 때로는 정돈되지 않은 어수선한 모습으로 비치는 경우가 있다. 자의든 타의든 대학도서관 역시 이러한 대학교 문화의 영향을 받지 않을 수 없었다. 다른 관종館種의 도서관에 비해 대학도서관은 소장 자료 비중이 매우 크다. 하지만 이용자에게 양질의 자료를 제공할 수 있는 자료 구입 예산은 언제나 빠듯한 편이다. 이러한 영향 때문에 대학도

* [옮긴이] 1960년대 미국의 히피 문화를 말한다.

서관은 항상 예산을 아끼고 절약해야만 했다. 이용자 공간의 실내 디자인이나 분위기를 개선하기 위한 지출은 당연히 어려웠다. 따라서 당시의 대학도서관이 학생들 스스로 찾아가서 이용할 만큼 쾌적한 공간이 아니었을 것이라고 추측할 수 있다. 다소 산만하고 어수선한 느낌의 1960년대 미국 공공 건축물에 비해 1970년대에는 번트오렌지 burnt orange•나 아보카도, 하비스트 골드harvest gold 같은 색상을 즐겨 사용하는, 마치 병원과 같은 분위기의 단정하고 단순한 건물들이 많이 등장했다. 하지만 단순함과 깔끔함을 강조하는 1970년대 모더니즘 건축물 역시 시간이 지나면서 낡고 지저분해졌으며 특유의 건축미는 찾아보기 어려워졌다. 당시 대학도서관으로 사용했던 건물들 가운데 다수는 새로운 건물로 교체되었지만, 새롭게 등장한 건물들 역시 여전히 현재가 아닌 과거 이용자들의 요구에만 치중하고 있다는 느낌이다.

이 책의 범위

이 책에서 언급하는 대학도서관은 물리적 공간을 의미한다. 최근 도서관 분야의 흥미로운 이슈는 '디지털 도서관'이지만 여기서 살펴보게 될 도서관은 우리에게 친숙한 오프라인 도서관이다. 피곤한 학생들에게는 편안한 휴식 공간이 되기도 하고, 사서를 만나 참고 서비스를 제공받을 수 있을 뿐 아니라 신입생을 위한 정보 리터러시 수업이 진행되는 물리적인 대학도서관을 의미한다. 데스크톱 컴퓨터나 노트북만 있으면 쉽게 접근할 수 있는 학술자료가 증가하는 현실에서

• [옮긴이] 타오르는 듯한 오렌지 껍질 색으로, 어두운 주황빛을 띤다.

앞으로 대학도서관은 어떤 역할을 해내야 할까? 21세기 학생들이 기대하는 대학도서관을 구현하려면 대학도서관과 사서들은 어떤 모습으로 진화해야 할까?

이 책은 대학도서관의 존속에 초점을 맞추고 있으므로, 이러한 관점에서 학생과 교수의 도서관 출입 통계 수치는 영향력이 크다고 할 수 있다. 인터넷상에 존재하는 디지털 도서관이 중요하지 않다는 것은 물론 아니다. 이용자들은 이미 온라인상에서 많은 서비스를 이용하고 있다. 하지만 안타깝게도 대학교 사회에서는 이러한 일련의 노력들을 대학도서관과는 별개로 보고 있다. '앞으로는 도서관 건물이 더 이상 필요 없다'거나 '디지털 도서관이 현재의 오프라인 도서관을 대신할 수 있다'는 일부 대학교 행정가의 그릇된 인식은 이를 반영하는 대표적 증거다. 또 학술 데이터베이스나 온라인 자료 구입과 관련한 도서관 업무를 행정부서에서도 얼마든지 할 수 있다고 주장하는 이도 있다. 물론 학내에서 의사결정을 담당하는 대다수가 위와 같은 극단적인 견해를 갖고 있다고 단정할 수는 없다. 하지만 이들은 어디까지나 자신의 눈에 보이는 만큼만 도서관을 이해하고 있다. 도서관을 이용하는 학생들은 보이지 않고, 수많은 서가들로 채워진 도서관 공간을 보면서 학내 의사결정자나 행정부서 직원들이 혹시라도 이렇게 생각하고 있지는 않을까 걱정이다. '귀중한 학교 재산이 이렇게 낭비되고 있다니 아깝군. 이 공간을 더 효율적으로 활용할 수 있는 방법은 없을까?'

이용자 관점

여기에는 이 책을 준비하면서 다녀온 여러 대학도서관의 서비스 개발이나 공간 활용 사례를 함께 담았다. 그리고 도서관을 이용하는 학생 입장에서 대학도서관에 대해 기술하기 위해 학생들의 다양한 의견과 그들의 개인적인 경험을 종합해 담고자 노력했다. 이미 짐작하고 있는지 모르겠지만 실제 학생들이 생각하는 도서관은 사서들이 인식하고 있는 도서관과는 차이가 있다. 학생들이 혁신적인 신규 서비스 관점에서 도서관을 이해하기는 어렵다. 그보다는 각자가 경험하는 만큼만 도서관을 파악하고 이해할 뿐이다. 학생들이 비판하거나 칭찬하는 도서관은 학생 개개인의 요구 사항과 연관이 있다. 예를 들어 지난주에 교체한 편안한 열람실 의자나 대출·반납 데스크에서 만났던 불친절한 직원은 금세 알아채지만, 도서관의 조직 변동이 아무리 획기적이라 해도 학생 개개인의 도서관 경험과 이어지지 않는다면 학생들은 인식하지 못한다.

이 책에서는 대학도서관의 학술적 임무를 강조하기보다는 이를 수행할 수 있는 안정된 기반을 조성하고 확대하는 데 주력했다. 지금 당장 생존 문제가 시급한 대학도서관 입장에서 학내의 학술적 요구까지 수용하기란 쉽지 않기 때문이다. 성공적인 대학도서관 운영을 보장하는 레시피를 만들 수 있다면 어떤 식재료부터 준비해야 할까? 그런데 현재 도서관을 이용하고 있는 학생들보다는 도서관 이용 경험이 전혀 없는 학생들이 도서관을 찾을 수 있는 방안을 마련하는 것이 무엇보다 중요하다. 더불어 도서관의 긍정적인 면이 부각될 수 있도록 학내 곳곳에 입소문을 퍼뜨리는 것도 빠져서는 안 된다.

도서관 2.0

한때 공공도서관과 대학도서관을 휩쓸었던 도서관 2.0Library 2.0에 대한 항목도 마련했다. 이 책에서는 도서관 2.0에 대한 내용보다는 관련 원리를 중심으로 살펴보려고 한다. 어떤 이는 도서관에 관한 혁신적인 관점으로서 도서관 2.0을 환영한 이도 있지만 기존의 생각을 다시 정리하고 다듬었을 뿐이라는 의견도 있다. 어느 쪽이 옳고 그른지 판단하기에 앞서 도서관 2.0은 도서관계에 상당한 영향력을 끼쳤다. 도서관 이용자 서비스를 다룬 책마다 도서관 2.0과 관련한 원리가 빠지지 않고 언급되는 것만 봐도 그렇다. 자신이 기대했던 방향으로 도서관을 바꾸지 못한 점을 지적하기 위해 도서관 2.0을 활용한 대학도서관 사서도 있는 반면, 도서관 2.0의 기본 원리를 적용해 나가면서 사서의 노력과 도서관 서비스가 새롭게 부각되는 경험을 했다는 사서도 있다. 이용자 중심 도서관의 다른 측면을 고려할 때, 도서관마다 왜 그렇게 다른 결과가 나왔는지 더 확실해질 것이다.

도서관 비교

본문을 시작하기에 앞서 이 책을 쓰게 된 계기를 밝히고 싶다. 나는 25년간 근무했던 대학도서관에서 퇴직한 뒤 공공도서관●에서 관장직을 맡은 적이 있다. 근무 장소가 대학도서관에서 공공도서관으로 바뀌면서, 공공도서관 역시 대학교만큼이나 어려운 상황임을 실감했다. 그리고 공공도서관이나 대학도서관 모두 이용자에게 필요한 정보를 제공한다는 면에서는 공통점을 찾을 수 있었다. 또 한편으로 여러 가지 궁금한 점도 있었는데, 그중 하나는 대형 서점을 찾는 이용자들

●   [옮긴이] 와이오밍주 윈드리버산 기슭에 위치한 프레몬트카운티(Fremont County) 공공도서관을 말한다.

이 증가하는 현상이다. 무료로 책을 볼 수 있는 도서관이 있음에도 불구하고 서점을 자주 찾는 이유는 무엇일까? 돈까지 지불하면서 말이다. 이러한 개인적인 고민들이 계기가 되어 『서점을 모델로 하는 이용자 중심 도서관 만들기Creating the Customer-Driven Library: Building on the Bookstore Model』라는 책을 발표했다. 이 책에는 대학도서관에 적용할 수 있는 내용은 있지만 대학도서관의 상황을 충분히 반영하지는 못했다.

무엇보다 대학도서관만의 제한된 상황을 충분히 고려한 책이 필요하다고 생각했다. 또한 대학도서관 사서들에게 미약하게나마 도움이 되고 싶은 개인적인 바람도 있었다. 공공도서관 역시 해결해야 될 많은 과제가 있지만 스스로 변화할 수 있는 상당한 자율권도 갖고 있다. 이에 반해 모기관인 대학교의 필수적인 구성 요소로서 역할과 기능을 수행해야 하는 대학도서관은 당연히 대학교의 지배와 통제에서 벗어날 수 없다. 과학기술의 발달로 모든 유형의 도서관은 급격한 변화를 겪어야 했다. 그러나 전자저널과 온라인 자료의 유용성은 공공도서관이나 학교도서관이 아닌 대학도서관 운영에서 가장 큰 영향력을 발휘하고 있다.

대학도서관에만 적용되는 이러한 특징은 결국 대학도서관 운영의 어려움을 의미한다. 일부 비관론자들은 전통적 개념의 대학도서관 존속에 의문을 제기하고 있다. 동시에 대학도서관의 자료 대출과 출입과 관련한 통계 수치는 계속해서 하락하고 있다. 모두 대학도서관의 위기의식을 부추기는 요인들이다. 대학도서관 존재의 구심력과 타당성을 강화할 수 있는 새로운 도서관 서비스를 어떻게 계획할 수 있을까? 이 질문에 대한 답은 사서들 자신과 그동안 그들이 쌓아온 도서관에 대한 지식과 경험에 달려 있다. 개인적인 생각이지만, 사서라는 직업에 대해 우리들 스스로 과소평가해 왔다고 생각한다. 사서들의 노력이 없었다면 인류의 지식과 기술, 창조성 등은 지금까지 전해지기 어려웠을 것이다. 대학도서관이 지금의 위기를 극복하고 21세기에도 계속 발전해 나가려면 대학도서관 이용자의 요구를 충분히 파악하고 이를 도서관 운영에 반영해야 한다.

제1장

대학도서관의 개혁

대학도서관을 가상공간에서 이용하는 날이 정말 올까? 물리적인 도서관을 직접 찾아가는 대신 온라인상의 도서관에 접속해서 필요한 정보를 찾게 되는 날이 과연 올까? 사서들은 물리적인 도서관에는 소장 공간으로서의 기능뿐 아니라 그 이상의 의미와 역할이 있다고 목소리 높여 주장하고 있다. 그사이 전자책과 종이책을 둘러싼 논쟁도 점점 치열해지고 있다.

슬픈 소식

2001년 ≪크로니클 오브 하이어 에듀케이션Chronicle of Higher Educa-tion≫에 발표한 스콧 칼슨Scott Carlson의 「버려진 도서관The Deserted Library: As Student Work Online, Reading Rooms Empty out-Leading Some Campuses to Add Starbucks」[1]에 따르면, 대학도서관 이용률이 급격히 감소했으며 이는 각 대학도서관의 출입자 수와 대출 책수 통계를 근거로 하고 있다. 지난 3년 동안 아이다호대학교 도서관의 출입자 수와 대출 책수 통계는 20% 정도 감소했으며, 오거스타주립대학교 도서관의 연간 이용자 수는 지난 8년 동안 40만 2361명에서 27만 1977명으로 대폭 감소했다. 그밖에 사우스캐롤라이나대학교, 텍사스크리스천대학교, 캘리포니아대학교, 뉴욕주립대학교, 메릴랜드대학교 도서관 이용 통계 자료에서도 비슷한 추세가 확인되었다.

칼슨의 논문 이후에도 대학도서관 이용과 관련한 통계 수치는 계속해서 하락세를 이어갔다. 한편, 2005년 찰스 마텔Charles Matell은 「유비쿼터스 이용자: 칼슨의 버려진 도서관 재검증The Ubiquitous User: A Re-examination of Carlson's Deserted Library」[2]이라는 논문에서 도서관 장서 수, 대출 책수, 예약 건수, 참고질의 건수 감소 추세가 생각보다 훨씬 심각한

진화하는 대학도서관

상태라고 분석했다. 그리고 도서관 이용률은 계속해서 감소할 것으로 전망했다.

최악의 시나리오

강의실 서너 개 정도를 합쳐놓은 소규모 단과대학도서관에서부터 하버드대학교나 버클리대학교의 크고 웅장한 도서관 건물에 이르기까지, 대학도서관은 매우 다양하다. 사실 대학도서관에 관련한 논의가 쉽지 않은 이유가 바로 이러한 다양성 때문이다. 이 책에서는 최근 대학도서관이 직면하고 있는 여러 고충을 사례와 함께 살펴보려고 한다. 이 책의 사례는 그동안 여러 대학도서관을 직접 방문하면서 보고 들었던 내용을 토대로 했으며, 중간 규모 대학도서관에 적합하도록 구성했다.

각 사례에서는 다양한 유형의 대학도서관 이용자들도 등장한다. 가장 먼저 만나게 될 샤론은 이제 곧 2학년에 올라가는 학부생이다. 샤론은 최근 도서관에서 이용할 수 있는 정보원을 조사해야 하는 과제를 준비하느라 바쁘다. 도서관에서 구독하는 전자 자료나 학술 데이터베이스를 검색하는 과제가 있기는 했지만 이번에는 도서관을 직접 찾아가야만 완성할 수 있기 때문에 도서관을 처음으로 다녀왔다. 도서관 워크숍에 관한 안내를 어디선가 들었지만 당시에는 별다른 필요성은 느끼지 못했다. 어쨌든 지금까지는 오프라인 도서관을 굳이 찾지 않더라도 크게 불편하지는 않았다. 여전히 내키지 않지만 이제는 더 이상 피할 수 없게 되었다.

낯선 공간

샤론은 크고 웅장한 도서관 입구를 지나 로비에 들어섰다. 로비 공간은 넓었지만 이렇다 할 만한 특징은 찾지 못했다. 바닥에는 돌과 세라믹으로 만든 타일을 깔아 놓았는데 걸을 때마다 발소리가 크게 울렸다. 벽면 마감재는 낙서 방지 기능이 있는 콘크리트 블록을 사용했는데 도서관 로비에는 어울리지 않았다. 또, 도서관 안내 자료를 비치하는 리플릿 꽂이에는 잡다한 광고 전단지들이 마구 뒤섞여 있어 눈에 거슬렸다. 학생들의 사물함, 공중전화, 기증자 이름을 새겨놓은 명판 정도로 로비 공간을 채우는 것이 일반적이지만 지금 샤론이 둘러보고 있는 도서관 로비는 텅 비어 있다. 무거운 배낭을 메고 있던 샤론은 편안한 의자에 앉아 잠시 쉬고 싶었다. 아르바이트를 가기 전까지 도서관에서 찾아야 하는 자료를 확인하기 위해 과제물 안내 자료를 다시 읽어보고 싶었지만 아무리 둘러봐도 적당한 의자나 공간은 전혀 보이지 않았다. 낯선 공간에서 느껴지는 어색한 분위기가 샤론을 불편하게 만들었다.

거대하고 냉담한 도서관

도서관 로비 한쪽 벽면에 자리한 대출·반납 데스크 앞에는 학생들이 줄을 서서 순서를 기다리고 있다. 심리학 책을 찾아야 하는 샤론도 이 줄에 합류했다. 하지만 아쉽게도 샤론에게는 별로 도움이 되지 않을 것 같다. 샤론이 순서를 기다리고 있는 줄은 근로학생이 대출·반납 업무를 지원하고 있는데 이 근로학생은 샤론만큼이나 도서관에 대해 아는 것이 별로 없기 때문이다. 샤론이 무엇을 묻더라도 명쾌한 대답은 듣기 어려울 것이다. 대출 업무에 필요한 간단한 교육만 받고 바로 대출 업무를 지원하고 있기 때문이다. 그런데 이 학생이 좀 더 노련했다면 샤론을 참고사서reference librarian에게 안내하거나 온라인 공공 접근 도서목록online public access catalog: OPAC 검색을 권유했을 것이다. 하지만 어찌됐든 샤론은 넓은 도서관에 혼자 들어가서 자료를 찾아야 한다.

드디어 도서관에 들어온 샤론은 표지판을 살펴보고 있다. '휴대폰 사용은 되도록 삼가주십시오', '도서관 이용 규칙을 준수해 주십시오', '큰 소리로 떠들지 마십시오'. 이용자에게 주의를 요청하거나 무언가를 금지하는 내용이 많다. 그런데 **정기간행물**이나 **마이크로폼**microform, **대출** 등과 같이 이용자에게 익숙하지 않은 단어를 사용하는 표지판은 샤론처럼 도서관 이용이 익숙하지 않은 학생들에게는 쉽게 보이지 않을 수 있다. 방향 표시가 부족한 표지판 역시 마찬가지다.

휴식 공간의 중요성

강의가 끝나자마자 도서관으로 달려온 샤론은 가장 먼저 화장실부터 찾았다. 화장실 위치를 한눈에 확인할 수 있는 건물도 있지만 지금 이 도서관은 아무리 둘러봐도 찾을 수가 없다. 건물 내의 화장실 위치는 주로 건축가가 결정하는데, 위치나 동선을 고려하기보다는 자투리 공간을 활용하는 경우가 많다. 지금 샤론이 서 있는 위치에서 가장 가까운 화장실은 안내 표지가 부족하긴 하지만 복도를 따라 내려가면 찾을 수 있다. 안내 데스크에 있는 직원에게 물어볼 수도 있지만 그들은 도대체 어디 있는지 보이질 않는다.

무거운 배낭을 맨 채 캠퍼스를 가로질러 도서관에 도착한 샤론은 로비에서 잠깐 쉬고 싶었지만 마땅한 곳을 찾지 못했다. 샤론은 지금 몸도 마음도 지친 상태다. 도서관에서 근무하고 있는 직원들은 '도서관이 넓다'라는 사실을 잊고 지내기 쉽다. 도서관 각 층의 배치나 자료 배열이 충분히 익숙하므로 자료를 찾는 일 역시 어렵지 않다. 이에 반해 도서관이 익숙하지 않은 이용자들은 필요한 자료를 찾기 위해 적지 않은 시간을 도서관에서 헤매야 한다. 최근 들어 교내 주차 공간이 부족해짐에 따라 캠퍼스 외부에 주차장을 마련하는 대학교가 많다. 물론 이것이 결정적인 이유는 아니지만 대학도서관을 찾아가는 거리는 그만큼 멀어졌다.

키가 높은 도서관 서가 역시 길 찾기를 방해하는 요인 가운데 하나이다. 대략 2~2.4미터 높이 서가들은 도서관을 수백 개 공간으로 분할하는 역할을 한다. 그런데 서가 배열로 나누어진 도서관 공간은 도서관 직원이 아니라면 파악하기가 쉽지 않다. 따라서 안내판 위치 선정이나 이용자 파악과 관련해 도서관에서는 다른 건물과 달리 특별한 주의가 필요하다. 한눈에 들어오는 안내판이 다른 방향에 서 있는 이용자에게는 전혀 보이지 않을 수도 있고 천장에 걸어놓은 안내판이 서가에 가로막힐 수 있다.

도서관 화장실마저 어렵게 찾은 샤론은 도서관 이용이 마치 장애물 코스를 통과하는 것 같다고 생각했다. 처음에 비해 과제에 대한 열의가 좀 식긴 했지만 제출 기한을 맞추려면 자료 조사를 빨리 마쳐야 했다. 샤론은 우선 '지정 자료reserve'* DVD부터 찾아야 했다. **지정 자**

---

* [옮긴이] 수업 지원 서비스의 일환으로, 강의에 사용되는 필독 자료를 해당 강의를 수강하는 학생들이 도서관에서 함께 이용할 수 있도록 교수가 신청해, 개설 학기 동안 해당 자료를 별치 및 관리함으로써 한정된 수량의 자료를 다수의 이용자가 공유할 수 있도록 제공하는 서비스다.

료 서비스가 무엇인지는 정확히 모르지만 화장실 가는 길에 비슷한 안내판을 본 기억이 났다. 샤론은 이번에도 줄을 잘못 섰지만 드디어 DVD를 찾아냈다. 그런데 이 자료는 도서관 내에서 두 시간 동안만 이용할 수 있다고 했다.

도서관 멀티미디어실에는 DVD를 시청할 수 있는 부스 네 대가 있는데 한 대는 고장이 났고 나머지 세 대는 다른 학생들이 사용하고 있었다. 샤론은 지정 자료를 빌렸던 곳으로 다시 돌아가 상황을 설명하고 관외대출이 가능한지 물었다. 지정 자료의 밤샘 대출overnight checkout•은 오후 6시부터 가능하지만 지금은 오후 2시다. 샤론은 저녁에는 아르바이트를 가야 한다. 무엇보다 샤론은 이제 그만 도서관에서 나가고 싶다. 그런데 내일도 DVD를 보기 힘들다면 아무래도 포기해야 할 것 같다.

다음으로 참고문헌에 있는 학술지 기사를 도서관 OPAC에서 찾아야 한다. 평소 컴퓨터 사용이 익숙한 샤론은 빠르고 능숙하게 필요한 자료를 OPAC에서 검색해서 찾았다. 도서관 OPAC 화면은 구글Google에 비해 헷갈리고 다소 구식이었지만 청구기호는 금방 인쇄했다. 아쉽게도 샤론은 아직 모르고 있지만, 일반적으로 참고자료는 대출이 가능한 자료와 구분해 비치하고 있으며 청구기호에 포함된 별치기호location indicator로 구분할 수 있다. 도서관 OPAC 프로그램에서 별치기호와 청구번호 내용은 각각 다른 파일에 저장되어 있지만 이용자 화면에서는 함께 출력된다. 그런데 문제는 별치기호를 보지 못하고 놓치는 경우가 많다는 사실이다.

•   [옮긴이] 지정도서나 참고도서, 정기간행물과 같은 자료를 야간 시간을 활용해 빌려주는 서비스다.

보이지 않는 도서관 직원

도서관 직원이라면 누구나 OPAC 검색 결과를 이용자에게 설명할 수 있다. 그런데 지금 샤론 주위에는 도움을 청할 만한 직원이 한 명도 보이지 않는다. OPAC 검색대는 비교적 저렴한 비용으로 설치할 수 있지만 이용자에게 OPAC 검색 결과를 설명하고 안내해 주는 도서관은 드물다. 도서관 직원들은 주로 이용자가 보이지 않는 별도의 사무실에서 근무하고 있기 때문이다. 만약 샤론이 도서관에 들어가자마자 직원의 도움을 받을 수 있었더라면 아마 상당한 시간을 아꼈을 것이다. 도서관 이용자와 직원 간의 부족한 상호작용에 대해서는 이미 많은 연구자료에서도 지적하고 있다. 여러분이 근무하는 도서관의 이용자들이 복잡한 도서관 건물 구조 때문에 필요한 자료를 제대로 찾지 못한다거나 참고데스크 또는 안내 데스크에 문의하는 이용자 수가 매우 적다면 이는 도서관 어딘가에 문제가 발생했다는 신호로 볼 수 있다.

낡은 도서관 안내판

샤론이 지금 보고 있는 도서관 안내도는 설치 당시의 모습을 그대로 유지하고 있다. 상당히 많은 시간이 흘렀지만 유리장 안에 있는 안내도에는 그동안의 변동 내역이 전혀 반영되지 않았다. 변화하는 유기체로서의 도서관이 아닌 과거에 머물고 있는 도서관을 보여주는 셈이다. 어쨌든 안내도에 표시된 위치 정보는 바뀌지 않았다고 하니 샤론에게는 그나마 다행이지만 말이다. 샤론은 메자닌층mezzanine•에 있는 책을 찾으려고 엘리베이터를 탔다. 그런데 메자닌층을 가리키는 버튼이 보이지 않았다. 메자닌층 이용 안내문을 엘리베이터 벽면에 부착했지만, 오래전에 바닥에 떨어져서 지금은 확인할 수 없다.

이번에도 책을 찾지 못한 샤론은 과제에 필요한 책을 두 권이나 놓쳐버렸다. 이제 그만 과제를 포기하고 싶은 게 솔직한 심정이었다. 그런데 샤론이 찾는 책은 일반자료실이 아닌 참고자료실 서가에 비치되어 있다. 샤론에게 도서관 이용 경험이 있었다면 쉽게 찾았겠지만, 다시 대출 반납 데스크로 돌아가 도움을 요청하고 나서야 자료를 찾을 수 있었다. 하지만 대출이 제한되어 있는 참고도서였기 때문에 복사만 가능했다.

이용자 편의가 최우선이다

다음은 오랜만에 모교 도서관을 다녀온 친구가 들려준 이야기다. 친구가 졸업한 학교는 이름만 들으면 누구나 알만한 유명한 대학교로, 그 대학교의 도서관에는 지원 기금이나 기부금 혹은 다양한 명목의 엄청난 기금이 매년 쏟아진다고 한다. 듣기만 해도 그저 부러울 따름이다. 그곳에서 박사학위를 받은 그 친구를 비롯한 대학교 동문들은 도서관을 이용할 수 있다.

친구는 도서관에서 검색한 자료 가운데 일부를 출력하려고 프린터를 찾았지만 출력카드가 없어서 사용하지 못했다. 그런데 하필이면 그날 도서관 출력카드 자판기 가운데 한 대는 고장이었고 4층에 있는 나머지 한 대마저 제대로 작동하지 않았다. 게다가 친구가 너무 구겨진 지폐를 사용하는 바람에 자판기가 모두 뱉어냈다. 출력카드 한 장

● [옮긴이] 건물 내부의 위층과 아래층 사이에 설치된 중간층이다.

때문에 어쩔 수 없이 본부관까지 다녀온 친구는 마침내 원하는 자료를 출력할 수 있었다. 대신 친구는 공공도서관에 신청하려고 참고자료를 따로 메모해 둔 종이를 잃어버렸다.

샤론의 대학교에서도 복사나 출력과 관련해 교내에서 두루 사용할 수 있는 슈퍼카드를 사용하고 있다. 덕분에 도서관에서는 복사 요금 수납에 따른 업무가 대폭 간소해졌다. 이제 더 이상 잔돈을 준비해 두거나 바꿔줄 일이 없기 때문이다. 물론 그렇다고 해서 복사 서비스 담당 직원의 업무가 완전히 사라진 것은 아니다. 도서관 복사기와 프린터는 계속해서 점검해야 한다. 출력이나 복사와 관련된 업무가 번거롭기는 하지만 도서관이 완전히 손을 놓을 수는 없기 때문이다. 그런데 도서관 이용자들 가운데 출력이나 복사카드 사용과 관련해서 유쾌하지 않은 경험을 갖고 있는 이들이 많다. 어쩌면 그 친구 역시 처음에는 방대한 모교 도서관 규모에 감탄했을지 모른다. 하지만 앞으로는 번거로운 과정을 거쳐 어렵게 구했던 출력카드에 대한 기억을 가장 먼저 떠올리지 않을까 걱정이다.

샤론 역시 토너와 종이가 넉넉하게 채워져 있고 제대로 작동하는 복사기를 찾느라 조금 헤매기는 했다. 그런데 오늘 도서관에서 가장 마지막으로 만났던 친절한 참고사서 덕분에 도서관에 대한 부정적인 생각이 조금씩 바뀌고 있다. 한편으로는 참고사서를 가장 먼저 만났더라면 어땠을까 하는 아쉬움도 남았다. 공공도서관과 학교도서관을 이용하는 동안에는 **참고사서**의 존재를 전혀 몰랐다는 샤론은 대학도서관에 근무하는 모든 직원을 당연히 사서라고 생각했을 것이다. 참고사서가 다른 사서들과 어떻게 다른지 잘 모르고 있을 테니 말이다.

　　　　　　　　　　　　　　　　　　　　진화하는 대학도서관

참고 서비스의 진화

샤론이 자료를 찾으면서 만났던 직원이 바로 참고사서다. 최근에는 담당 직원을 두지 않고 참고데스크를 운영하는 대학도서관이 꽤 많은 편이다. 아쉽게도 이러한 상황은 당분간 계속될 것 같다. 이 책을 준비하면서 나는 다양한 대학도서관을 다녀왔는데, 오늘날의 대학도서관은 내가 학창 시절 이용했던 모습과는 많이 달라졌다. 과거에는 도서명이나 저자 이름순으로 분류된 목록카드를 하나씩 넘겨가며 필요한 책을 찾았다. 그런데 목록카드는 누구나 쉽게 이용할 수 있는 서지 도구는 아니었다. 목록카드함에 도서카드를 배열하는 규칙이 복잡할 뿐 아니라 카드에 기재되어 있는 주제명 표목標木 역시 고개를 갸웃거리게 하는 경우가 많았다. 평소 목록카드를 자주 사용했던 이용자가 아니라면 사서의 도움을 받아야 원하는 자료를 찾을 수 있었다.

도서관은 수년간에 걸쳐 외부 환경은 고려하지 않은 채 도서관만의 절차와 규칙을 개발하는 데 집중했다. 이는 꼼꼼하고 세밀한 사서의 성향과도 어느 정도 관련이 있다고 생각한다. 문제는 이렇게 개발된 도서관 규칙이 이용자들에게는 너무 어려웠으며 필요한 자료를 찾기도 쉽지 않았다는 것이다. 그래서 지나치게 독자적인 도서관의 기준과 규칙을 이용자에게 설명하고 통역해 줄 수 있는 사서의 역할이 필요했다. 그런데 컴퓨터가 등장하면서 놀라운 일이 벌어졌다. 컴퓨터는 사서보다 더 섬세하고 정교하게 세부적인 사항까지 능숙히 처리했으며, 모든 상황에 절차와 규칙을 적용했다. 도서관 업무에 컴퓨터가 적용되면서 마침내 이용자와 도서관은 서로 동일한 언어를 사용하게 되었고, 이용자들도 사서만큼 도서관 자원을 활용하기 시작했다. 바로 그즈음부터 도서관계에서는 '참고봉사의 죽음death of reference'이 언급되기 시작했다.

컴퓨터 기술의 발전으로 사서들의 참고봉사 업무가 쓸모없어졌다고 서둘러 단정할 필요는 없다. 그보다는 이용자를 관찰하고 분석하는 것이 우선이다. 도서관에서 제공하는 자료는 인쇄형 책자에서부터 전자책, 인쇄저널, 마이크로폼, 비디오, DVD, CD에 이르기까지 매우 다양하다. 이에 반해 과거 도서관에서 제공하는 정보 유형은 매우 제한적이었다. 하지만 도서관 정보에 대한 이용자들의 신뢰도는 지금보다 훨씬 높았다고 생각한다. 요새는 도서관보다 구글의 검색 결과를 더 선호하는 이용자들이 많다.

참고 서비스, 정보 서비스, 레퍼런스 서비스 등 다양한 표현에도 불구하고 대학도서관에서 참고봉사 업무가 부실해진 것은 숨길 수 없는 사실이다. 그런데 사서들은 대학도서관의 필요성에 대해 누구도 설득하지 못하면서 이러한 상황을 여전히 걱정만 하고 있다. 오늘 샤론은 도서관에서 1.5km 가까운 거리를 걸었으며 12개의 자료실을 지나쳤다. 하지만 도서관 직원은 한 명도 마주치지 않았다.

다행스럽게도 샤론의 상황은 조금씩 나아지고 있다. 지금 샤론은 도서관 안내도와 이용 방법이 수록된 브로슈어를 들고 있다. 사실 도서관에 도착했을 무렵 샤론은 이미 잔뜩 지쳐있었다. 하지만 도서관에서도 이리저리 헤매고 돌아다니느라 이제는 에너지가 거의 바닥난 상태다. 그리고 한 시간 가까이 자료를 찾았지만 필요한 자료 가운데 고작 한 개만 해결된 상태다. 참고사서에게 간단한 안내를 받은 뒤, 샤론은 다른 참고사서에게 정기간행물 이용에 관한 안내를 받았다. 도서관 층별 안내도에 나와 있는 대로, 정기간행물은 3층에서 이용할 수 있었다. 정기간행물은 일정한 간격을 두고 연속적으로 출판하는 자료로, 학술지나 잡지와 같은 자료가 해당한다고 한다. 그리고 샤론이 찾고 있는 정기간행물 자료는 다른 호와 함께 제본되어 있다고 한다. 이런 종류의 정보가 없거나 안내를 받지 못한 이용자들은 도서관 이용이 어려울 수밖에 없다. 샤론은 여전히 숲속을 헤매고 있다.

낭비되는 공간

수많은 서가가 끝없이 늘어서 있는 3층에 도착한 샤론은 낯선 숲에서 길을 잃은 것만 같았다. 샤론의 도서관에서는 주제가 아닌 알파벳순으로 제본 저널을 배가하고 있다. 또, 구독 중인 모든 저널의 과월 호를 소장하고 있기 때문에 서가의 끝이 보이지 않을 정도로 자료의 양이 상당하다. 샤론이 과제를 위해 찾아야 하는 저널은 ≪CJER≫이다. 이번에는 좀 쉽지 않을까 생각했는데 알파벳 'C'까지 따라오는 데도 시간이 한참 걸렸다. 이 도서관에서는 온라인상에서 이용할 수 있거나 이용 대상이 매우 제한되어 있는 간행물의 과월 호도 모두 보관하고 있다.

최근에는 과월 호 자료의 상당 부분이 마이크로피시microfiche나 온라인 저널로 대체되고 있으며, 이용자들이 실제 활용하거나 필요한 인쇄저널은 10% 정도에 그친다고 한다. 그럼에도 도서관에서는 '만일'의 상황에 대비하기 위해 이용률이 저조한 정기간행물까지 모든 과월 호를 보관하고 있다. 당연히 정기간행물의 구독과 관리에는 상당한 예산을 지출하고 있다. 또, 온라인 데이터베이스가 중단될 가능성이 매우 희박함에도 최근 이슈들까지 빠짐없이 제본하고 있다. 샤론은 지금 온통 서가들로만 채워져 있는 공간에 있다. 그런데 샤론이 불편한 이유는 공간의 낭비나 터무니없는 비용 때문이 아니다. 꽤 오랫동안 도서관 직원은 물론 이용자들도 전혀 볼 수 없었던 샤론은 조금씩 불안해졌다. 도서관을 비롯한 공공장소의 안전 문제는 우리 모두가 늘 염려하고 있는 부분이다. 아무도 없는 어둑어둑한 공간은 마치 누군가 숨어 있을 것만 같아서 공포를 느끼거나 불안해질 수 있다.

어쨌든 샤론은 알파벳순으로 배가되어 있는 제본 저널 서가에서 'C'까지는 찾아왔다. 그런데 아무리 봐도 ≪CJER≫이라는 저널은 보이지 않았다. 누군가에게 물어보고 싶었지만 직원이나 근로학생은 전혀 보이질 않았다. 3층 엘리베이터 근처에서 서비스 데스크를 본 것도 같은데 그때도 직원은 보이지 않았다. 샤론이 OPAC에서 필요한 자료를 미리 검색했더라면 ≪CJER≫은 저널 표지에 기재된 축약형이고, 공식 저널명은 ≪California Journal of Educational Research≫라는 사실을 바로 확인했을 것이다. 하지만 오늘은 네트워크 오류 때문에 OPAC를 검색할 수 없었다.

샤론이 좀 더 유능한 근로학생을 만났더라면 좀 더 빨리 자료를 찾았을까? 혹은 샤론의 질문이 좀 더 어려웠더라면 근로학생은 참고 사서에게 도움을 요청했을지도 모른다. 대신 샤론은 낯선 장소에 혼자만 남겨진 듯한 무서운 순간을 경험했다. 자료실 내에 있는 많은 캐럴은 텅텅 비어 있고, 구석에 있는 안락의자에는 노숙인으로 보이는 누군가가 잠을 자고 있다. 샤론과 마주쳤던 학생 한 명도 금방 사라졌다. 샤론은 필요한 자료를 찾기 위해 자신이 할 수 있는 노력은 충분히 했다고 생각했다. 함께 강의를 듣는 다른 학생들은 이미 자료를 찾았을 수도 있다. 혹은 도서관에 찾는 자료가 없다고 담당교수에게 이야기했을 수도 있다. 그러나 도서관에 가서 자료를 찾는 일 따위는 앞으로 하지 말자고 샤론은 다짐했다.

이용자 서비스와 대학도서관의 미래

현재의 대학도서관을 있는 그대로 받아들이면 안 되는 걸까? 그렇게 큰 문제가 되는 걸까? 어쨌든 대다수 이용자들은 각자의 정보 요구를 도서관에서도 해결하고 있으니까 말이다. 자의든 타의든 대학도서관은 급격한 변화의 흐름에 휩쓸리고 있다. 지금으로서는 안타깝지만 현상 유지에 대한 가능성도 보장하기 어렵다. 대학도서관의 이용 감소는 미국의 대학교연구도서관협회Association of College and Research Libraries: ACRL에서 발표하는 각종 통계 지표를 통해서도 확인할 수 있다. 하지만 불리한 상황에서도 일부 우수한 대학도서관은 모기관인 대학교와 사회에 뒤처지지 않기 위해 신속하게 그리고 신중한 자세로 진화를 거듭하고 있다.

도서관 이용자 경험의 고찰

지난 몇 년간 대학도서관 분야의 각종 컨퍼런스의 단골 주제는 '**도서관 2.0**'이라고 할 수 있다. 웹 2.0을 기반으로 비즈니스 2.0 개념이 더해진 도서관 2.0은 IT 시대를 맞아 더욱 활발하게 논의되었다. 그리고 도서관 서비스에도 이러한 원칙이 적용될 수 있음이 분명해졌다. 웹 2.0과 비즈니스 2.0 그리고 도서관 2.0 모두에 적용되는 핵심은 이용자와 협력해야 한다는 믿음이다. 달리 말해 도서관을 비롯한 각 분야의 서비스를 개선하기 위해서는 이용자와 반드시 협력해야 한다. 하지만 도서관 이용자에게 필요한 것을 도서관 직원들이 미루어 짐작하거나 추측하는 것은 바람직하지 않다. 그보다는 이용자들 스스로 각자에게 필요한 서비스를 디자인하는 것이 더 효과적일 수 있다.

IT 시대와 함께 시작된 도서관 2.0은 이용자의 온라인 경험 개선과도 관계가 있으며, 오프라인상의 물리적 도서관 경험에도 충분히 적용할 수 있다.

온라인상에서 의사소통을 나눌 수 있는 다양한 방법이 개발되면서 도서관에서도 온라인 공간에서 이용자와 의견을 나누는 일이 더 쉬워졌다. 디지털 통신을 위한 각종 매체 및 블로그나 위키,* 인스턴트 메시지** 같은 '소셜 소프트웨어'***는 언제든 편리하게 이용할 수 있다. 이 책의 후반부에서 다루겠지만 도서관에서도 소셜미디어를 적극 활용하기 시작했다. 하지만 소셜미디어에는 어쩔 수 없는 여러 가지 한계와 제약이 있다. 물리적인 도서관 건물 내에서 직원과 이용자 간의 직접적인 커뮤니케이션 역시 도서관의 노력만으로 해결할 수 없다는 한계가 있다. 도서관 서비스의 품질을 개선하기 위해 샤론과 같은 이용자의 경험을 어떻게 활용해야 할까? 도서관 2.0 지지자들은 이것이 답하기 어려운 질문이라고 생각한다. 원래 가장 쉬운 대답이 가장 어려울 수 있다.

개별적인 이용자

도서관 2.0이 반드시 필요했다고는 할 수 없지만 도서관에서는 이를 계기로 다시 이용자에게 관심을 갖게 되었다. 도서관이 발표한 통계 자료에서 구체적인 샤론의 흔적은 발견할 수 없다. 전체 이용자 데이터 가운데 샤론의 것도 포함되어 있을 것이라고 짐작만 할 뿐이

---

*   [옮긴이] 인터넷 사용자들이 내용을 직접 편집하고 수정할 수 있는 웹사이트다.
**   [옮긴이] 카카오톡이나 네이트온 같은 폐쇄형 소셜미디어의 한 종류다.
***   [옮긴이] 소셜미디어 서비스(SNS)를 이용할 수 있는 플랫폼이다.

다. 하지만 샤론에게 필요한 서비스와 자료를 제공하려면 이용자 전체의 특성이 아닌 샤론 개인을 이해하고 파악하는 것이 중요하다. 그동안 대학도서관에서는 이용자 전체의 큰 흐름이나 경향에는 관심이 많았지만 샤론과 같은 이용자 개개인에 대해서는 무관심했다. 이용자의 요구 사항에 대해서도 마찬가지다. 대학도서관의 학기별 이용 현황 조사는 오래전에 시작되었지만 이에 대한 구체적인 활용 사례는 아직 알려진 바가 없다.

도서관에서는 여전히 샤론과 같은 개별 이용자보다는 이용자 전체에 관심이 더 많다. 그리고 학생들의 도서관 이용 행태가 전공에 따라 다르다고 자신있게 주장한다. 가령, 경영학과 학생은 빌려간 책을 제때에 반납하지 않는다거나, 물리교육과에는 도서관 사인물을 제대로 읽지 않는 학부생들이 많다는 식으로 부정적인 선입견이 많다. 한편, 도서관이 교수들과 협력할 수 있다면 이용자에 대한 더 많은 내용을 확보할 수 있다. 만약 도서관에서 예정된 과제 정보를 교수를 통해 입수할 수 있다면 이용자들에게 필요한 정보를 보다 충실하게 준비하고 효과적으로 서비스할 수 있을 것이다. 무엇보다 샤론과 같은 학생들에게는 아주 유용할 것이다. 하지만 교수들은 자신이 가르치고 있는 학생들의 장단점이나 학습 습관은 인지하고 있어도, 도서관 이용에 대해서는 전혀 모르고 있는 경우가 많다.

이용자 전체가 아닌 샤론 개인을 파악하기 위해 노력했다면 다른 학부생들과 구별되는 샤론만의 특징을 발견할 수 있다. 예를 들어서 샤론의 가장 큰 고민거리 중 하나는 시간 관리다. 무언가에 쫓기듯 하루하루를 다급하게 지내고 있는 샤론은 그래서 시간 관리 방법을 배워보면 어떨까 생각하고 있다. 또, 지금은 많이 나아졌지만 요즘도 피곤하거나 컨디션이 좋지 않으면 단어와 숫자의 순서가 뒤바뀌어 보이는 난독증* 증세가 심해지는 것도 샤론이 해결해야 하는 숙제다. 간혹 도서관의 사인물이나 표지판을 제대로 이해하지 못하는 경우에는 직원에게 도움을 청하는 편이 훨씬 나을 때도 있다. 하지만 도서관 직원을 직접 마주하는 상황이 샤론은 솔직히 불편하다. 대부분의 대학교 1, 2학년 학생들과 마찬가지로 샤론은 도서관에 대한 자신의 지식이 부족하다고 생각한다. 특히 도서관에서만 사용하는 낯선 용어, 학술지의 서명 표기나 권호에 대해서는 더욱 그렇다. 하지만 적어도 샤론은 자신의 대학교 생활 동안 도서관을 어떻게 활용해야 되는지는 알고 있다.

이용자와 도서관의 파트너 관계

이 책에서는 샤론과 같은 이용자를 도서관 업무에 동참시킬 수 있는 방안을 모색하고자 한다. 대학도서관의 귀중한 자원을 효과적으로 활용하기 위해서는 도서관 직원과 이용자 간의 개별적인 커뮤니케이션 기회를 가능한 한 많이 만들어내야 한다. 이는 온라인과 오프라인 대학도서관 모두에 해당한다. 또 눈앞에 닥친 대학도서관의 위기를 이겨내고 대학도서관이 존속하고 발전하려면 도서관과 이용자 간의 커뮤니케이션은 매우 중요하다. 도서관 직원 명부에는 백여 명에 가까운 직원들이 근무한다고 나와 있지만 실제로 샤론이 도서관에서 마주쳤던 직원은 한 명도 없다. 그렇다면 이 도서관에서는 직원과 이용자가 직접 대면하는 커뮤니케이션 기회가 거의 없다고 볼 수 있다.

---

* [옮긴이] 듣고 말하는 데는 별 어려움이 없으나 문자를 인지하는 데 이상이 있는 상태를 뜻한다.

진화하는 대학도서관

이런 도서관에서는 이용자 서비스를 전혀 언급하지 않거나 직무기술서에 나와 있는 의례적인 문구 몇줄로 대신할 가능성이 매우 높다.

도서관과 도서관 직원의 개편

이용자 서비스를 담당하는 직원들만으로는 대학도서관 변화라는 어려운 과제를 완수할 수 없다. 사서에서부터 행정직원, 보조사서, 컴퓨터 기사 등 다양한 구성원이 참여해야 한다. 물론, 이러한 논의에 대해서는 저마다 다양한 의견과 아이디어를 가지고 있을 것이다. 가장 효과적으로 도서관을 재설계하기 위해서는 전문 지식뿐 아니라 결단력, 그리고 학생과 교수와 진심으로 협력할 수 있는 용기가 있어야 한다. 무엇보다 우수한 재능과 실력을 갖춘 인재가 도서관에 필요하다. 특히 이용자의 눈에 가장 잘 띄는 대출 반납 업무를 담당하는 직원을 선발하고 훈련하는 일은 개선될 점이 너무 많다. 이용자 중심 도서관을 만들기 위해서는 도서관 업무의 우선순위에 대한 철저한 재평가가 필요하며, 도서관 직원에 대한 재평가가 선행되어야 한다.

전폭적인 신뢰

도서관 2.0의 제안에 따라 샤론을 개별적인 도서관 이용자로 인식하고 지원하려면 어떻게 해야 할까? 도서관 서비스를 개선하기 위해 샤론의 도서관 경험을 참고한다고 해도 샤론이 도서관을 이용하는 과정 전체를 파악하는 것은 현실적으로 불가능하다. 그렇다면 샤론의 도서관 이용과 관련해 개선이 필요한 부분은 어떻게 찾아낼 수 있을까? 또 샤론과는 전혀 다른 경험을 갖고 있는 학생들의 도서관 이용은 어떻게 확인할 수 있을까? 이 질문에 대한 논리적인 답은 샤론을 포함한 다른 이용자들이 도서관에 필요한 것은 무엇이며 도서관을 어떻게 이용하고 있는지에 대해 직접 들어봐야 한다는 것이다. 이러한 과정이 없다면 도서관에서는 이용자를 막연히 추측하고 짐작할 수밖에 없다. 그리고 이런 식의 근거없는 믿음이나 의견에 의존하는 상황이 계속될 것이다.

도서관 이용자의 학습 방법이나 언어 습관, 음악 취향, 미숙한 도서관 이용 등을 지적하고 험담하는 직원이 여전히 있다. 도서관 2.0에서 강조하고 있는 개념 중 하나인 **전폭적인 신뢰**radical trust는 대학도서관 혁신을 위해 도서관 의사결정자가 이용자를 기꺼이 신뢰하고 믿는 태도라고 할 수 있다. 샤론에게 도서관 지식이나 경험이 부족한 것은 사실이다. 하지만 샤론이 도서관에서 필요한 것이 무엇인지 알아내려면 가장 먼저 믿고 신뢰하는 태도가 필요하다. 만약 도서관에서 샤론과 같은 개별적인 이용자를 함께 고려할 수 있다면 획기적인 아이디어가 돋보이는 새로운 서비스가 만들어지리라 믿는다. 우리가 기존에 알고 있는 내용과 조금은 모순되더라도 실제 도서관 환경에 즉시 적용하고 실시하는 것이야말로 전폭적인 신뢰라고 할 수 있다.

대학도서관의 한계

대학도서관 사서직의 고충과 어려움을 호소하는 목소리가 점점 커지고 있다. 효율적인 예산 집행을 위한 사서들의 노력에도 불구하고 도서관 예산은 해마다 줄어들고 있으며, 여기에 인력 감축까지 더해져 사서들의 업무량은 예전에 비해 훨씬 늘어난 상태다. 그럼에도 사서들은 도서관 이용자의 다양한 요구 사항에 귀를 기울여야 하고 상충되는 요구가 발생하면 절충점을 찾아 해결해야 한다. 이러한 상황에서 도서관의 미래나 변화를 고려하기란 어려울 수 있다. 하지만 대학도서관의 미래를 위해서는 반드시 필요하다. 잠시만 하던 일을 멈추고 활기차고 역동적인 대학도서관의 미래를 머릿속으로 그려보자.

대학도서관이 변화하는 대학교 환경의 요구에 신속하고 능동적으로 대처하지 못하는 가장 큰 이유는 학내 영향력이 그만큼 부족하기 때문이다. 아무리 혁신적인 아이디어를 갖고 있더라도 학내 의사결정권자의 철저한 검토를 통과해야만 실행에 옮길 수 있기 때문이다. 대학도서관의 가장 핵심적인 업무는 대학교 구성원의 연구와 교육 활동에 필요한 자료를 제공하고 지원하는 일이다. 동시에 대학도서관은 모기관인 대학교의 규정과 절차를 따라야 하는 학내 여러 행정부서 가운데 하나다. 따라서 한정된 학내 자원을 확보하기 위해서는 다른 행정부서와 경쟁할 수밖에 없으며 이러한 과정에서 도서관의 상황을 전혀 모르는 학내 의사결정권자의 요구를 만족시켜야 하는 상황도 피할 수 없다. 하지만 대학도서관의 임무를 수행하는 구체적인 방법은 도서관 스스로 결정하고 선택할 수 있다. 대학도서관을 이용하는 학내 구성원이야말로 도서관이 앞으로 나아갈 방향을 알려주는 중요한 나침반이라고 할 수 있다. 도서관 이용자에게 관심을 갖고 집중해야만 그들이 편안하고 친근하게 느낄 수 있는 도서관을 만들 수 있으며 이용자들의 지적 호기심도 만족시킬 수 있다. 더 나아가 학내 모든 구성원이 대학도서관을 중심으로 모이게 되는 구심점 역할도 가능할 것이다.

참고자료(Resources)

• Carlson, Scott. 2001. "The Deserted Library: As Students Work Online, Reading Rooms Empty Out: Leading Some Campuses to Add Starbucks." *Chronicle of Higher Education*, November 16, 2001, 35. https://www.chronicle.com/article/The-Deserted-Library/32747

• Council on Library and Information Resources. 2005. *Library as Place: Rethinking Roles, Rethinking Space*. CLIR Publication No.129. Washington D.C.: Council on Library and Information Resources. www.clir.org/pubs/reports/pub129/pub129.pdf

• De Rosa, Cathy. 2006. *College Students' Perceptions of Libraries and Information Resources: A Report to the OCLC Membership; A Companion Piece to Perceptions of Libraries and Information Resources*. Dublin, OH: OCLC Online Computer Library Center. www.oclc.org/reports/perceptionscollege.htm

• Dillon, Dennis. 2004.11.10 "College Libraries: The Long Goodbye." *Chronicle of Higher Education*, 51(16). https://www.chronicle.com/article/College-Libraries-the-Long/9160

• Frank, Donald G. and Elizabeth Howell. 2003.1.3. "New Relationships in Academe: Opportunities for Vitality and Relevance." *College and Research Libraries News*, Vol.64, No.1. https://crln.acrl.org/index.php/crlnews/ article/view/21901/27652

• Lowry, Charles B. 2002. "When's This Paradigm Shift Ending?" *portal: Libraries and the Academy*, Vol.2, No.1(January), pp.79~97.

• Mangan, Katherine S. 2005.7.1. "Packing Up the Books: U. of Texas Becomes the Latest Institution to Clear Out a Main Library to Make Room for Computers." *Chronicle of Higher Education*, A27.

• Neal, James G. 2001. "The Entrepreneurial Imperative: Advancing from Incremental to Radical Change in the Academic Library." *portal: Libraries and the Academy*, Vol.1, No.1(January), pp.1~13.

제2장

사서의 리더십과
전문성을 실현하자

오래전 나는 대학도서관에서 많은 동료들과 근무했다. 그 당시 사서들은 도서관에서 진행되는 모든 업무에 함께 참여했으며, 이용자와 사서가 직접 대면하는 기회 역시 많았다. 하지만 지난 30년 동안 대학도서관의 사서degreed librarian*직 인원이 감축됨에 따라 도서 대출이나 문헌 복사 서비스document delivery service**와 같은 업무는 보조사서paraprofessional librarian***에게 맡겨지고 있다. 이뿐만이 아니다. 도서관 직원의 채용과 운영에서 사서직 외에 다양한 직종을 유연하게 수용하겠다는 대학도서관도 속속 등장하고 있다. 대학도서관 사서로서 제 역할을 해내기가 점점 어려워지고 있는 것이다. 도서관 이용자의 요구를 적극 수용하고 이를 업무에 반영해야 하는 사서들이 자신의 역할을 제대로 해내기가 점점 어려워지는 심각한 상황이 전개되고 있다.

사서와 리더십

대학도서관 운영에 대한 전반적인 책임은 도서관장에게 있다. 하지만 학내 구성원의 도서관 경험에 영향을 미치는 수많은 의사결정은 대학도서관에 근무하는 여러 직원들에게 달려 있다. 대학도서관의 가장 귀중한 자산은 무엇일까? 대학도서관에서는 그 자산을 제대로 활용하고 있는 걸까? 한편, 미국에서는 대학도서관 사서로 근무하려면 문헌정보학 석사학위가 있어야 한다. 실제 이들 중에는 문헌정보학뿐

• [옮긴이] 미국에서 사서직을 맡기 위해서는 문헌정보학 석사(master of library and information science: MLIS)학위를 취득해야 한다.
•• [옮긴이] 자관에 소장하고 있지 않은 자료에 대해 해당 자료를 소장하고 있는 다른 도서관에 의뢰해 제공받는 서비스다.
••• [옮긴이] 학사학위 소지자는 보조사서(LIS Associate), 2년제 대학교육 이수자는 보조 직원(LIS Assistant)으로 구분하고 있다.

아니라 타 분야의 석사학위를 여러 개 소지하고 있는 경우도 있다. 뛰어난 지성과 풍부한 지적 호기심 그리고 정보 탐색 능력을 갖춘 대학도서관 사서는 한마디로 도서관에 대한 전문가라고 할 수 있다. 그렇다면 눈앞에 닥친 대학도서관의 위기 극복과 혁신적인 변화는 대학도서관 사서들이 주도하는 것이 가장 바람직할 것이다.

이용자가 생각하는 사서

대학도서관에 근무하는 사서직 인원뿐 아니라 사서와 이용자가 대면하는 서비스 역시 계속해서 줄어들고 있다. 도서관 분야 학술지에서는 이러한 상황을 '참고봉사의 죽음'이라고 표현했다. 학생들에게 온라인 데이터베이스 안내를 위해 석사학위 소지자 채용이 반드시 필요하냐고 묻는 본부 직원을 탓할 수만은 없지만, 어쨌든 결과적으로 이용자 입장에서 도서관 직원을 만날 수 있는 기회가 그만큼 줄어든 것만은 분명한 사실이다. 여전히 참고데스크를 운영 중인 대학도서관이 많지만 대부분 전담 사서를 두기보다는 직원들이 교대로 근무하는 방식으로 운영되고 있다. 일주일에 몇 시간씩 돌아가며 근무하는 것만으로 참고 서비스의 품질이나 참고 업무 기술이 향상되기를 기대하는 것은 무리다. 순번이 돌아온 사서가 참고데스크 업무를 진행하기 어려운 경우에는 근무 경험이 많은 보조사서나 문헌정보학 대학원생을 투입하는 도서관도 있다. 그런데 안내 데스크에서 참고데스크 역할까지 함께 수행해야 한다면 아무래도 보조사서가 해당 업무를 담당할 가능성이 높다.

대학도서관 사서들의 교원 지위 요구

대학도서관에 근무하는 사서들이 너무 바빠서 이용자 서비스pub-
lic service 업무를 제대로 수행하기 어렵다면, 사서에게 가장 중요한 업
무는 무엇일까? 이 질문에 답하기 위해서는 우선 미국 대학도서관 사
서들의 위상이 어떠한지 먼저 확인할 필요가 있다. 미국 대학도서관
사서직의 역사는 전문가와 교원으로서 교수직에 상응하는 급여와 대
우를 확보하려는 길고 힘겨운 싸움이라고 요약할 수 있다. 토드 길먼
Todd Gilman이 ≪크로니클 오브 하이어 에듀케이션≫[1]에 발표한 자료에
의하면, 미국에서는 1990년대 이후부터 사서의 교원 지위를 보장하
는 대학교들이 감소하기 시작했다.

대학도서관 사서들은 이러한 일련의 상황을 겪으면서 사서로서
의 정체성을 고민하고 상실감에 빠지기도 했지만 전문가로서의 지위
를 확보하기 위해 더욱 집중했다. 한편 이들이 느꼈던 불안한 심경의
상당 부분은 직무기술서에 반영되었다. 예를 들어 직무기술서 가운데
사서의 의무와 책임에 대한 내용은 사서들의 지위 확보를 위한 노력
의 차원에서 여러 번에 걸쳐 수정되었다. 또, 도서관 업무 가운데 이
용자 교육이 우선순위가 가장 높았던 이유는 정보 리터러시가 도서관
의 중요한 가치이기도 하지만, 그 업무가 무엇보다 교수의 역할과 유
사했기 때문이다. 컨퍼런스 참석이나 논문 발표, 그리고 디지털도서
관을 구축하고 패스파인더pathfinder와 주제가이드를 작성하는 일, 지리
정보시스템* 지원과 같이 상당한 수준의 지적 능력이 필요한 업무

---

*   [옮긴이] 과거에는 인쇄물 형태로 이용하던 지도 및 지리 정보를 컴퓨터를 활용
해 작성 및 관리하고, 여기서 얻은 지리 정보를 기초로 데이터를 수집·분석·가공해
지형과 관련된 모든 분야에 적용하고자 설계된 종합정보 시스템을 의미한다.

                                              진화하는 대학도서관

역시 교원 지위를 확보하려는 노력과 관련이 있다.

도서관의 요구 대 사서의 요구

교수들이 자신의 연구 업적을 위해 피어리뷰* 저널에 논문을 발표하는 것처럼 대학도서관 사서들도 이와 비슷한 요청을 받는 경우가 있다. 교수들이 논문 작성을 위해 연구하는 시간은 통상적인 업무로 인정하는 반면, 사서들은 논문 작성과는 상관없이 주당 40시간을 근무해야 한다. 따라서 교수들의 승진이나 정년 보장 심사를 위해 사용하는 기준을 사서들에게 적용하는 것은 적절하지 않다. 사서들이 근무 시간 틈틈이 작성하는 논문을 살펴보면 각자의 도서관에서 시행했던 프로그램이나 서비스에 대한 내용이 많다. 엄밀히 말해 도서관 업무에 직접적인 도움이 된다고 보기 어렵다.

각 대학도서관의 사명선언문mission statement**은 학내 구성원에 대한 도서관 서비스를 강조하는 내용이 많다. 그리고 다음과 같은 문구가 자주 등장한다. "이용자 요구를 만족시키다", "이용자 요구에 기여하다", "이용자에게 필요하다". 대학도서관 직원들은 다양한 이용자 요구를 항상 염두에 두고 업무를 수행하고 있다. 예를 들어 문헌 복사 서비스를 담당하는 사서는 신청자 요구가 최대한 반영될 수 있는 쪽으로 업무를 처리한다. 하지만 다음과 같은 의문을 제기할 수 있다. 부서 관리 업무를 과연 학문적인 기능으로 볼 수 있을까? 과연 교수

*   [옮긴이] 특정 학문 영역의 동료 전문가들이 연구를 평가하는 것이다.
**   [옮긴이] 한 개인이나 단체가 이루고자 하는 핵심 가치를 설명하고, 이를 달성하기 위해 단계적으로 어떻게 진행할 것인지를 명료하게 기록한 글이다. 조직의 강령이나 방향, 목표, 슬로건이 여기에 해당하며 '비전선언문'이라고도 한다.

들은 학내 부서를 총괄하는 관리자를 자신의 동료라고 생각할까? 대학교의 각 부서나 학과를 관리하는 것은 행정 업무에 해당한다. 그리고 교수들은 행정 업무를 담당하는 관리자를 자신의 동료라고 생각하지 않는다.

이번에는 대출 업무를 담당하는 부서 사례를 들어보자. 대학도서관의 규모나 상황에 따라 사서직이 아닌 행정직에게 대출 관리 업무를 맡기는 경우가 있다. 아마도 자료를 빌려주고 반납을 받는 업무에는 사서의 전문적인 기술이 필요하지 않다는 가정이 반영된 것으로 보인다. 그런데 대출데스크야말로 도서관에서 가장 많은 학생과 교수를 직접 대면하는 장소이다. 교수들조차 대출데스크에서 만난 직원은 모두 사서라고 생각할 가능성이 높다. 그리고 이 직원들을 바탕으로 도서관에 대한 인상을 결정할 것이다. 대학도서관이 고유한 핵심 역할을 찾기 위해 고심하는 동안 교수들은 사서들로부터 별로 좋은 인상을 받지 못했을 수도 있다. 한편, 보조사서들이 오랜 시간에 걸쳐 도서관 실무 경험을 쌓는다고 해도 대부분 제한적인 업무에 국한되며, 도서관의 목적이나 우선순위와 상충할 가능성도 있다. 다시 말해 도서관이 학내 구성원과 소통하는 방식을 결정하는 중요한 자리인 대출데스크 관리 업무를 도서관 사명에 대한 충분한 이해나 공감이 부족한 직원에게 맡길 수도 있음을 주의해야 한다.

트렌드에 뒤처진 도서관

몇 년 전, 건물 전체가 아닌 일부 층만을 사용하는 대형 대학도서관 한 곳을 방문했었다. 당시 비슷한 규모 도서관에서는 안내 데스크를 메인 층에 하나 정도 배치하는 게 일반적이었다. 그런데 그 도서관

　　　　　　　　　　　　진화하는 대학도서관

에서는 3층과 4층에서도 안내 데스크를 운영했으며, 2개 이상의 안내 데스크를 설치한 층도 있었다. 처음에는 도서관 직원이 많은 줄 알았지만 실제 직원 규모는 다른 도서관과 별다르지 않았다. 다만 사서와 보조사서가 안내 데스크에서 근무하는 시간이 꽤 길었다. 그곳에서는 안내 데스크에서 근무하는 직원이 각자의 업무를 수행할 수 있도록 사무환경을 제공했다. 우선 키가 높은 카운터 책상을 일반 사무용 책상으로 교체했으며, 전화와 잠금장치가 있는 컴퓨터, 파일 보관함, 개인 소지품을 보관할 수 있는 캐비닛 등을 제공했다. 직원이 근무하지 않는 시간에는 이용자들도 사용이 가능했다. 그리고 어디서든 사서의 위치를 쉽게 확인할 수 있도록 커다란 안내판을 천장에 설치했다.

개인적으로 가장 많은 영향을 받은 이 도서관 역시 처음에는 다른 대학도서관과 마찬가지로 고민이 많았다고 한다. 그러던 중 도서관에 대한 부정적인 기사가 교내 신문에 실렸는데, 이를 계기로 사서들이 나서서 도서관의 혁신적인 변화를 직접 주도했다. 무엇보다 사서들이 사무실이 아닌 이용자 공간에서 근무하면서 도서관에 대한 학내 구성원의 인식이 놀라울 정도로 크게 변화했다. 사서가 근무하는 모습이 좀 더 눈에 잘 띄었더라면 이용자들의 도서관 인식에 훨씬 더 많은 영향을 주었을지도 모르겠다.

사서들이 근무 공간을 확대하게 된 원래 의도는 이용자가 많이 찾지 않는 외진 공간에도 직원들을 배치하려는 데 있었다. 업무 진행을 위해 필요한 장비와 자료는 직원 각자의 서비스 데스크에 보관했으며 보고서 작성이나 개인적인 전화 통화는 사생활 보장을 위해 사무실을 사용했다. 그렇다고 사무실을 개인적인 공간으로 활용한 것은 아니다. 데스크마다 전화기는 있었지만 동료 직원 간의 고립감을 최소화하고 결속력을 다지기 위해 인스턴트 메시지 프로그램을 사용했다. 시간이 지남에 따라 사서들은 각자 근무하는 공간을 충분히 파악하게 되었고, 간혹 답변하기 까다로운 문의가 들어오면 참고사서에게 메신저로 도움을 청해서 해결했다.

사서직의 정의

이번에는 문헌정보학의 교과과정과 사서직의 전문성에 대해 생각해 보자. 대략 20년 전까지만 해도 사서직에 대한 정의는 비교적 명확했다. 당시에도 사람들은 도서관에 근무하는 모든 직원을 사서라고 생각하는 경향이 있었지만, 사서들은 자신의 직업에 대해 나름대로의 분명한 기준을 갖고 있었다. 미국에서는 미국도서관협회American Library Association: ALA가 승인하는 문헌정보학 교육기관에서 석사학위를 받아야만 정식 사서가 될 수 있다. 각 학교마다 커리큘럼은 조금씩 차이가 있지만 사서직 업무 수행에 필요한 교육을 받을 수 있다는 점은 모두 동일하다.

20년 전 사서직에 대한 정의는 지금도 여전히 유효하지만 최근 등장한 정보전문직information professional에 대해서는 과거의 정의를 적용하기 어렵다. 또 문헌정보학 교과과정에서도 관련성을 찾기가 쉽지 않다. 실제 대학도서관에서 정보전문직과 사서직은 서로 전혀 다른 직무라고 해도 될 만큼 많은 격차를 보이고 있다. 이러한 이분법적 사고는 문헌정보학 교육에 심각한 문제를 유발한다. 기존 문헌정보학 교과과정으로는 도서관 분야의 다양한 직종에 대한 수요를 만족시키기 어렵기 때문이다. 그리고 사서직과 정보전문직 가운데 누가 진짜 전문가인가를 묻는 질문이 쏟아지는 난처한 상황 역시 양분화된 도서관 상황과 무관하지 않다. 한편, 데이터베이스 개발이나 디지털도서관 프로젝트 담당자들은 업무 특성상 정보 처리 기술이 반드시 필요하다. 이러한 능력이나 기술은 진급 심사와 같은 평가에서 긍정적인 요인으로 작용하는 경향이 있다.

이에 반해 물리적인 도서관에서 근무하는 사서들은 구체적으로 정의할 만한 업무 능력을 갖고 있지 않다. 하지만 '레퍼런스 스킬'만은 도서관의 종류나 시대를 막론하고 모든 사서에게 공통으로 요구되고 있다. 과거 도서관에서 근무했던 사서들에게는 수많은 참고자료를 도구로 삼아 이용자들에게 미지의 학문 세계를 안내하는 레퍼런스 스킬이 필요했다. 당시에는 다양한 참고정보원을 충분히 숙지하고 이를 능숙하게 활용할 수 있어야만 유능한 사서가 될 수 있었다. 그렇다면 21세기를 살아가는 사서들에게는 어떤 능력이 필요할까? 최근 대학 도서관에서 근무하는 사서들에게는 지식 체계를 파악하는 일이 무엇보다 중요하며, 여기서 말하는 지식이란 각 대학교의 학과 과정과 관련이 있다. 도서관마다 소장하고 있는 자원 목록을 작성하고 유지하는 업무는 여전히 진행되고 있지만 원목 작업original cataloging을 실시하는 대학도서관은 찾아보기 어렵다. 더불어 과제나 논문 작성과 관련해 자신에게 필요한 정보가 무엇인지 모르는 학생들의 막막한 마음을 읽어내는 능력 또한 최근의 대학도서관 사서들에게는 필요하다. 한편, 도서관 이용자들에게 편안하고 쾌적하며 즐거운 도서관 환경을 제공하는 업무가 최근 들어 부쩍 강조되고 있다. 그런데 안타깝게도 교수급 지위의 확보에 대해 고민하는 대학도서관 사서들은 이 업무를 사서의 직업적 책임감으로 선뜻 받아들이지 못하고 있다.

사서에게 필요한 리더십

대학도서관이 계속해서 성장하고 발전해 나가려면 우선 부정적인 사고방식에서 벗어나야 한다. 이용자에게 도서관을 안내하고 이들의 요구를 도서관 업무에 반영하는 일은 매우 중요하다. 아주 오래전부터 사서직에 대한 정의에는 **전문가**라는 표현이 항상 빠지지 않았지만, 이제는 새로운 정의가 필요한 시기다. 과거에는 업무가 복잡할수록 전문성이 있다고 믿는 경향이 있었다. 예를 들어 자료를 분류하고 조직하는 편목編目 업무는 복잡하므로 전문적이라고 믿는 것처럼 말이다. 혹시 우리는 편목 업무를 필요 이상으로 복잡하게 만들었던 것은 아니었을까? 사서직의 전문적인 위상을 일부러 보여주기 위해서 말이다. 수많은 정보원을 파악해야 하는 참고봉사 업무 역시 마찬가지다.

이런 식으로 사서들은 전문적인 업무를 수행하고 있으므로 보조사서들보다 훨씬 많은 급여를 받아야 한다는 논리를 대학본부에서는 적용시키고 있다. 그런데 문제는 도서관 임무나 이용자 요구에 대한 인식이 사서들에게 매우 부족하다는 점이다. 일반적으로 급여 수준이 높은 직원일수록 조직의 목표와 임무를 달성하는 데 크게 기여한다고 생각하기 쉽지만, 실제로는 별다른 연관성을 찾을 수 없다.

전문성과 리더십

대학도서관 사서의 리더십을 명확하게 정의할 수 있을까? 대학도서관이 학내 구성원의 교육 및 연구 활동을 적극적으로 지원할 수

진화하는 대학도서관

있도록 도서관 조직을 이끌어가려면 일정 수준의 학력과 풍부한 경험 그리고 전문가로서의 역량을 함께 갖춘 사서가 필요하다. 사서의 리더십을 생각하면 언제나 떠오르는 대학도서관이 있는데, 여기서 나는 린다를 만나게 되었다. 당시 린다는 이용자 서비스 업무를 담당하고 있었으며, 오후에는 매일 두 시간씩 참고데스크 교대근무도 지원하고 있었다. 인터뷰를 위해 사무실을 방문했을 때 린다는 정치학 분야의 패스파인더를 작성하고 있었다. (이 도서관에서는 도서 선정 및 이용자 교육 등과 관련해 사서들에게 개별 주제를 배정하고 있는데, 린다는 정치학 분야를 담당하고 있었다.) 린다가 근무하는 도서관은 대형 도서관이지만 최근 예산이 크게 삭감되면서 사서직 인원을 많이 줄였다. 이러한 영향으로 보조사서가 이용자 서비스 업무의 상당 부분을 담당하게 되었고 사서들은 사무실에서 근무하고 있었다.

패스파인더 작성을 반대하는 것은 아니지만, 이제 양질의 정보원은 온라인상에서도 충분히 이용할 수 있다. 특정 대학도서관에서만 이용할 수 있는 독자적인 자료도 물론 있겠지만 기본적인 데이터베이스와 참고 정보원은 대부분의 대학도서관에서 공통적으로 소장하고 있다. 잠시 린다를 기다리면서 책상 주변을 둘러봤는데, 그곳에는 여러 가지 자료들이 어지럽게 흩어져 있었다. 도서관 분야 학술지와 서평 작성에 필요한 참고자료가 가장 먼저 눈에 들어왔다. 그리고 저널 투고를 위해 준비 중인 원고 초안, 도서관 홈페이지 의견서 등도 책상 위에 놓여 있었다. 또, 학내 소위원회 회의록 자료가 있는 걸 보면 린다도 교내위원회에 참여하고 있는 것 같았다. (위원회 총무나 비서를 사서에게 맡기는 경우가 많던데, 왜 그런 걸까?) 린다와 대화를 나누면서 나는 그가 자기 의사가 분명한 유능한 사서라는 인상을 받았다.

소외된 사서들

린다는 높은 학력과 유능한 업무 능력을 갖고 있지만 도서관에서 리더로서의 역할을 전혀 보여주지 못하고 있다. 하루 종일 도서관에서 열심히 일하고는 있지만 대학교나 도서관에서는 별다른 영향력을 발휘하지 못하고 있다. 그런데 린다와 비교해 볼 때 학력이나 임금 수준이 낮을 뿐 아니라 도서관 임무에 대한 이해가 부족한 직원들이 이용자 서비스 부서를 관리하는 경우가 있다. 만약 직원들에게 도서관의 리더가 누구인지 묻는다면 어떤 대답이 나올까? 아마 '린다'라는 대답은 듣기 어려울 것이다. 린다는 업무 시간의 대부분을 사무실에서 보내고 있으며, 동료 직원들과의 소통이나 교류 역시 거의 없는 편이다. 도서관의 관리 책임에 해당하는 업무는 전혀 맡고 있지 않으며, 도서관 정책이나 절차와 관련한 의견은 직원회의에서만 밝히는 정도다.

린다는 도서관에서 높은 임금을 받고 있는 직원이지만 자신이 가진 능력을 충분히 발휘하고 있지는 않다. 양질의 '패스파인더'를 작성하고 도서관 리터러시 수업도 훌륭하게 해내고 있으며, 회의 자리에서도 참신한 아이디어를 내놓고 있지만 도서관에서 린다의 영향력은 매우 미미한 편이다. 엄밀하게 말해 린다가 실제 참고봉사 업무를 담당한 시간이 그리 길지 않으므로 유능한 참고사서라는 표현은 적당하지 않을 수 있다. 도서관의 목표를 달성하는 데에 린다가 적극적으로 참여하지 않은 이유는 전문직에 대한 잘못된 인식을 갖고 있었기 때문이다.

의도하지 않은 리더십

린다의 도서관에서 대출·반납 업무를 총괄하는 리처드도 같은 날에 만났다. 지금 리처드가 맡고 있는 업무는 원래 사서직이 담당했지만, 몇 년 전 도서관 예산이 감축되면서 조정되었다. 당시 도서관에서는 전문사서직에 대한 자료를 본부에 제출했는데, 사실 이 자료는 사서의 교원 지위 확보를 목표로 작성되었기 때문에 대출·반납 업무에 대한 역할은 일부러 빼놓았을 가능성이 크다.

해당 업무의 직종이 변경된 뒤, 먼저 교내 구성원들을 대상으로 지원을 받았다. 준학사 학위와 약간의 관리 업무 경력을 갖고 있던 리처드는 많은 지원자 가운데 가장 좋은 평가를 받아 선발되었다. 리처드는 도서관 근무를 시작하자마자 빠르게 도서관 업무를 익혀나갔고, 다른 팀원들과도 잘 어울렸다. 덕분에 팀 분위기는 활기차고 좋아졌다. 연체자들을 대상으로 독촉장을 발송하고 연체료를 부과하는 업무 또한 무리 없이 진행되었으며 자료 대출 및 반납 업무도 별 문제가 없었다.

인터뷰를 진행하면서 리처드가 도서관의 최고 의사결정자 역할을 하고 있음을 자연스럽게 느낄 수 있었다. 많은 이들이 리처드를 찾는 바람에 인터뷰는 자주 끊어졌다. 연체료 면제 승인을 요청하는 대출대 직원부터 도서관 화장실의 개수대를 수리해야 하는 배관공 역시 리처드의 업무 지시가 필요했다. 또 업무를 위해 강의실 사용이 필요한 사서도 관련 내용을 보고하기 위해 리처드를 찾았다. 리처드의 결정이 필요한 도서관 업무는 매우 다양했다. 도서관 장서의 소장 위치를 결정하고, 도서관 시스템의 유지·보수를 위한 시스템 중지 시간, 도서관 카페의 운영 시간 역시 리처드가 직접 정했다. 그밖에도 업체

선정이나 교수 열람실의 가구 선택도 리처드의 확인과 의견이 필요했다. 리처드에게 용무가 있는 사람들은 대출대로 찾아와 문의하고 답변을 기다렸다. 또, 문제가 해결된 이들 역시 감사 인사를 전하기 위해 직접 방문하거나 전화로 리처드를 찾았다.

그런데 도서관이나 도서관의 목표에 대한 이해가 부족한 리처드는 모든 문제의 원인이 학생에게 있다고 생각했다. 예를 들어 학생들은 빌려간 책을 제때에 반납하지 않는다거나, 학생들이 자주 커피를 흘리는 바람에 도서관 카펫이 더러워졌다는 식으로 말이다. 바람직한 이용자 서비스에 대한 논의가 진행되면 리처드는 마치 기다렸다는 듯 언제나 동의한다는 의사를 표시했다. 하지만 아쉽게도 그것은 리처드의 진심이 아니었다. 그의 말은 일종의 립서비스라고 볼 수 있다. "사서들은 실제 도서관 상황은 잘 모르면서 이상적인 도서관에 대해서만 늘어놓죠. 무엇보다 현실감이 부족한 게 사서들의 문제라고 생각합니다." 리처드의 솔직한 속내다.

결정권은 누구에게 있나

도서관 내부 운영을 총괄하는 부관장 루스는 린다와 리처드의 업무를 관리하고 평가하고 있다. 잠깐 나눈 대화였지만 루스는 리처드 덕분에 도서관이 무리 없이 운영되고 있다며 칭찬을 아끼지 않았다. 반면 린다에 대해서는 별로 알고 있는 내용이 없었다. 도서관 분야 학회나 회의에서 종종 발표를 하고 있다는 사실은 알고 있었지만 이런 종류의 회의 참석을 부정적으로 바라봤다. 회의 자체도 지루할 뿐 아니라, 참석자 간의 지루한 논쟁을 끝날 때까지 지켜보는 일이 루스에게는 언제나 고역이었다. 그런데 이것은 우리 모두가 알고 있는 회의의 일반적인 특성이다. 옳은 결정을 내리기 위해 논의와 토론을 거쳐 합의에 이르는 일련의 과정은 원래 쉽지 않다.

이 도서관에서는 팀워크를 신뢰하는 도서관장과 부관장 덕분에 사서들이 주요 정책 결정에 함께 참여하고 있다. 그런데 일상 업무를 진행하다 보면 자신도 모르는 사이 정책 결정과 관련된 소소한 의사 결정이나 판단을 내리는 경우가 많다. 언젠가 이용자가 아닌 도서관 직원의 편의를 위해 도서관 운영 시간을 변경한 뒤 이용자들의 항의 와 불만이 쏟아졌던 사건이 있었는데 이 사례야말로 도서관 정책뿐 아니라 도서관에 대한 부정적인 인식 형성에도 영향을 미치는 의사 판단이라고 할 수 있다. 또, 루스가 리처드에게 대출데스크 관리 업무 를 총괄하도록 지시했던 사항 역시 정책과 관련한 결정이다. 이런 경 우 루스는 독자적으로 판단하기보다는 도서관 운영위원회에서 논의 하고 결정하도록 진행했어야 했다. 루스 입장에서는 업무를 신속하게 진행하기 위해 내린 판단이었지만 도서관 각 부서와 운영위원회 반응 은 고려하지 못했다고 볼 수 있다.

그런데 사서들에게 각자 맡은 업무에 대한 책임과 권한을 위임한 다면 훨씬 더 나은 의사결정이 가능하다는 사실을 도서관장과 부관장 은 모르고 있는 것 같다. 여기서 잠깐 리처드와 린다의 사례를 비교해 보자. 둘 다 똑똑하고 유능한 직원이며, 도서관 동료들과도 잘 지낼 뿐 아니라 근무 평가 역시 우수한 편이다. 린다는 학부를 졸업한 뒤 대학원에서 문헌정보학 석사학위를 받았고, 모교 도서관에서 조교로 근무한 뒤 타 대학도서관에서 사서로 근무한 경험이 있다. 현재 린다 는 도서관 유관 단체 회원이기도 하며, 타 대학도서관 사서들 간의 모 임에도 정기적으로 참석하고 있다. 또한 대학도서관 분야의 최신 동 향을 파악하기 위해 학술지를 구독하고 있을 뿐 아니라 사서 재교육에도 열심히 참여하고 있다. 반면 리처드는 도서관에 별로 관심이 없다. 일자리를 알아보던 중 우연히 교직원으로 근무하게 되었고, 마침 좀 더 많은 급여를 받을 수 있는 기회가 생기는 바람에 도서관으로 옮기게 되었을 뿐이다. 리처드에게는 관리직 업무 경력이 약간 있지만 지금 담당하는 도서관 업무에 대해서는 전혀 준비를 하지 않았다. 리처드는 자신에게 부여된 책임을 직원들에게 위임하고 효율적으로 직원을 관리할 수 있다면 업무가 훨씬 수월해진다는 사실은 모른 채 업무가 힘들다고 불평했다. 리처드는 도서관에서 발생하는 모든 문제는 자신이 직접 처리해야 한다고 생각했다.

사서직에게 대출 카운터를 맡겨놓으면 엉망이 될 것이라고 걱정했던 부관장 루스는 조직이나 회의에서 발생하는 사소한 의견 차이나 갈등 상황을 다소 확대해서 인식하는 경향이 있다. 다시 말해, 조직 구성원이나 회의 참석자들이 서로 대립과 갈등을 겪는 상태라고 보는 식이다. 그런데 어느 조직이나 소소한 갈등은 언제나 있기 마련이다. 새로운 근무환경에 빠르게 적응한 리처드 덕분에 대출 업무 관리는 별다른 무리 없이 진행되었다. 하지만 린다에게 같은 일을 맡겼더라도 결과는 크게 다르지 않았을 것이다. 만약 린다가 도서관의 관리 감독 업무를 사서에게 필요한 직업적 책임감으로 인식하고 그에게 이를 경험할 수 있는 기회가 주어졌다면, 그리고 이러한 내용이 린다의 직무기술서에 충분히 반영되었다면 리처드보다 더 나은 성과를 냈을지도 모른다. 그리고 도서관에서 진행되는 여러 가지 의사결정에 지금 당장은 눈에 보이지 않지만 여러 가지 영향력이 포함되어 있다는 사실도 깨달았을 것이다. 앞으로 도서관의 이용자 서비스를 주도적으로 변화시키고 도서관의 핵심 역할을 해야 하는 린다는 일상의 위기에도 굴하지 않고 도서관의 철학을 깨달을 수 있는 통찰력을 키워나갈 것이다.

도서관 조직문화

　다른 한편으로 도서관 부관장으로서 루스가 겪고 있는 고충도 충분히 공감할 만하다. 업무의 특성상 루스는 도서관 직원보다는 학생이나 교수와 같은 이용자 입장에서 도서관을 바라봐야 한다. 이는 도서관장이 루스에게 기대하는 역할이기도 하다. 도서관 이용자들의 다양한 민원과 불만사항을 처리하는 것도 루스의 업무 가운데 하나며, 이용자 서비스를 담당하는 직원들을 관리 감독하는 일도 포함되어 있다. 한편 루스는 도서관장과 직원 사이에 끼어 있는 자신이 도서관 조직문화의 희생자라며 불만을 나타냈으며, 융통성이 없는 사서들의 고집스러운 업무 태도를 마음에 들어 하지 않았다. 각종 평가를 비롯해서 자랑할 만한 성과를 요구하는 도서관장도 루스를 피곤하게 만들기는 마찬가지였다. 존 버드John Budd, 이소연Soyeon Lee, 로버트 맥도널드Robert H. McDonald, 척 토머스Chuck Thomas 등 연구자들은 대학도서관의 전형적인 조직문화를 기업에서 사용하는 방식을 활용해 다른 조직과 비교·연구했다.

　이들의 연구 결과에 따르면 외부 변화에 대한 수용력이 조금 부족하긴 하지만 도서관 근무환경은 다른 조직과 크게 다르지 않다고 한다. 그렇지만 도서관 조직의 목표와 우선순위에 적합하지 않은 자신만의 업무 기준에 따라 일을 처리하는 일부 사서들에 대해서는 문제라고 지적했다. '쓸데없이 사소한 일에 집착한다.' 우리에게 익숙한 사서직에 대한 선입견이다. 대부분의 고정관념이 그런 것처럼 지나친 일반화라고 여길 수도 있지만, 숲이 아닌 나무를 먼저 보는 경향이 사서들에게 있다는 점은 부인할 수 없다. 예를 들어 프로젝트 수행과 관련해 세부적인 사항에 지나치게 몰두하는 바람에 정작 중요한 목표를 잃어버리는 경우가 여기에 해당한다. 몇 년 전에 나는 대학도서관 행정 직원으로 구성된 포커스그룹focus groups에 참여할 기회가 있었는데, 대학도서관 구성원의 행동 양식과 의사결정 진행에 대한 의견을 나눌 수 있었다. 당시 참석했던 행정 직원들은 사서들이 참석하는 회의를 부정적으로 바라봤다. 그들은 의사결정이 필요한 회의에서 더 복잡한 다른 문제를 제기한다거나 정작 중요한 문제는 해결하지 않은 채 중요하지 않은 세부 사항에 더 신경을 쓴다며 불평했다. 사서들은 발생 가능성이 낮은 사안을 지나치게 확대 해석하는 경향이 있다고 행정 직원들은 믿는 듯했다.

대학도서관의 조직문화에 문제가 있다는 점은 충분히 동의하지만, 행정 직원에게도 어느 정도 책임이 있다고 생각한다. 린다는 그동안 자신에게 도서관 관리에 대한 책임이 있다는 사실을 미처 깨닫지 못한 채 '전문직'이라는 보호막에 자신을 가두어두었다. 그동안 독자적인 의사결정 기회를 경험하지 못했던 린다는 자신이 도서관 운영에 어떻게 기여할 수 있는지 혹은 방해가 되는 건지 회의 참석을 통해 깨닫고 있었다. 효율적인 회의 진행 기술을 터득했다는 말이 아니다. 린다는 어디서 점수를 얻게 되고 상대방과 충돌하는 부분은 어디인지 스포츠 경기를 관람하듯 회의를 지켜보면서 일종의 '게임의 법칙game theory'•을 배우고 있는 중이다. 그동안 린다는 도서관 일상 업무에 거의 관여하지 않았기 때문에 회의에서 결정된 내용이 어떻게 진행되었는지 구체적으로 알지 못했다. 하지만 회의를 거쳐 정해진 내용이라도 실직원들이 이를 중요하게 인식하지 않는다면 실제 실행으로 옮기

• [옮긴이] 게임이론은 경쟁 상대의 반응을 고려해서 자신의 최적 행위를 결정해야 하는 상황에서의 의사결정 행태를 연구하는 경제학 및 수학 이론이다.

지 못하는 경우도 있다.

책임감

원활한 도서관 운영을 위해서는 팀워크도 중요하지만 구성원 개인의 책임감은 그보다 훨씬 중요하다. 팀워크라는 명분으로 보조사서에게 더 많은 책임을 부가하고 사서들은 관리 업무를 기피하는 일부 대학도서관도 있다. 리처드가 담당하는 대부분의 의사결정은 즉각적인 조치가 필요한 업무였다. 만약 리처드가 이러한 의사결정을 위해 위원회나 직원회의를 소집했다면 오히려 업무의 진행을 악화시키거나 지연시켰을지도 모른다. 도서관에서 진행하는 의사결정은 이용자 서비스와 도서관 임무 수행에 상당한 영향을 끼친다. 따라서 리처드가 자신의 업무를 제대로 수행하려면 실제 경험이 중요하다.

린다는 자신이 맡고 있는 업무에 대해 흥미를 잃은 지 오래다. 우수한 성적으로 학창시절을 보냈으며 대학교와 대학원에서도 두각을 나타내는 학생이었지만, 현재 대학도서관 사서로 근무하는 린다에게 더 이상의 목표나 도전의식은 남아 있지 않다. 하루 종일 바쁘게 시간을 보내고 있지만 도서관에서 린다의 영향력은 거의 확인할 수 없다. 만약 린다가 하루 동안 휴가를 내더라도 도서관 업무에 별다른 차질이 생기지는 않을 것이다. 린다의 참고봉사 업무는 동료 사서가 대신할 수 있고, 신입생을 대상으로 하는 도서관 이용 교육 역시 린다가 없어도 충분히 진행할 수 있다. 하지만 리처드의 경우는 좀 다르다. 만일 리처드가 출근하지 않는다면 대출데스크가 아수라장으로 변할지도 모른다. 만일 도서관에서 보조사서의 역할이나 업무 비중이 사서보다 커진다면 어딘가 심각한 문제가 있는 것이 확실하다.

환경에 대응하기

최근 미국 대학도서관에서는 임베디드 사서embedded librarian 프로그램에 대한 관심과 참여가 점차 증가하고 있다. (임베디드 사서는 책 뒷부분에서 더 자세히 살펴보겠다.) 단과대학에 사서를 파견해서 진행하는 임베디드 사서는 과거 학과도서관과 어느 정도 비슷하지만 비용 대비 효과는 훨씬 높은 편이다. 특정 주제 분야만 다루는 소규모 도서관은 대형 도서관에 비해 외부 환경의 변화나 자극에 훨씬 민감하게 반응하기 때문에 해당 분야 트렌드를 수용하고 적용하기가 수월하다. 그렇다고 대형 도서관에 비해 소규모 도서관이 더 우수하다거나 도서관 규모를 축소해야 이용자 서비스를 더 확대할 수 있다는 이야기는 아니다. 다만 나는 외부 변화에 민감하게 대처하는 소규모 도서관의 빠른 수용력을 언급하고 싶다. 대학도서관은 학내 사회를 구성하는 필수 요소다. 동시에 도서관 운영에 미치는 학내 사회의 영향력 역시 막강하다.

도서관의 규모가 확장되면 외부 변화에 대한 반응이 느려질 수 있다. 학내 외부 환경의 가치가 도서관에 자연스럽게 전달되기가 어려워진다. 또, 도서관의 역할을 규정하는 내부 환경 역시 학내 사회에 대한 반응을 더디게 만들 수 있다. 대학도서관이 더 이상 고립되지 않으려면 교내에서 진행하는 위원회나 태스크포스 활동에 도서관 직원들도 적극 동참하는 것이 좋다. 교내위원회에 참가하고 있는 린다는 잠시나마 도서관 업무에서 벗어나 새로운 사람들과의 만남을 즐기고 있다. 업무의 연장이기는 하지만 부관장 루스도 대학도서관 연합 모임에 정기적으로 참석하고 있다. 도서관에서 근무하는 직원들은 외부 상황에 대한 퍼즐 조각을 한 개씩 갖고 있다고 생각한다. 하지만 문제는 각자 들고 있는 퍼즐 조각을 함께 맞춰보려고 하지 않는 데 있다. 다시 말해 도서관 외부 환경에 대한 직원들 각자의 생각을 함께 나누고 다듬어가며 모두가 공감할 만한 생각으로 만들어내지 못하고 있다. 언제나 그렇듯 더 중요하고 시급한 다른 업무를 처리하느라 신경 쓸 여유가 없기 때문인지도 모른다. 어쨌든 도서관 외부 상황이 어떻게 돌아가는지 도서관 직원들이 각자의 정보를 공유하고 의견을 나누는 시간은 중요하다고 생각한다. 실제로 이를 시행하고 있는 대학도서관은 매우 드물겠지만 말이다.

대학도서관의 기회

대학도서관은 전체적인 학내 상황을 파악할 수 있는 독특한 위치에 있다. 학계와 행정 기관으로부터 동시에 정보를 취합할 수 있는 기회는 학내 다른 부서에서는 찾아보기 어렵기 때문이다. 실제 대학교에는 도서관보다 더 고립되어 있는 구성단위가 훨씬 많이 있다. 그들은 학과나 행정부서 간의 장벽으로 인해 도서관보다 훨씬 폐쇄적인 별개의 세계에서 생활하고 있다. 그렇다면 이러한 환경의 대학교 사회를 총괄해 이끌 수 있는 리더십은 누가 발휘해야 할까? 나는 대학도서관에 근무하는 사서들이 할 수 있다고 생각한다. 하지만 안타깝게도 대학교 사회 전체의 변화를 주도하거나 리더십을 발휘했던 사서를 실제로 만났던 경우는 매우 드물다.

이용자 서비스를 담당하는 린다와 자료 대출 업무를 총괄하는 리처드를 인터뷰하면서 사서들에게 왜 리더십이 부족한지 고민했다. 무엇보다 린다에게는 관리자에게 필요한 자질을 익힐 수 있는 실무 경험이나 교육 기회가 매우 부족했다. 문헌정보학 교육과정에 '도서관 경영'이라는 과목이 있지만 리더십을 익히고 개발하기에는 터무니없이 부족한 시간이다. 도서관장 밑에서 인턴을 했더라면 실용적인 경험과 지식을 얻었을지도 모르겠지만, 아시다시피 이런 종류의 인턴십은 매우 드물다. 린다는 그동안 대학도서관 사서로 근무하면서 자신의 업무 성과를 제대로 평가받지 못했다. 현재 린다가 맡고 있는 업무를 담당했던 부관장 루스 역시 리더십을 발휘할 수 있는 경험이나 교육의 기회가 매우 부족했다. 게다가 주변의 이야기를 참고하거나 자신의 실수를 되돌아보기 어려울 만큼 갑작스러운 변화를 겪으며, 그동안 배우고 익혔던 내용이나 업무 경험과는 너무나 동떨어진 새로운 업무를 급작스럽게 맡게 되었다.

최근 상당수 대학도서관에서는 관리책임management responsibility•에 따른 팀제를 운영하고 있는데, 린다의 도서관 역시 마찬가지다. 그런데 린다가 인터뷰에서 언급했던 팀제는 오히려 구식 위원회에 더 가까웠다. 성공적인 팀제 운영을 위해 가장 필요한 구성원 간의 일치된 견해나 신뢰가 매우 부족해 보였다. 구성원 간 갈등을 유발하는 팀원도 있었고, 또 상처받은 감정을 달래기 위해 만남을 가지는 이들도 있었다. 서로에게 책임을 떠넘기는 모습을 위원회에서 흔히 볼 수 있는 것처럼 린다의 동료들 역시 추가 업무를 서로 맡지 않으려고 노력하는 것 같았다.

다른 위원회에서도 흔히 있는 일이지만, 린다의 도서관에서도 제대로 수행하지 않은 과제에 대해서 별다른 책임을 묻고 있지 않았다.

• [옮긴이] 경영에서 계획된 목표를 실현시키기 위한 직능 또는 표준을 설정하고, 표준과 실적을 비교해 그 차이 및 차이의 원인을 규명하며 시정 방법을 강구하는 직능이 바로 관리 기능이다. 표준 설정에서는 종업원의 동기 부여가 중요한 관계를 지닌다는 점에 유의해야 한다.

구성원 간의 논의와 협의를 거쳐 결정된 사항에 대해서 아무런 조치를 취하지 않는 셈이다. 대개는 도서관장이 결과에 대해 감사의 뜻을 표하는 것으로 해당 사항은 마무리된다. 애초에 관련 사안에 대한 예산 문제를 전혀 고려하지 않았을지도 모른다. 혹은 도서관장이 예산 집행에 대한 부분을 전혀 설명하지 않았을 수도 있다. 그렇다면 아무리 오랜 회의를 거쳐 만들어진 계획안이라고 해도 당연히 비현실적일 수밖에 없다. 비즈니스 세계에서 실용성이 떨어지는 계획을 제안하는 개인은 이에 대해 책임을 져야 한다. 조직에 따라 해고나 좌천 등의 페널티를 부여하기도 하는데, 도서관에서도 귀중한 시간과 예산을 낭비한 점에 대해서는 당연히 책임을 물어야 한다고 생각한다. 특정 부서의 업무를 지원하기 위해 경영진이 막대한 예산을 쏟아붓는 사례를 현실에서는 찾아보기 어렵다. 오직 딜버트*가 존재하는 세상에서만 가능한 일이다.

린다의 도서관 직원들은 그들 스스로 도서관 혁신의 선두에 있다는 인식을 갖고 있었는데, 인터뷰를 통해 이를 확인하고 매우 놀라지 않을 수 없었다. 규모가 큰 대학교일수록 도서관이나 비즈니스 분야의 다양한 자료와 최신 동향을 파악하기가 쉽다. 현장에 근무하는 사서들에게 원고를 부탁하거나 추천하는 경우가 많은데, 실제로 발표되는 도서관 관련 문헌 가운데 현장 사서들의 글이 상당 부분을 차지하고 있는 이유이다. 그런데 이들이 발표하는 글은 각자의 근무 경험에 제한되어 있다는 특징이 있다. 대부분 자신의 도서관에서 시행했던 프로그램이나 서비스에 대한 글을 쓰고 있다 다소 냉정하게 들릴 수

---

*   [옮긴이] 딜버트라는 평범한 이름을 가진 샐러리맨이 주인공, 직장인들의 삶과 애환, 모순 등을 풍자한 미국 만화다.

있지만 이와 같은 상황은 장님의 길 안내*에 비유할 수 있다. 다시 말해 방향 감각이 부족하고 상황을 제대로 파악하기 어려운 이의 안내를 받으면 오히려 위험한 상황에 처할 수 있다. 하지만 다른 도서관들과 마찬가지로 린다의 도서관 역시 혁신적으로 성장할 수 있는 충분한 가능성을 갖고 있다고 확신한다. 무엇보다 상당한 수준의 교육과 훈련을 받은 유능한 사서들이 도서관에 대한 신뢰와 믿음을 바탕으로 이용자의 니즈를 반영하기 위해 끊임없이 노력하고 있기 때문이다. 한편 대학도서관이 성공적으로 변화하기 위해서는 과거의 불합리한 제약은 과감히 철폐해야 하며, 사서의 리더십이 적극 발휘될 필요가 있다.

---

* [옮긴이] 지식이나 경험이 부족한 사람이 지식이나 경험이 전혀 없는 사람에게 충고하는 상황을 가리키는 우화적인 표현이다.

진화하는 대학도서관

참고자료(Resources)

- Carr, R. 2006. "What Users Want: An Academic 'Hybrid' Library Perspective." *Ariadne 46*(February). www.ariadne.ac.uk/issue46/carr

- Delvin, F. A. et al. 2006. "Getting beyond Institutional Cultures: When Rivals Collaborate." *Journal of Library Administration*, Vol.45, No.1/2, pp.149~168.

- Dewey, B. I. 2005. "Leadership and University Libraries: Building to Scale at the Interface of Cultures." *Journal of Library Administration*, Vol.42, No.1, pp.41~50.

- Hernon, P. 2003. *The Next Library Leadership: Attributes of Academic and Public Library Directors*. Westport, CT: Libraries Unlimited.

- Hernon, P., R. R. Powell and A. P. Young. 2004. "Academic Library Directors: What Do They do?" *College and Research Libraries*, Vol.65, No.6, pp.538~561.

- Raubenheimer, J. et al. 2006. "Rethinking Leadership Roles for the Academic Library: The Attitudes of Library Staff towards a Leadership-Driven Academic Information Service Enterprise." *Mousaion*, Vol.24, No.2, pp.232~248.

제3장

이용자 서비스 담당 직원

: 과거, 현재, 그리고 미래

지난 수십 년 동안 대학도서관은 계속해서 성장해 왔지만 직원 수는 감소하고 있는 상황이다. 기존 도서관에 부속 건물을 추가하거나 새로운 건물을 신축하는 등 대학도서관의 외관 역시 조금씩 변화하고 있다. 이에 반해 타이피스트나 문서 정리 담당자와 같은 사무직원에 대한 수요는 도서관에서 사라졌다. 도서관 업무에 컴퓨터가 활용되면서 힘들고 단조로운 상당수 업무가 없어지거나 간소화되었다. 또 '도서관 자동화 시스템'을 도입하면서 수서收書나 편목, 대출 등의 업무 효율 역시 크게 높아졌다. 수서 단계에서 주문을 처리한 내용은 판매업자에게 바로 전달되었고, 분담 목록을 작성하고 공유하는 대학도서관이 확대됨에 따라 편목 업무에 대한 부담도 한결 줄어들었다. 한편 예산 부족을 이유로 도서관 직원을 감원하기 시작한 것도 이와 비슷한 시기다. 직원 수를 줄여야 할 만큼 도서관이 예산 문제로 어려움을 겪게 된 직접적인 원인은 학술지 구독 비용의 급격한 상승과 연관이 있다.

도서관 인력 감축

결과적으로 대학도서관에는 담당 직원 없이 서가로만 채워진 공간이 늘어나게 되었다. 사서를 비롯한 도서관 직원들은 큐비클cubicle•이나 작업실 등 별도의 업무 공간에 모여서 근무하게 되었다. 직원들보다 도서관 구석구석을 두루 파악하고 있는 근로학생 인원 역시 정부 지원금이 삭감되면서 줄여야 했다. 대출 책수의 급격한 감소 역시 근로학생 감축을 더 부추겼다. 이러한 영향으로 학내 구성원의 대학도서관 이용은 더 불편해질 수 있다.

•　[옮긴이] 칸막이로 나눈 개인 사무 공간을 뜻한다.

대학도서관에서 진행되고 있는 변화 등을 고려해 볼 때 대학도서관 직원을 평가하는 방법은 전면적으로 혁신되어야 한다. 예를 들어 도서관 전산화는 도서관 업무에 많은 변화를 가져왔다. 그렇다면 양질의 이용자 서비스 제공 측면에서 도서관에서는 컴퓨터를 어떻게 활용하고 있을까? 도서관 업무에 컴퓨터를 활용하기 시작하면서 일부 업무는 사라졌으며, 도서관 직원의 근무 공간이 분산화되었다. 앞으로는 책과 인쇄 자료만을 고집할 필요가 없다고 판단한 일부 도서관에서는 직원들의 근무 공간을 이용자 영역으로 옮기고 있다. 기술과학의 도움으로 빠르고 효율적인 의사소통이 가능해지면서 사서들의 관외 근무도 가능해졌다. 이번 장에서는 직원 배치와 관련한 다양한 사례와, 그것이 이용자 서비스에 미치는 영향에 대해서 생각해 보자.

보이지 않는 도서관 직원

대학도서관이 학내 사회에서 중심적인 역할을 수행하고 있다면 도서관에 근무하는 직원 역시 뚜렷한 존재감을 드러낼 수 있다. 하지만 안타깝게도 대학도서관 직원들은 학내 사회에서 별 영향력을 발휘하지 못하고 있다. 1장에서 소개한 샤론의 비생산적인 도서관 경험 역시 도서관의 부족한 인력과 어느 정도 관계가 있다. 도서관 직원과 관련한 세부 내용을 대학도서관 사례와 함께 살펴보자. 미국의 국립교육통계센터National Center for Education Statistics: NCES에 의하면 근로학생을 제외한 100명에서 200명 정도의 직원이 근무하는 중간 규모 대학도서관이 미국에서 가장 많다고 한다. 이 책에서 여러분과 함께 살펴볼 도서관들 역시 중간 규모에 해당한다. 125명 정도의 직원이 근무하는 미들주립대학교 도서관은 이 책에만 등장하는 가상의 도서관이다. 더

불어 규모와 배경이 다른 대학도서관 사례도 함께 살펴보려고 한다.

미들주립대학교 도서관 로비에는 안내 데스크 대신 기계식 키오스크가 도서관 이용자를 맞이하고 있다. 최근 대학도서관에서는 별도의 직원을 배치해야 하는 안내 데스크가 점차 사라지고 있는 추세다. 키오스크를 지나 좀 더 안으로 들어가자 도서관 대출대가 보인다. 여러 명의 직원들이 함께 근무해도 될 만큼 꽤 널찍해 보이지만 실제 근무하는 직원 수는 얼마 되지 않는다. 대부분은 근로학생들로 보인다. 미들주립대학교 도서관 직원 명부에 기재되어 있는 직원들은 도대체 어디서 근무하는 걸까?

대학도서관에서 대출 업무를 담당하는 직원 가운데 상당수는 이용자를 직접 대면하지 않고 있다. 이는 미들주립대학교 도서관 역시 마찬가지다. 담당 직원은 대출 카운터가 전혀 보이지 않는 별도의 사무실에서 근로학생 관리나 대출 업무보다 더 막중한 업무를 처리하고 있다. 한창 문서 작업에 열중하고 있는 이 직원은 대출 카운터의 상황은 전혀 모르는 것 같다. 그런데 대출 업무를 담당하는 이 직원 말고 나머지 124명의 미들주립대학교 도서관 직원들은 도대체 어디서 근무하는 걸까? 계속 찾아봐야겠다.

참고 서비스의 과거와 현재

도서관 분야 학술지에 '참고봉사의 죽음'이란 표현은 꽤 오래전에 등장했지만 여전히 많은 대학도서관에서 참고데스크를 운영하고 있다. 비록 오래전의 일이지만 한때 시라큐스대학교Syracuse University 도서관 참고실reference room에서 근무했던 기억은 여전히 생생하다. 당시 나는 여덟 명의 참고사서와 함께 상당히 넓은 참고도서실에서 근무했다. 시라큐스대학교 도서관이 사용하고 있는 카네기빌딩은 이용자 동선이 불편하기로 악명이 높았다. 도서관에서는 이를 위해 각 층마다 직원이 상주하는 안내 데스크를 운영했다. 그리고 지정 도서나 상호대차와 같은 도서관의 특정 서비스나 프로그램 운영과 관련된 안내 데스크는 이와 별도로 운영했다. 참고사서들은 이곳에서 각자 맡은 주제 분야의 단행본을 선정하거나 패스파인더를 작성하고 구독 학술지 평가 등의 업무를 진행했는데, 나는 그중에서 사회과학 분야의 참고 업무를 담당했다. 요즘 대학도서관의 이용자 서비스 담당 직원 업무와 많이 유사한 편이다. 당시에는 부서장을 제외한 어떤 직원도 별도의 사무 공간에서 근무하지 않았다. 참고사서의 업무 공간은 도움이 필요한 이용자를 신속히 응대하고 지원할 수 있도록 이용자 시야를 크게 벗어나지 않는 위치에 마련했다. 만에 하나 도서관이 무너지는 상황이 발생한다면 이용자들은 도움을 요청할 만한 직원을 즉시 찾을 수 있어야 하기 때문이다.

최근 몇 년 사이 대학도서관에서 근무하는 사서직 인원은 급속히 줄어드는 반면 도서관 공간은 5~6배 가까이 증가한 것으로 나타났다. 그런데 도서관에서 사서를 포함한 직원을 만나기 어려워진 최근의 변화는 이용자 입장에서 더 중요할 수 있다. 한편 이용자를 응대하면서 쌓인 스트레스와 긴장을 풀고 다시 에너지를 회복할 수 있도록 참고사서들에게 휴식 시간downtime*을 제공해야 한다는 의견이 도서관 분야 학술지에 게재되었는데, 이를 계기로 참고사서들은 하루에 한두 시간 정도 직원 전용 사무실에서 각자의 업무를 진행할 수 있게 되었

---

* [옮긴이] 시스템이나 컴퓨터가 작동하지 않는 시간을 가리키는 컴퓨터 용어로, 여기서는 담당 업무를 잠시 중단하는 시간을 의미한다.

다. 그리고 얼마 지나지 않아 참고사서들의 책상이 이용자 공간에서 직원 전용 사무실로 옮겨졌다. 이렇게 별도의 사무 공간에 익숙해진 참고사서들은 이용자 공간으로 되돌아가기를 주저했다. 사무실이 아닌 장소에서는 제대로 근무하기 어렵다고 사서들은 생각했다. 업무에 필요한 각종 서류와 사무용품도 이미 사무실로 옮겨진 상태였다.

결과적으로 '참고데스크'나 '안내 데스크'에서 근무하는 시간을 휴식 시간처럼 인식하는 사서들이 많아졌다. 이와 비슷한 시기에 사서들에게 담당 업무와는 별개로 참고데스크 교대근무 참여를 요구하는 대학도서관이 많아졌다. 참고봉사 기술의 습득이나 업무 경험과는 상관없이 말이다. 여기에는 다양한 주제 배경을 가진 사서들이 각자의 전문지식과 경험을 이용자와 나눌 수 있다는 이론도 영향을 끼쳤다. 하지만 아쉽게도 사서들의 다양한 학부 전공*은 생물학 초록집 biological abstracts**과 같은 데이터베이스 고급 검색에 별로 도움이 되지 않았다. 게다가 사서들은 참고데스크 교대근무가 자신의 본래 업무를 방해한다고 생각했다. 바로 그즈음부터 '참고봉사의 죽음'에 관한 논문이나 기사들이 등장하기 시작했다. 이용자들이 참고데스크에 묻는 질문 가운데 상당 부분은 컴퓨터 이용에 대한 문의나 단순히 지시형 성격의 질문이 많은 편이다. 그렇다면 사서들에게 이렇게 평범한 업무를 맡기는 것은 혹시 낭비가 아닐까? 이러한 업무라면 보조사서에게 맡겨도 크게 무리가 없을 것이다. 사실 도서관 근무 경험이 어느 정도 있다면 도서관에 대한 기본적인 사항은 충분히 파악하고 있을테

* [옮긴이] 미국은 문헌정보학 과정이 대학원에 개설되어 있어서 학부 전공이 다양한 편이다.
** [옮긴이] 생물학, 생화학, 생명공학, 식물학, 동물학, 병리학, 약학, 농학 등에 관련된 전 세계 학술 잡지에 수록된 논문 또는 기사의 요약문을 정리한 데이터베이스다.

니 말이다.

도서관 직원은 대체 어디에 있을까

이번에는 미들주립대학교 도서관의 참고데스크를 살펴보자. 커다란 카운터 책상 위 천장에 매달아 놓은 '참고 서비스reference' 안내판 ('정보information'라는 단어를 사용하는 대학교도 있다)이 제일 먼저 눈에 들어온다. 평소에는 사서와 보조사서가 한 명씩 근무하고 있으며 이용자가 몰리는 바쁜 시간에는 사서 한 명을 추가로 투입하고 있다. 그런데 모든 대학도서관의 참고데스크 운영이 이곳과 동일하지는 않다. 각기 처한 조건이나 환경에 따라 직원을 추가 배치하거나 문헌정보학이나 타 전공 대학원생을 활용하는 곳도 있다. 한편, 야간과 주말에는 직원 한 명만 자리를 지키거나 오후 8시까지만 참고데스크를 운영하고 있다. 그런데 여기까지만 해도 벌써 직원이 세 명이나 된다.

대학도서관에서는 참고데스크 외에도 별도의 안내 창구를 운영할 수 있다. 미들주립대학교 도서관에서는 상호대차와 문헌 복사 서비스, 인포메이션 커먼스information commons 이용과 관련한 안내 데스크가 있으며, 또 어떤 도서관에서는 시청각 매체 이용을 지원하는 안내 데스크를 운영하기도 한다. 이처럼 이용자 서비스를 위한 안내 데스크 운영은 도서관마다 조금씩 차이가 있다. 가령, 이용자 서비스를 위한 안내 창구를 두 개 더 운영한다고 가정해 보자. 그리고 최소 근무 인원을 직원 한 명으로 잡아보자. 대부분 근로학생만으로 운용하고 있는 대학도서관 현실을 감안할 때 지나치게 비현실적인 기준이라고 생각할 수도 있을 것이다. 어쨌든 주말 근무 인원과 야간 근무 인원까지 고려해서 담당 직원 수를 6명까지 확보하는 것을 목표로 해보자.

사실 직원이 주말까지 근무하는 경우는 거의 없을 것이다. 하지만 좀 더 정확한 계산을 위해 직원들도 주말 근무를 한다고 가정한다면 적어도 9명의 직원을 확보해야만 안내 창구 3곳의 운용이 가능하다. 하지만 이 책을 준비하면서 많은 대학도서관을 다녀왔지만 이 정도 규모의 직원을 운용하는 곳은 만나지 못했다.

침체된 도서관

일주일에 하루나 이틀 정도 야간 강의를 수강하는 시간제 등록 학생part-time students•의 대다수는 직장인이다. 근무가 끝나자마자 학교로 달려오는 이들은 햄버거 등으로 간단히 저녁을 해결하고 도서관에서 남은 시간을 보낸다. 그런데 시간제 등록 학생이나 성인 대학생들의 도서관 이용은 도서관 직원의 영향을 많이 받는 편이다.

최근 대학도서관에서는 직원 채용이 줄어들면서 어쩔 수 없이 근로학생을 업무에 많이 활용하고 있다. 일반적으로 도서관 직원의 근무 시간은 오전 8시 30분부터 오후 5시까지며, 야간 근무자의 근무 시간은 오후 12시 30분부터 9시까지다. 그러니까 점심시간 이후부터 도서관 직원이 퇴근하기 전까지는 직원 수가 배로 늘어나게 된다. 하지만 문제는 도서관 직원의 퇴근 시간과 성인 대학생이 도서관을 이용할 수 있는 유일한 시간이 겹친다는 점이다. 대개 이때쯤이면 도서관 내 복사기의 용지는 떨어지고 프린터 토너는 바닥을 드러낸다. 물론 근로학생은 비품 캐비닛 열쇠가 어디 있는지 모르고 있으니 위기

• [옮긴이] 학점은행제를 통해 대학교에 입학하지 않고 매 학기 단위로 교과목을 수강하고 학점을 취득할 수 있는 제도다.

일 수밖에 없다. 그밖에 인터넷 연결이 끊어지는 상황도 종종 발생한다. 하지만 이보다 더 최악은 담당 직원이 근무하지 않는 시간에 인터넷 연결이 끊어지는 상황이다. 여기에 담당 직원이 서버실 열쇠를 다른 직원에게 맡겨놓지 않았다면 문제는 더 심각해질 수 있다.

대부분의 대학도서관에는 이용자 공간을 관리할 만한 직원이 부족하다. 특히 성인 대학생들이 도서관을 집중적으로 이용하는 초저녁에는 전체적인 도서관 운영을 총괄할 만한 직원이 한 명을 넘기가 어려울 수 있다. 하지만 소규모 대학도서관에서는 어쩔 수 없이 근로학생에게 이러한 업무를 맡겨둘 수밖에 없다. 이렇게 열악한 상황에도 불구하고 대학본부에서는 성인 학습자를 대상으로 하는 과정과 프로그램을 계속 늘려가고 있다. 게다가 상당수의 프로그램이 야간에 진행되고 있다. 만약 전체 학생 수의 반 정도가 시간제 등록 학생들로 채워진다면 이들은 제대로 정비되지 않은 도서관을 경험할 수밖에 없다. 결국 성인 대학생들은 도서관을 잠시 앉아서 휴식을 취하거나 복사기나 공용 컴퓨터를 사용할 수 있는 장소 정도로만 인식할지도 모른다. 그들은 넓은 서가에서 필요한 책을 찾거나 어려운 데이터베이스 검색을 도와줄 수 있는 사서를 만나보지 못한 채 졸업할 가능성이 크다. 대학교 생활에서 자신의 학구열을 충족시키기에 가장 유용한 장소가 도서관이라는 사실을 전혀 깨닫지 못한 채 말이다.

이용자 관점

미국의 국립교육통계센터National Council for Special Education: NCSE 자료에 의하면 중간 규모의 대학도서관에는 대략 100명에서 200명 정도의 직원이 근무하고 있다. 미들주립대학교 도서관에 근무하고 있는 직원은 모두 125명이다. 그러나 이들 중 116명의 직원들은 도서관 이용자를 직접 마주할 기회가 없다. 물론 전혀 없다고는 할 수 없다. 이용자 영역에 설치된 공용 컴퓨터를 수리하거나 교수들과 협의를 진행하는 경우도 있을 것이다. 또, 상호대차를 신청한 이용자와 통화를 하거나 병가 중인 직원을 대신해서 서비스 데스크에서 근무하는 날도 있을 것이다. 하지만 업무 시간의 대부분은 도서관 이용자들이 보이지 않는 사무실에서 근무하고 있다.

학생들은 필요한 자료를 찾기 위해 OPAC를 이용하거나 서가 사이를 직접 오가며 책을 고르기도 한다. 데이터베이스에서 검색한 저널 기사를 공용 프린터에서 출력하는 학생들도 있다. 학생들이 저마다 다양한 방식으로 대학도서관을 이용하는 동안 실제 도서관 직원과는 몇 번 마주쳤을까? 아마 직원보다는 상대적으로 숫자가 많은 근로학생의 도움이나 안내를 받았을 가능성이 더 높다. 게다가 최근에는 무인대출반납기를 설치한 대학도서관도 많기 때문에 이용자들은 도서관 직원을 거치지 않더라도 충분히 필요한 자료를 빌릴 수 있다.

그런데 학생과 교수를 비롯한 학내 구성원들이 계속해서 도서관 직원을 만나지 못하는 상황이 지속된다면 도서관이 '창고'와 비슷하다는 생각을 피할 수 없을지도 모른다. 도서관 이용에 대한 긍정적인 느낌과는 별개로 말이다. 뒤에서도 언급하겠지만 최근 들어 고등교육에 대한 인식이 빠르게 변하고 있다. 미국의 주의회 의원과 관련 단체에서는 고등교육이 과연 국민의 권리라고 할 수 있는지 의심하기 시작했으며, 학생들에게 더 많은 교육비 부담을 요구하고 있다. 한편, 많은 대학교의 예산 삭감에 대한 우려 역시 계속해서 이어지고 있는 상황이다. 여러분이 만약 대학교의 최고 의사결정권자라면 보이지 않는 도서관 직원들에게 월급을 주기 위해 부족한 예산을 지출하는 것이 과연 합리적이라고 생각할 수 있을까? 물론 누군가는 사무실에서 정리 업무를 하고 있었으며, 또 누군가는 상호대차 신청 자료를 찾기 위해 서가에 있었을 것이다. 하지만 창고 관리와 관련된 업무는 아니다. 창고를 관리하는 직원과 교수의 급여 수준이 비슷해야 할 이유는 전혀 없다. 보는 이에 따라 도서관에는 근로학생들만 근무한다고 충분히 생각할 수 있다.

과연 억측일까? 그렇다면 교육 프로그램을 담당하는 사서들은 어떻게 생각할까? 무엇보다 사서로서의 존재감은 확실하게 발휘할 수 있을 것이다. 게다가 대학교에서는 가르치고 배우는 일이 매우 중요하므로 충분히 인상적으로 보일 수 있다. 하지만 솔직히 말해서 대학도서관에서 이용자 교육을 담당하는 사서 역시 그렇게 많은 시간을 할애하기는 어렵다. 교수진의 연구에 사서가 함께 참여하거나 도서관 자료를 활용할 수 있도록 교수가 사서에게 별도의 교육을 요청하는 경우는 몇이나 될까? 도서관에서 운영하는 정보 리터러시 프로그램이 아무리 활발하더라도 교수와 사서 간의 상호 교류는 거의 없는 편이다. 그렇다면 이들 교수가 가르치는 학생들 역시 적극적인 도서관 이용자가 될 가능성은 매우 희박하다.

이용자들이 생각하는 대학도서관

대형 대학도서관을 창고에 비유하는 경우가 있다. 크기 면에서는 물론 비슷할 수 있다. 하지만 잘 아는 것처럼 창고의 용도는 물건을 보관하고 저장하는 데 있다. 외부에 보여주기 위한 창고는 없다. 당연히 내부의 청소 상태나 인테리어를 고민할 필요도 없다. 하지만 대학도서관의 쾌적한 실내 환경과 분위기는 도서관 이용에 직접적인 영향을 끼친다는 점에서 매우 중요하다. 도서관 이용자들은 자신의 경험을 근거로 도서관과 도서관 직원에 대한 태도와 생각을 결정한다. 도서관 화장실이 지저분하거나 열람실 바닥에 깔아놓은 카펫이 더럽다면 이용자들은 자연스레 도서관 직원을 탓할 것이다. 서점이나 음식점, 그밖에 다른 장소에서는 당연한 일들이 도서관에서는 왜 어려운 걸까?

이번에는 중간 규모 대학도서관의 화장실에 대해 생각해 보자. 가령 도서관 전체에 12개의 화장실이 있다면 성별에 따라 구분한 남녀 화장실은 각각 5개씩 마련하고 나머지 2개는 남녀 공용으로 운영하면 적당하다. 이용자 화장실을 이용하는 도서관 직원은 몇 명이나 될까? 이용자 공간에서 근무하는 직원을 제외한 대부분은 직원 전용 화장실을 사용할 것이다. 그런데 이용자 화장실의 청소 상태와 비품 점검은 누가 관리해야 할까, 청소 업무 담당 직원의 업무일까? 일반적으로 도서관 청소는 심야 시간에 진행되기 때문에 주말뿐 아니라 평일에는 최소 16시간 동안 청소 담당자를 만날 수 없다고 봐야 한다. 여러 명의 도서관장이나 관리자에게도 이와 비슷한 질문을 했지만, 결국 직원의 책임은 아니라는 결론을 내리게 되었다. 언젠가 화장실 관리와 관련해 이용자의 의견을 적극 반영한다는 대학도서관 관리자를 만난 적이 있다. 즐겨찾는 서점의 화장실 상태를 직원에게 알려주는 손님이 과연 있을까? 아무리 좋아하는 레스토랑이라고 해서 화장실까지 점검하겠다는 마음이 과연 생길까? 당연히 그렇지 않다고 생각한다. 하지만 레스토랑 화장실이 너무 심각한 상태라면 충분히 가능하다고 본다.

이용자 공간에 대한 책임

사실 도서관 화장실 논의의 요점은 도서관 직원들이 이용자 공간에 관심이 없다는 점을 보여주려는 데 있다. 도서관 직원들은 이용자 공간의 상태나 상황에 대해서는 별 관심이 없을 뿐 아니라 다른 누군가의 책임으로 돌리는 경우가 많다. 간단히 말해 도서관 건물에 대한 주인의식이 부족하다고 볼 수 있다. 자신의 집을 찾아온 손님을 반갑게 맞이해야 하는 '주인'임을 거의 인식하지 않고 있는 것과 마찬가지다. 도서관 3층 카펫의 얼룩 자국이 1년이 넘도록 그대로 남아 있다고 상상해 보자. 얼룩 제거의 몫은 청소원의 업무이기는 하지만 도서관 직원 중 누군가는 얼룩 자국을 제거하기 위한 조치를 취해야 한다. 그렇다면 누가 청소원에게 얼룩 제거를 지시해야 할까? 이 질문에 대해서는 다양한 대답이 나올 수 있다. 도서관 관장이나 이용자 서비스 팀장이 지시해야 할까? 하지만 도서관 3층 자료실의 카펫까지 일일이 점검하기에는 관장과 팀장의 업무가 너무 많다. 사실 얼룩 제거는 청소원 담당 업무이므로 별도의 지시가 필요 없을지도 모른다. 하지만 현실적으로는 그렇지 않다.

대학도서관 직원들은 도서관 이용자와 물리적인 도서관 공간을 별개로 생각하는 경향이 있다. 수많은 변화와 어려움에도 불구하고 공공도서관은 자료의 대출 및 이용률 하락과 같은 위기에 좌절하지 않고 지역 주민을 불러 모으기 위한 새로운 방안을 모색해 나갔다. 그리고 다양한 도서관 서비스를 개발하고 편안하며 친근한 장소로서의 기능을 강조함으로써 새로운 이용자를 끌어들였다. 기술 과학의 눈부신 발전은 대학도서관에 기여한 바가 물론 크지만 동시에 대학도서관을 곤란하게 만든 것도 사실이다. 대학도서관에서도 공공도서관과 같은 극복 사례를 확인할 수 있을까?

완벽한 도서관을 꿈꾸다

평소 개인적으로 상상해 왔던 이상적인 도서관의 모습을 여러분에게도 보여주고 싶다. 대략 3500여 평* 규모의 도서관에는 125명의 직원이 근무하고 있다. 중간 규모 대학도서관을 생각하고 있는데 얼마나 비슷한지는 잘 모르겠다. 이 도서관에 근무하는 직원들은 누구나 28평 정도의 공간을 관리해야 한다. 현실에서는 직원들의 불만이나 반발이 예상되지만 어쨌든 내가 상상하는 가상의 도서관에서는 충분히 가능하다. 그동안 많은 대학도서관을 다녀봤지만 개인적으로 가장 좋아하는 곳은 2장에서 소개했던 도서관이다. 각 층마다 안내 데스크를 운영하고 있는 바로 그 도서관이다. 내가 꿈꾸는 가상 도서관에서는 이러한 시도를 좀 더 확장해 보려고 한다.

가상 도서관에서는 직원들의 관심이나 선호도를 고려해 업무 분장을 하고 있으며, 직원들에게는 주인의식을 갖고 근무할 것을 독려하고 있다. 3500여 평 규모의 도서관 건물을 직원 한 명이 감당하는 건 당연히 불가능하다. 반면 소규모 주택과 비슷한 28평 정도의 면적은 누구라도 무리 없이 관리할 수 있다. 가상 도서관에서는 모든 이용자가 긍정적인 도서관을 경험할 수 있도록 직원들 각자가 주인이라는 마음가짐으로 28평의 책임 구역을 관리하고 있다.

• [옮긴이] 원문의 12만 5000제곱피트(SQFT)를 평으로 환산했다. 1000제곱피트는 약 93제곱미터(약 28.1평)다.

진화하는 대학도서관

여러분 역시 이 가상 도서관에서 근무한다면 근무 시간 틈틈이 자신의 담당 구역을 살펴야 한다. 부서진 의자를 발견하면 즉시 수리를 요청하고 바닥에 흘린 커피나 지저분한 벽면이 눈에 띄면 바로 조치를 취해야 한다. 또, 나름의 인테리어 감각을 발휘해 가구 배치를 조정하거나 벽에 걸어놓은 액자의 위치를 바꿔가는 등 실내 분위기에도 관심을 가져야 한다. 누군가 계속해서 도서관을 관리하고 있다는 느낌을 이용자들이 받을 수 있도록 말이다. 아무도 돌보지 않는 방치된 공간이 아닌 생동감이 느껴지는 도서관으로 만들어야 한다. 이는 실제 대학도서관에서는 부족한 부분이라고 생각한다. 그렇다고 해서 굳이 많은 시간을 소요할 필요는 없다. 하루에 10분에서 15분 정도만 투자한다면 눈으로 가늠할 수 있는 변화를 충분히 만들어낼 수 있다. 물론 도서관 직원들이 함께 계획하고 조정해 가는 과정은 반드시 필요하다. 도서관을 수십 개, 수백 개의 공간으로 나누기란 현실적으로 어려운 일이지만 물리적인 도서관 공간 곳곳에 도서관 직원을 배치하는 것은 충분히 가능하다.

업무 공간의 이동

자, 이제 가상 도서관을 본격적으로 둘러보자. 가상 도서관의 새 관장은 도서관 직원들에게 업무 개선이 필요하다고 지적했다. 이에 따라 가상 도서관에서는 직원들이 이용자 공간에 근무하기로 결정했다. (까다롭기로 유명한) 도서관장도 이러한 결정을 적극 지지하고 지원했다. 도서관에서는 가장 먼저 잠금 장치가 있는 파일 캐비닛과 컴퓨터 장비 등을 안전하게 보관할 수 있는 수납함을 마련했다. 도서관 건물 전체에 무선 접속 환경이 구축되면서 전기나 데이터 사용과 관련한 문제는 거의 발생하지 않고 있다. 또, 도서관에서 노트북을 사용하는 학생들이 늘어남에 따라 도서관에 설치된 전기 콘센트 수량 역시 몇 년 전에 비해 훨씬 많아졌다. 한편, 업무용 전화도 인터넷 전화를 사용하는 편이 훨씬 편리할 수 있다. 기존 방식의 전화는 새로운 전화선을 추가해야 하는데, 많은 비용이 들어갈 뿐 아니라 작업이 매우 번거롭다. 반면 인터넷 전화는 헤드셋만 꽂으면 바로 연결이 가능하다.

여러분도 가상 도서관에서 근무하고 있다고 상상해 보자. 각자의 귀중품은 별도 공간에 보관해야겠지만 근무에 필요한 모든 물품은 새로운 업무 공간에 비치할 수 있다. 그리고 필요한 서류철이나 자료, 장비 등은 근처 북트럭을 이용해서 옮길 수 있다. 도서관 동료들과 직접 대화를 나누기는 어렵지만 인스턴트 메신저를 사용하면 간단한 업무 협의나 농담 정도는 충분히 주고받을 수 있다. 대학원생이나 교수와도 온라인상에서 만나는 것이 충분히 가능하다.

이용자 공간에서 근무하면 여러분을 찾는 이용자를 금방 확인할 수 있다. 다가오는 발소리가 들리거나 인기척이 느껴진다면 여러분은 자연스레 고개를 들어 눈을 마주치고 가벼운 인사를 건넬 것이다. 여러 가지 이유가 있겠지만 서비스 데스크에서 이러한 장면을 목격하기는 좀처럼 쉽지 않다. 우선 이용자들이 위협적으로 느낄 수 있을 만큼 서비스 데스크가 높기 때문에 보기에 따라서 직원들이 책상 뒤에 숨어 있는 것처럼 보이는 경우도 있다. 또, 이용자 응대로 바쁜 직원들에게는 누구라도 쉽게 다가갈 수 없을 것이다. 따라서 이용자들이 쉽게 다가갈 수 있고 부담감을 느끼지 않도록 환경을 만드는 것이 중요하다. 이런 차원에서 일반 사무용 책상을 사용하면 어떨까? 처음에는 낯설겠지만 일주일 정도만 지나면 충분히 익숙해질 수 있다. 낯선 환

진화하는 대학도서관

경은 누구에게나 불편하다. 하지만 인간은 습관의 동물이므로 얼마 지나지 않아 적응할 수 있다. 이용자들은 동일한 책상이나 캐럴을 찾는 경향이 있는데, 이는 자료를 이용할 때도 마찬가지다. 조만간 익숙한 이용자 얼굴이 하나 둘 늘어나고 학생들도 여러분 얼굴을 기억하게 되면 여러분에게 문의하는 질문도 늘어날 수 있다. 당연한 이야기지만 서비스 데스크에 깊게 몸을 묻고 있는 직원보다는 이용자 공간에서 근무하고 있는 여러분에게 도움을 청할 가능성이 크다. 여러분은 물론 참고사서가 아니다. 하지만 지금 근무하고 있는 공간에 대해서는 담당자인 여러분이 가장 잘 파악하고 있을 것이다. 여러분은 학생들의 문의에 대해 OPAC 등을 검색해서 안내할 수 있다. 간혹 답하기 어려운 질문에 대해서는 가장 적합한 직원을 찾아 도움을 요청할 수도 있다.

전문가와 보조 직원의 역할

모두들 공감하겠지만 누군가 자신을 내려다보는 사람과는 편한 대화를 나눌 수 없다. 이러한 경우를 대비해서 여러분 주위에는 여분의 의자가 준비되어 있을 것이다. 사무실이 아닌 이용자 공간에서 진행되는 이런 식의 대화는 매우 중요한 정보 검색 과정이다. 그런데 지나치게 넓은 서비스 데스크에서는 제대로 진행하기 어렵다. 아, 그렇다면 이용자 공간에서 근무하는 직원들이 참고 인터뷰를 해야 된다는 말인가? 그렇다, 일반적으로 이용자들은 참고 업무 담당자가 아닌 직원을 찾아가 문의하는 경우가 더 많다. 만약 우리가 이러한 관계를 중요하게 생각한다면 당연히 이를 지원해야 한다.

그런데 온라인상으로 충분히 연결되어 있음에도 두 층 아래에 있는 참고사서를 직접 만나라고 안내하는 이유는 무엇일까? 도서관 직원과 참고사서는 팀원으로서 이용자의 정보 요구를 신속하게 해결하기 위해 서로 협력해야 한다. 그런데 내가 참고사서로 근무했을 당시에는 보조직원이 참고질의에 답변하지 못하도록 했다. 충분한 교육이나 훈련이 부족하므로 화장실 위치를 문의하는 지시적인 질문에 대해서만 안내하도록 지시했다. 결과적으로 참고사서의 중요성을 모두에게 알리기는 했지만 참고 서비스는 축소되었다.

이렇게 전문성을 강조하는 일부 사서들의 독단적인 태도는 이용자들에게 별로 도움이 되지 않는다. 하지만 유능한 참고사서의 지원을 받으면 이용자들이 시간을 낭비하거나 실패하는 일은 확실히 줄일 수 있을 것이다. 필요하다면 참고사서에게 도움을 요청할 수 있다는 점을 도서관 직원들에게 충분히 주지시켜야 한다. 어쨌든 직원들도 이용자의 니즈가 해결되기를 바라는 마음은 마찬가지일 것이다. 이용자의 니즈를 빠르고 신속하게 해결하기 위해서 어느 쪽이 최선인지는 사서들도 충분히 선택할 수 있을 것이다.

이용자 서비스 업무와 타 업무의 결합

여러분이 지금 가상 도서관에 근무하고 있다고 가정해 보자. 어수선한 공간에서 근무해야 될 뿐 아니라 지금 당장 처리해야 할 일이 잔뜩 쌓여 있다고 상상해 보자. 그런데 이용자들이 묻는 질문에 대해서도 답변을 해줘야 한다면 어떻게 해야 될까? 도서관의 서고와 열람실을 찬찬히 살펴보면서 이 질문에 대한 답을 찾아보자. 특정 시간대를 제외한다면, 대부분의 도서관에서 이용자가 항상 붐비는 공간은 그렇게 많지 않다. 그리고 어느 도서관이든지 이용자가 거의 없어서

비어 있는 공간도 실제 많을 것이다. 사실 근무 시간 중에 여러분을 찾아와 문의하는 이용자 수 역시 그렇게 많다고는 할 수 없다. 여러분은 충분히 맡은 바 업무를 처리할 수 있다.

도서관에서 공간 활용도나 이용률이 떨어지는 공간을 찾아서 직원들이 근무하는 건 어떨까? 이것만으로도 도서관의 유휴 공간을 줄일 수 있는 효과가 있다. 예외도 있겠지만 인적이 드문 공간은 이용자들에게 부담스러울 수 있다. 특히 여학생들은 더더욱 그렇다. 타워 형태의 도서관에서는 층 전체에 아무도 없는 상황이 발생할 수 있다. 넓은 열람실에 아무도 없이 혼자만 있다는 사실을 깨닫고 불안감과 공포를 느꼈던 경험이 누구나 한 번쯤은 있었을 것이다. 여기서 소리를 지르면 밖에서 들릴지 의심스럽기도 하고 어딘가에서 소리만 들려도 서가 사이에 누가 숨어 있지는 않은지 걱정할 수 있다. 물론 일부러 이용자가 찾지 않는 공간을 찾아다니는 학생도 있다. 하지만 다수의 이용자들은 그렇지 않다. 지금 내 자리에서 멀리서나마 직원의 존재를 확인할 수 있다면 이용자들은 충분히 안심할 수 있다. 혹시라도 응급 상황이 발생한다면 직원이 나서서 도움을 요청하고 연락을 취할 수 있을 테니 말이다. 이용자들에게 도서관 직원이란 질서를 유지하고 위기 상황을 책임지고 대처하는 권위의 상징으로 인식될 수 있다. 갑자기 인터넷 연결이 끊어지면 어떻게 해야 할까? 담당 직원을 호출하면 된다. 화장실 변기에 물이 넘치는 상황이 발생한다면 어떻게 대처해야 할까? 청소 담당 직원에게 먼저 연락하면 된다.

그렇지만 여러분에게는 여전히 의구심이 남아 있을 수 있다. 도서관 여기저기에 흩어져 있는 직원들을 어떻게 관리해야 할까? 업무 시간 중에 컴퓨터 게임이나 온라인 쇼핑을 즐기는 직원들이 있다면 어떻게 관리해야 할까? 실제로 많은 기업에서도 이와 유사한 문제로 고민하고 있다. 특히나 도서관에서는 효율적으로 직원을 관리하고 감독하는 기술이 매우 중요하다. 이를 위해 측정 가능한 업무 목표와 목적을 반드시 기재해야 한다. 그렇지만 구조화되어 있지 않은 환경에 제대로 적응하지 못하는 일부 직원들도 있다. 특히 근로학생의 경우 긴밀한 관리가 필요하다. 그렇지만 도서관에 근무하는 다수의 직원들은 자신의 맡은 바 임무를 충실히 수행하고 있으며 이용자의 도서관 경험에 긍정적인 영향을 끼치고 있다.

직원의 선호도와 도서관 요구 간의 균형 맞추기

이번 장 앞부분에서 하루에 8시간 가까이 이용자 서비스를 담당했던 참고사서를 얘기한 적이 있는데 이들은 하루에 한두 시간 정도 이용자와 거리를 둘 수 있는 시간을 요구했었다. 하지만 최근에는 뭔가 거꾸로 된 듯하다. 이용자 서비스나 참고사서 같은 용어는 여전히 사용하고 있지만 이용자를 직접 마주하는 시간은 얼마 되지 않는다. 나는 이러한 추세가 사서의 선호도 때문에 일어난다고 생각한다. 이 책을 준비하면서 여러 대학도서관 사서의 직무기술서를 직접 확인했는데, 컴퓨터 업무 능력이 있어야만 처리할 수 있는 것이 대부분이었다. 필요한 파일이나 소프트웨어는 업무용 컴퓨터에서 이용이 가능했다. 상당한 집중력을 요구하는 업무도 일부 있기는 했지만 도서관 업무의 대부분이 그렇다고는 볼 수 없다.

사무실이나 업무 공간이 서비스 데스크 근처에 있다면 여러 가지 이유로 데스크 담당 직원이 자리를 비울 가능성이 높다. 따라서 직원들이 교대로 근무하는 경우에는 근무 시간 점검 및 근태 관리에 신경을 써야 한다. 최근에 흑백 영화 하나를 봤다. 고등학교 학생들을 대상으로 '사서'라는 직업을 소개하는 1947년 영화였다. 카메라가 겹겹이 둘러싸인 책 더미를 가로질러 이동하면 영화 속 화자의 목소리가 들린다. "책을 여러분의 친구라고 생각하나요?" 뒤이어 화면이 바뀌면 희끗희끗한 중년 남자 한 명이 아이들과 함께 등장한다. 화면 속의 남자는 전형적인 사서의 모습을 그대로 보여주고 있다. 영화 속 화자는 다시 질문을 던진다. "그렇다면 혹시 사람들도 좋아하나요? 그렇다면 다행입니다. 책과 사람을 좋아하는 여러분은 충분히 좋은 사서가 될 수 있습니다." 〈바람과 함께 사라지다〉나 〈시민 케인〉 같은 훌륭한 영화는 물론 아니지만 1947년 당시 '사서'에 대한 생각은 정확했다. 사서직의 대인관계 기술이 중요하다는 사실을 우리는 이 영화에서 확인할 수 있다. 그런데 지금은 도서관 직원과 이용자 간의 상호작용이 최소한의 수준으로 진행되고 있다. 여러분의 생각은 어떤가? 도서관 직원들이 이용자와 대면하지 않아도 될 만한 타당한 이유를 계속해서 찾을 수 있을까?

사서의 책임과 의무 강화

문헌정보학 교과서나 교과 과정을 살펴보면 '이용자 요구'에 대한 언급을 자주 볼 수 있다. 형식적이든 아니든 문헌정보학의 모든 영역에서 이용자 문제는 빠지지 않고 등장한다. '목록학 Cataloging' 강의에서 이용자의 정보 검색 행태를 분석하는 것도 이와 비슷한 연유라고 생각한다. (책은 이용하기 위한 것이며, 또한 모두를 위한 것이다. 시얄리 라맘리타 랑가나단 Shiyali Ramamrita Ranganathan의 도서관 5원칙[1]은 잘 알고 있을 것이다.) 도서관에서 근무하는 사서들 역시 이러한 철학에 대해서는 기꺼이 공감하고 동의하겠지만 현실과 이상의 괴리에서 여전히 갈등하고 있다. 여러분이 근무하고 있는 도서관을 이용자 중심 도서관으로 만들고 싶다면 우선 두 가지 사항부터 확인해야 한다. 먼저 도서관 직원들이 이용자 서비스 업무를 만족스럽게 수행하고 있는지 체크해야 한다. 자신의 비사교적인 성격을 탓하며 이용자 서비스 업무를 버거워하는 사서들도 있지만, 다수의 사서들은 높은 만족감을 보이고 있다. 도서관 직원의 근무환경도 잊지 말고 점검해야 한다. 이용자 서비스를 담당하는 직원들이 편안한 마음으로 업무에 전념할 수 있는 근무환경을 조성하는 일은 매우 중요하다.

여러분의 이해를 돕기 위해 실제 대학도서관의 모습은 어떠한지 살펴보자. 먼저 이용자 서비스 데스크 교대근무를 기다리고 있는 직원부터 만나보자. 이 직원은 안내 데스크 업무도 함께 지원하고 있는 보조사서. 연체통지서 발송 업무를 아직 끝내지 못한 그에게 때맞춰 안내 데스크 근무 지시가 내려왔다. 다음에 만날 직원은 참고 데스크 교대근무자. 앞으로 두 시간 동안 참고 데스크에서 교대근무를 해야 하는 직원을 함께 따라가 보자. 그 직원은 사무실에서 골치 아픈 위원회 보고서를 작성하는 중이었는데 시간을 확인하고 깜짝 놀랐다. 아직 끝내지 못한 일들이 많은데 참고 업무 교대를 위해 이제 가봐야 할 시간이다.

마침 호출 전화까지 울린다. 직원은 펜 하나와 간단한 읽을거리를 챙겨 참고데스크로 급히 뛰어갔다. 이 도서관에서는 은행 창구와 비슷해 보이는 카운터를 사용하고 있는데 대출데스크보다는 크기가 약간 작은 편이다. 참고데스크에 근무하는 직원들은 대부분 데스크 뒤에 서 있거나 키가 큰 스툴에 걸터앉아 있는데 보기에도 별로 편안한 모습은 아니다. 그리고 카운터 안쪽에는 간단한 필기도구를 수납할 수 있는 서랍과 선반이 몇 개 있는데 개인 소지품을 보관하기에는 적당하지 않다. 만약 사무실과 참고데스크가 멀리 떨어져 있다면 교대 업무를 하러 가는 길은 어딘가 출장을 떠나는 기분일 것 같다. 하지만 참고데스크에는 작은 물병 하나 보관할 만한 적당한 장소가 없기 때문에 지갑이나 가방을 들고 올 생각은 하기 어려울 것이다. 어쩌면 이 직원도 좋아하는 필기도구는 사무실에 두고 왔을지 모른다. 아스피린이나 열쇠, 립스틱, 사탕과 같은 소소한 물품들 역시 마찬가지다. 참고데스크 위에 책이나 서류철을 올려놓기가 쉽지 않으므로 업무를 처리하기도 여의치 않을 것이다. 또, 참고업무를 위해 컴퓨터 모니터에는 OPAC이나 데이터베이스 이용 화면을 항상 띄어 놓아야 한다. 도서관에 근무하는 사서들이 참고 업무를 꺼려하지는 않을지 걱정이다.

아메리카온라인America Online[•] 콜센터에서 잠시 근무했던 친구로부터 들은 이야기다. 매일 24시간 돌아가야 하는 콜센터는 3교대제^{••} 방식으로 운영하고 있는데, 하나의 업무 공간을 시간대별로 다른 직원들과 함께 사용하고 있다. 직원 개개인을 위한 업무 공간이 제공되지 않는 터라 이와 관련한 갈등이 끊이지 않았다. 개인 용품이나 물건을 업무 공간에 비치하지 말라는 관리자 측 지시가 있었지만 이를 따르지 않는 직원들이 많았다. 아메리카온라인에서는 결국 고민 끝에 가족사진이나 생일카드, 립밤, 비상약 등의 소품을 보관할 수 있는 개인용 사물함을 제공했다. 직원들은 교대근무가 끝날 때까지 각자의 개인 용품을 모두 사물함에 보관했다. 하지만 여전히 미키마우스 연필꽂이에서부터 사진이나 크리스마스 카드가 사무실 여기저기에서 튀어나오고 있다.

• 　[옮긴이] 미국에서 가장 많은 사용자를 확보하고 있는 통신망 회사다.
•• 　[옮긴이] 교대제 근무의 한 형태로, 1일 24시간, 1주 7일 가동에 적당하다. 하루를 3조의 근무조로 나누어서 24시간 내내 운영하는 형태다.

다시 가상 대학도서관 참고 데스크다. 근무자가 바뀐 걸 보니 좀 전의 여자 직원은 근무를 마치고 사무실로 내려간 것 같다. 교대근무제로 참고 데스크를 운영하는 대신 도서관 직원들의 업무 공간을 이용자 공간으로 옮겨보면 어떨까? 물병과 감기약, 립스틱을 올려놓았던 책상은 그대로 가져오고 서류철이나 각종 자료, 업무에 필요한 물품을 보관할 수 있는 캐비닛을 준비한다. 그리고 모든 서랍에는 잠금 장치가 있으므로 혹시 자리를 비우게 되더라도 걱정할 필요가 없다. 또, 야간 근무자가 있는 경우라면 책상을 하나 더 추가하면 된다. 전화나 도서관 컴퓨터 네트워크의 도움으로 각자의 업무를 충분히 진행할 수 있다.

이용자 공간에서 근무하기 시작한 사서들은 바뀐 환경에 익숙해지면서 조금씩 새로운 변화를 경험하고 있다. "방해해도 괜찮습니다." 이용자 공간에서 근무하기 시작한 사서가 자신의 책상 위에 이런 안내판을 걸어두었다. 처음에는 별 반응을 보이지 않던 학생들이 하나둘 사서를 찾아오기 시작했다. 정치학 박사 논문을 준비하고 있는 대학원생 존은 거의 매일 찾아오는 학생들 가운데 한 명이다. 덕분에 존의 논문 작업은 속도가 점점 빨라졌다. 존은 도서관에서 자신의 집처럼 편안한 장소를 발견했다. 캠퍼스 지도를 찾던 신입생도 자주 얼굴을 보였는데, 이 학생은 낯선 캠퍼스 생활의 고충과 함께 도서관이 제일 편한 곳이라고 털어놓았다. 요새는 화장실 낙서와 같은 문제도 편하게 알려줄 수 있을 만큼 몇몇 도서관 직원과 많이 친해졌다. 이 직원은 평소 이용자 화장실을 이용하고 있던 터라 낙서문제에 대해서는 파악하고 있었다. 그리고 청소 담당 직원에게도 작업을 요청했다.

사서 입장에서 이러한 공개적인 노출이 불편할 수도 있겠지만 이 직원은 바뀐 근무환경에 대해 크게 만족하고 있다. 종전에 사용하던 크고 불편한 참고 데스크에서는 요즘처럼 이용자와 대면하기가 어려웠다고 한다. 사실 근무 중에 주로 만나는 이들은 대부분 도서관 직원이었으며 개인적인 친분이 있는 학생이나 교수는 거의 없었다. 학내 상황에 대해서도 도통 깜깜하기만 했는데 요즘은 그럭저럭 파악하고 있는 편이다. 존과 같이 연구보고서나 논문을 준비하는 대학원생들 중에는 자신의 논문에 도움을 받았던 사서의 이름을 언급하는 경우가 종종 있다. 별일이 아니라고 생각할 수 있지만 사실 그렇지 않다. 이는 매우 중요한 일이다. 도서관에서 근무하고 있는 사서들은 우리가 하고 있는 일이 얼마나 중요한지 깨달아야 한다. 여기 가상 도서관에서는 많은 직원들이 이용자 공간에서 근무하고 있기 때문에 이용자 질의로 인한 업무의 부담감을 느끼는 사서나 보조사서는 없다. 그 대신 사서와 이용자 간의 접촉이 큰 폭으로 늘어나고 있다.

가상 도서관과 현실의 도서관

머릿속에 그리는 가상 도서관이 아닌 실제 도서관을 운영하는 일은 훨씬 더 어렵고 복잡하다. 다양한 유형의 이용자와 그들의 요구 사항, 행정상의 어려움, 그밖에도 피할 수 없는 많은 문제들이 도서관 운영을 어렵게 만들고 있다. 이번 장에서 제시한 바람직한 도서관 환경은 저절로 만들어지는 것이 아니다. 또, 제대로 운영되지 않는 도서관 시스템을 그저 지켜만 봐서는 답이 없다. 어떻게든 변화를 시도해야만 만들어질 수 있고, 무엇이든 얻어낼 수 있다. 지금 대학도서관은 그 어느 때보다 어려운 시기를 보내고 있다. 2001년에 스콧 칼슨은 대학도서관 이용률 하락을 예측했지만, 우리는 이 상황을 그저 지켜보기만 했다.[2] 이용자 확보를 위한 새로운 전략은 만들어내지 못했다. 도서관 임무에 적합할 뿐 아니라 새로운 이용자를 도서관으로 불러낼 수 있는 대학도서관만의 역할이 무엇인지 충분히 생각하고 고민해야 한다. 그리고 깨달아야 한다. 지금 대학도서관은 이러한 자기인식의 과정이 그 어느 때보다 절실하다.

참고자료(Resources)

- Milller Rush. 2007. "What Difference Do We Make?" *Journal of Academic Librarianship*, Vol.33, No.1(January), pp.1~2.

- Rooks, D. C. 2006. "You Gotta Believe!" *Journal of Academic Librarianship*, Vol.32, No.6(November), pp.646~647.

- Sauer, J. L. 2005. "Developing Academic Library Staff for Future Success" *Journal of Academic Librarianship*, Vol.31, No.2(March), p.168.

- Tennant, Roy. 2006. "Academic Library Futures" *Library Journal*, Vol.131, No.20 (December), p.34.

제4장

좋은 공간, 편안한 공간

도서관이 아닌 집에서도 원하는 자료를 쉽게 찾을 수 있게 되면서 오프라인 도서관의 필요성에 대해 의문을 제기하는 목소리가 커지고 있다. 디지털 시대를 맞아 공공도서관 역시 대학도서관만큼 힘든 시간을 보내고 있지만, 도서관 이용에 대한 인식은 대학도서관과는 다소 차이가 있다. 공공도서관에서는 이용자들이 각자 새로운 경험을 기대하면서 도서관을 찾는다고 생각한다. 좋아하는 책을 읽기 위해 들르거나, 친구나 이웃을 만나기 위한 약속 장소로 도서관을 활용하는 것처럼 말이다. 그렇다고 반드시 목적이 있어야만 도서관을 찾는 것은 아니다. 분주한 일상 속에서 잠시나마 한숨을 돌릴 수 있는 휴식 공간 역할을 도서관이 할 수 있다. 이와 같은 공공도서관의 접근 방식은 대학도서관에도 충분히 적용할 수 있다. 대학도서관의 핵심 과제인 학내 구성원의 교육 및 연구 활동 지원과는 별개의 문제로 말이다.

친숙한 공간

개인 연구실이 제공되는 교수와 달리 학생들이 교내에서 이용할 수 있는 개인적인 공간은 없다. 도서관에 교수들이 별로 보이지 않는 이유이기도 하다. 그런데 학교에서 많은 시간을 보내야 하는 학생들에게도 개인적인 공간은 중요하다. 공부를 하거나 잠시 쉴 수 있는 장소, 그리고 강의 사이사이에 마음을 가다듬을 수 있는 공간이 필요하기 때문이다. 어수선하고 소란스러운 기숙사는 학생들이 별로 선호하지 않는 편이다. 그렇다면 이들은 어떤 공간을 좋아하는 걸까?

부모 세대와는 확연히 다른 환경에서 자란 학생들은 학습 공간 선택에서도 분명한 차이를 보인다. 예를 들어 여전히 조용한 학습 공간을 선호하는 학생들도 있지만 어느 정도 소음에 노출된 공간에서 편안함을 느끼는 이들도 있다. 이러한 개인별 선호도를 대학도서관에서는 과연 고려할 수 있을까? 개인별 취향을 고려해 다양한 수준의 소음이 허용되는 공간을 제공할 수 있을까? 마치 자기 방에 있는 것처럼 아늑한 공간을 찾는 학생들에게 책상과 스터디 캐럴이 줄 맞춰 늘어서 있는 넓은 열람실은 적당하지 않다. 이용자들이 자주 찾지 않는 외지고 후미진 공간을 일부러 찾는 학생들도 있지만 대다수 이용자들은 어느 정도 인적을 확인할 수 있는 공간을 찾는다. 사람들마다 좋아하는 공간은 조금씩 다르며 개인의 공간 선호도나 취향 역시 각자 처한 상황과 니즈에 따라 변하기도 한다. 예를 들어 이번 주까지 제출해야 하는 과제를 준비하기 위해 이용하는 도서관과, 기숙사나 집이 아닌 어딘가를 가고 싶어서 찾아가는 도서관은 다르다.

도서관 공간의 개별화

다음은 현장 방문을 다녀온 대형 대학도서관 사례다. 이 도서관은 최근 증개축을 완료했으며 관련 예산이 비교적 넉넉했다. 이 도서관은 모든 층에서 방대한 열린 공간open space을 조망할 수 있다. 공간 전체에 걸쳐 한 가지 색상을 사용했기 때문에 통일된 분위기가 느껴졌는데, 전문 디자이너가 도서관 벽면이나 가구, 카펫 등의 조화를 고려하여 유행색 가운데 하나를 고른 것이다. 도서관에 비치하는 가구 디자인도 모두 동일했는데 가령 스터디 캐럴과 책상 의자는 딱 한 가지였다. 대규모 대학도서관인 만큼 크기와 디자인이 동일한 의자를 수천 개 구입했다. 도서관을 찾는 이용자들의 다양한 신체적 특징은 아무도 생각하지 못했다. 키가 작은 여학생에게 편안한 의자는 덩치가 큰 남학생에게는 당연히 불편할 수 있다. 등받이 쿠션이 부착된 의자를 선호하는 이용자가 다수이기는 하지만 허리가 불편한 이용자에게는 오히려 딱딱한 의자가 더 적합할 수 있다. (언젠가 쿠션이 없는 딱딱한 나무 의자만 이용할 수 있는 도서관을 다녀온 적이 있는데 30분도 채 앉아 있기 힘들 만큼 불편했다.) 도서관에서는 관리가 어려운 파티션 사용을 꺼리는 편이라 당연히 벽면이 부족할 수밖에 없다. 다시 말해 도서관에서는 공간을 분할하지 않으므로 개별적인 공간의 특징이나 변화를 느끼기 어렵다. 게다가 공간 전체를 서가로 채우는 경우도 많기 때문에 지루하고 답답한 인상을 줄 수 있다.

트렌디한 색상의 선택은 쉽게 지루해질 수 있다는 점을 제외하더라도 이용자의 개별적인 니즈를 반영할 수 있는 좋은 기회를 도서관 스스로 포기한 것이라고 볼 수 있다. 아무리 신중한 선택이더라도 도서관 벽면 전체를 한 가지 색상으로 통일하는 것은 바람직하지 않다. 멀티미디어실이나 컴퓨터 랩실을 제외하면 도서관 공간을 기능적으로 구분하기는 어렵다. 결국 이용자 눈에는 모든 공간이 유사하게 보일 수 있다. 이용자의 눈길을 끌 만한 아늑한 공간을 만들지 못하는 것이다. 고가의 푹신한 카펫과 안락한 라운지 가구들로 공간을 채웠지만 도서관 의자에 깊숙이 몸을 파묻고 책 읽기에 빠져들고 싶은 편안한 분위기는 만들지 못했다.

수천 명의 학내 구성원이 동일한 도서관을 이용하고 있지만 개개인이 보고 느끼는 도서관은 모두 다를 수 있다. 구성원마다의 성향이 모두 다르기 때문이다. 하지만 이용자 개개인의 요구를 수용하고 반영하려는 도서관의 노력은 전혀 찾아볼 수 없다. 만약 학내 구성원들이 달라진 도서관 분위기나 색상을 좋아하지 않는다면 어떻게 될까? 열람실 의자가 너무 높아서 불편하다거나 캐럴이 너무 좁아서 노트북과 책을 올려놓기 어렵다는 이용자 불만이 계속해서 커진다면 상황은 매우 심각하다. 결국 도서관을 이용하는 학내 구성원들에게는 두 가지 선택권만 있을 뿐이다. 불편을 감수한 채 어쩔 수 없이 도서관을 이용하든지, 아니면 더 이상 도서관을 이용하지 않든지.

도서관 2.0

도서관에서 이용자들이 한꺼번에 사라진 것은 아니다. 하지만 도서관에 대한 흥미가 줄어든 것만은 분명하다. 학기 중 여느 때처럼 캠퍼스에서는 다양한 강의가 진행되고 있지만 도서관은 한산하기만 하다. 이용자들의 발소리마저 두꺼운 카펫에 파묻혀 도서관은 고요하기 그지없다. 앞에서 살펴본 바와 같이 생생한 학내 구성원 의견을 반영할 수 있는 좋은 기회를, 새로운 대학도서관으로 거듭날 수 있는 절호의 기회를 이 도서관은 결국 놓친 셈이다. 한때 대학도서관의 주된 이슈였던 도서관 2.0은 도서관 서비스에 대한 철학으로 이해할 수 있다. 도서관이 발전하려면 도서관과 이용자 간의 상호작용이 반드시 필요하다는 점이라고 할 수 있다. 과거에는 이용자 참여가 필요하다는 사실을 별로 인식하지 못했다. 하지만 21세기 대학도서관에서 이용자 참여는 빼놓을 수 없다. 도서관 운영에서 이용자 의견을 적극 수용하고 반영해 가는 과정은 매우 중요하다.

이 도서관은 가장 일반적인 이용자만을 대상으로 계획하고 만들어졌다. 도서관에 비치한 가구와 공간 인테리어는 '미국장애복지법 Americans with Disabilities Act: ADA' 등의 요구 사항을 따르고 있는데, 그렇다면 일반적인 유형에 속하지 않는 구성원의 니즈와 선호도는 어떻게 반영하고 있을까? 다양한 요구 사항을 반영한다고 해서 모두 다른 스타일의 의자를 구입하는 것은 물론 불가능하다. 하지만 다수에 해당하는 일반 학생들의 유형부터 파악한 뒤 여기에 속하지 않는 학생들의 니즈를 반영해 가면 된다. 학생들의 개별 특성 가운데 공통된 패턴을 찾아 유형별로 구분하면 충분히 가능하다.

도서관 이용자 관점

도서관을 운영하거나 계획할 때 실제 학생들이 도서관을 어떻게 활용하고 있는지 확인하는 일은 매우 유용하다. 이러한 차원에서 과거 대학도서관 근무 경험을 참고로 몇 가지 사례를 소개하려고 한다. 여기 등장하는 학생들은 여러분 대학교나 도서관에서도 쉽게 만날 수 있는 전형적인 특징을 갖고 있다. 하지만 학생들마다 처한 상황을 고려한다면 '포괄적인generic'이라는 표현은 적당하지 않다. 이들의 도서관 경험이 여러분의 도서관을 이용하는 학생들의 경험을 대표하지는 않으며 학생들과의 직접적인 협력을 대체할 수도 없다. 다만 하나의 시작점은 될 수 있다고 본다. 대학원생과 학부생의 도서관 이용은 상당한 차이가 있으므로, 학부 신입생과 직장에 다니면서 석사 논문을 준비하는 대학원생, 그리고 졸업 시험을 앞두고 있는 박사과정 대학원생 등으로 구분해서 보려고 한다.

그리고 이 학생들은 모두 '가상 도서관' 이용자라고 가정해 보자. 참고로 여기서의 '가상 도서관'은 그동안 직접 방문했던 여러 도서관의 장점만을 모두 적용한 말 그대로 완벽한 도서관이라고 할 수 있다. 넉넉하지 않은 예산과 여러 가지 어려움에도 불구하고 쾌적하고 생산적인 공간을 운용해 가는 도서관을 종종 발견하게 된다. 이들 도서관의 비결은 이용자들과 끊임없이 소통하고 교류해 나가는 데서 찾을 수 있다. 말하자면 학생들은 도서관에 자신의 취향을 적극적으로 표현하고, 도서관에서는 이용자들이 어떤 공간을 선호하고 있으며, 즐겨 찾는 의자는 무엇인지 확인하고 점검하는 일을 게을리 하지 않는다.

학부생의 도서관 경험

대형 주립대학교 학부생인 저스틴은 캠퍼스 주변에 있는 기숙사에서 생활하고 있다. 룸메이트와는 그런대로 잘 지내고 있다. 하지만 음악 취향에서부터 저스틴과는 다른 점이 많은 친구다. 룸메이트가 자신의 친구를 기숙사로 자주 데리고 오는데, 그 바람에 정신없고 시끄러운 날이 많은 편이다. 기숙사에서 캠퍼스까지는 셔틀버스를 이용하거나 걸어간다. 저스틴은 하루의 대부분을 학교에서 보내는데, 강의실이나 학생식당, 아르바이트를 하고 있는 학생회관 등을 자주 이용한다. 그리고 강의 사이 비는 시간에는 도서관을 찾는다.

수업을 마친 저스틴이 도서관으로 향하고 있다. 다음 강의가 시작될 때까지 도서관에서 시간을 보낼 생각이다. 게다가 오늘은 날씨마저 음산해서 서둘러 도서관을 찾았다. 첫 수업을 마치고 나온 저스틴에게 지금 당장 필요한 것은 긴장을 풀어줄 만한 편안하고 따뜻한 공간이다. 도서관 로비에 들어선 저스틴은 가장 먼저 1층 화장실부터 다녀왔다. 이곳 화장실은 편리한 접근성 덕분에 이용률이 높다. 다행히 도서관에서는 매일 수차례에 걸쳐 화장실 청소와 점검을 실시하고 있다. 도서관 내 다른 화장실도 비누나 휴지와 같은 물품이 부족하지 않도록 규칙적으로 점검하고 있다. (아쉽게도 이런 화장실은 가상 도서관에서만 이용할 수 있다.)

저스틴은 도서관 로비에 있는 카페에 들러 커피부터 한 잔 마실 생각이다. 스타벅스나 반즈앤노블스Barnes & Nobles* 같은 분위기가 느껴지는 이 카페는 음식이나 음료도 훌륭한 편이라 즐겨 찾고 있다. 자동판매기에서 판매하는 정크푸드밖에 없는 어두침침한 지하 카페테리아와는 비교할 수 없다. 테이블 위는 언제나 말끔하게 치워져 있고, 주저 없이 배낭을 내려놓을 수 있을 만큼 바닥 역시 깨끗하다. 저스틴은 에스프레소 한 잔을 주문한 뒤 카페 옆에 있는 브라우징 코너browsing corner**에서 신간 잡지와 SF 소설책을 골라 왔다. 이곳에서는 도서관 이용 규칙을 어기고 있다는 죄책감을 가질 필요 없이 커피를 마시면서 책을 읽을 수 있다. 저스틴을 비롯한 도서관 이용자들은 카페에서 잠시나마 휴식을 취할 수 있다.

도서관은 학생을 불러 모을 수 있는 장점이 있다는 중요한 사실을, 사서들은 자주 잊어버리는 것 같다. 도서관을 이용하지 않는 학생들조차 도서관에 대해서는 우호적인 태도와 긍정적인 생각을 갖고 있다. 다시 말해 학생들은 시험공부나 과제를 준비하기 위해 도서관에 가야 한다고 자연스럽게 생각할 수 있다. 반면 머리를 식히거나 편안한 휴식을 위해 도서관을 찾는 이들도 있다. 20분 정도 카페에서 시간을 보낸 저스틴은 이제 과제에 집중할 수 있는 에너지를 충분히 회복했다.

---

*   [옮긴이] 미국의 유명 대형 서점이다.
**   [옮긴이] 열람석이나 로비 한쪽에 소설이나 잡지 같은 가벼운 읽을거리를 비치한 공간으로, 원문에서는 pleasant leisure reading area로 표기하고 있다.

생산적인 장소

정치학 과제만 없다면 조금 더 읽었을 소설책을 저스틴은 아쉬운 맘으로 덮었다. 그리고 과제를 준비하기 위해 적당한 장소를 찾았다. 최신 기종의 컴퓨터와 다양한 소프트웨어를 이용할 수 있는 인포메이션 커먼스는 언제나 이용자들로 북적인다. 저스틴은 사람들이 붐비지 않는 조용한 공간을 찾고 있다. 정치학 과제에 필요한 자료를 가까이에서 이용할 수 있다면 더 좋을 것 같다. 다행히 원하는 조건을 모두 만족하는 장소를 발견했다. 한눈에 보기에도 꽤 넓은 책상과 편안한 의자가 제일 먼저 눈에 들어왔다. 평소 도서관 캐럴이 좁아서 불편했던 저스틴은 노트북과 교과서, 출력물, 그리고 서가에서 꺼내온 도서관 책들까지 모두 올려놓을 수 있는 넓은 책상이 유독 반갑게 느껴졌다. 가상 도서관에서는 학생들이 자신에게 맞는 편안한 의자를 직접 고를 수 있도록 다양한 크기의 의자를 제공하고 있다.

노트북 컴퓨터의 수용

도서관은 건물 전체에 걸쳐 무선 접속 환경이 구축되어 있으므로 어디서든 필요한 자료를 신속하게 검색할 수 있으며, 자유롭게 인터넷을 사용할 수 있다. 가상 도서관에서는 컴퓨터를 이용하는 학생들을 직접 관찰하면서 이들의 컴퓨터 이용과 관련한 니즈를 함께 파악하고 있다. 노트북 배터리는 전기 소모가 워낙 빠르기 때문에 노트북을 사용하는 학생들은 자주 충전이 필요하다. 오늘 아침 강의 내용을 노트북에 필기했던 저스틴도 도서관에서 노트북을 충전할 생각이다. 가상 도서관에서는 이를 위해 책상 가까운 곳에 전기 콘센트를 설치해 놓았다.

　리노베이션 작업을 거친 여러 대학도서관을 다녀봤지만 전기 콘센트가 부족한 곳이 많았다. 최신 장비와 기기를 갖춘 인포메이션 커먼스에서도 콘센트가 부족한 경우가 있었다. 구체적인 수치까지는 확인하지 않았지만 노트북을 사용하는 학생들은 계속해서 늘어나는 추세다. 당연히 저스틴과 비슷한 학생들이 많을 것이다. 따라서 도서관에서는 노트북을 편리하게 사용할 수 있는 환경을 제공해야 한다. 도서관 입장에서 그렇게 어려운 서비스는 아니다. 편안하게 노트북을 사용하면서 시간을 보낼 수 있는 공간이 있다는 사실은 학생들에게 매우 중요하다. 21세기 학생들에게 컴퓨터란 마치 종이와 연필과 같다. 따라서 이들에게 컴퓨터 없는 생활이란 자신의 팔과 다리를 마음대로 사용할 수 없는 상황과 마찬가지라고 할 수 있다.

　도서관과 같이 넓은 공간에 전기 콘센트를 설치하려면 많은 비용이 드는 전기 재배선 작업이 필요하다. 상당수 도서관에서는 신기술을 도입하기 위해 고가의 다양한 프로젝트를 실시하고 있다. 그런데 도서관에 전기 콘센트가 부족하다면 이는 도서관 설계나 계획 과정에서 이용자 참여가 그만큼 충분하지 않았음을 보여준다고 할 수 있다. 도서관 직원의 관점에서 콘센트 또한 중요한 도서관 자원이므로 콘센트 확보를 위한 비용 지출은 당연히 필요하다. 도서관에서는 전자저널이나 온라인 색인을 이용할 수 있는 신기술을 도입하는 것만으로도 할 일을 다했다고 생각할 수도 있겠지만 실제 이용자들은 그렇게 생각하지 않는다.

21세기 과학기술에 대한 인식

　　대학도서관이 저스틴과 같은 이용자의 니즈를 효과적으로 충족시키려면 위해서는 이용자와 도서관이 인식하는 과학기술 수준이 어느 정도 비슷해져야 한다. 그런데 도서관에는 여전히 1980년대에 머물러 있는 사서들이 많다. 이들은 학생들이 온라인 저널 기사를 컴퓨터 화면이 아닌 종이에 출력해서 보는 걸 더 선호하고, 여전히 종이와 연필을 사용해서 필기나 메모를 하고 있으며, 도서관 컴퓨터를 이용해서 과제나 보고서를 작성한다고 믿고 있다. 다시 말해 이들은 컴퓨터를 똑똑한 타자기 정도로만 인식하고 있다. 하지만 실제 학생들은 종이를 한 장도 사용하지 않고 과제를 완성할 수 있다. 따라서 학생들이 사용하는 컴퓨터 사이에 정보 흐름이 끊어져서는 안 된다. 도서관의 전기 콘센트로 노트북을 충전할 수 있다면 저스틴의 일은 훨씬 간단해질 수 있다. 또한 도서관 컴퓨터에서 검색한 데이터를 자신의 노트북으로 옮기는 번거로운 과정을 거치지 않아도 되므로 훨씬 오래 도서관에 머물 수 있을 것이다.

편안함에 중점 두기

　　한 시간 정도 지나자 저스틴의 집중력이 조금씩 떨어지기 시작했다. 오랫동안 같은 자세로 앉아 있던 저스틴이 불편했는지 않은 채로 자세를 바꾸고 있다. 자신의 전공 과목보다 교양필수 강의를 더 많이 수강해야 하는 신입생들은 공부에 재미를 느끼기가 어려울 수 있다. 여러분도 저스틴이 어떤 심정인지 충분히 이해할 수 있을 것이다. 저스틴은 기분 전환을 위해 다른 공간으로 옮기고 싶어 할 수도 있다.

가상 도서관에서는 각기 다른 분위기가 느껴지는 다양한 공간을 제공하고 있다. 한편 앞부분에서 소개했던 단조로운 분위기의 도서관과는 대조적이라고 할 수 있는데, 그곳에서는 자신이 몇 층에 있는지 제대로 분간하지 못할 만큼 모든 공간이 비슷했다.

이에 반해 가상 도서관에서는 공간마다 이용자들의 다양한 선호도를 충분히 고려하고 반영하기 위해 노력했다. 농구선수인 저스틴은 키에 맞는 책상과 의자를 고르는 일이 언제나 쉽지 않았다. 나는 얼마 전에 한꺼번에 많은 양의 라운지 의자를 구입했다는 대학도서관을 다녀왔다. 그 도서관에서 구입한 의자는 등받이와 팔걸이 높이가 동일한 정사각형 모양의 라운지 의자였다. 160센티미터 정도의 키에 평균 정도의 신체 조건을 갖고 있는 내가 앉아본 바로는 상당히 불편했다. 삼면으로 둘러싸인 등받이와 팔걸이 때문에 좁은 공간에 꽉 끼어 있는 듯했으며, 무엇보다 팔을 자유롭게 움직이기가 어려웠다. 게다가 의자가 너무 높아서 앉고 일어서기가 부자연스러웠다.

도서관 직원 중 아무도 그 의자에 직접 앉아보지 않았던 게 분명하다. 180센티미터 정도의 키에 몸무게가 45킬로그램 정도라면 편안하게 앉을 수 있는지 모르겠다. 그렇지만 의자의 디자인은 매우 인상적이었다. 도서관의 전체적인 색상과도 잘 어울렸다. 아마도 그것이 의자를 선택한 가장 큰 이유인 듯 했다. 마치 도서관 직원이 아닌 인테리어 디자이너가 선택한 것 같았다. 그리고 구매 담당자는 구입 목록만 확인하고 승인했을 것이다. 그렇다고 사서가 직접 의자에 앉아보고 선택을 했다면 괜찮았을 것이라는 뜻이 아니다. 사서는 학생보다 나이가 많은 편이므로 아무래도 선호하는 의자가 다를 수 있다. 예를 들어 사서들은 골반 건강을 위해 단단한 등받이가 수직으로 부착된 의자를 선호하는 편이다. 거듭 강조하지만 이러한 결정을 할 때는 도서관 이용자의 참여를 이끌어내고 의견을 참고하는 것이 바람직하다.

조명의 필요성

해가 지고 난 도서관 밖은 지금 매우 춥고 어둡다. 그래서일까? 한기가 느껴지는 도서관 창가 자리에는 이용자가 보이지 않는다. 창문이 많은 이 도서관에서 가장 인기 있는 장소는 바깥 풍경을 감상할 수 있는 창가 자리다. 하지만 오늘처럼 따뜻한 햇볕이 사라진 스산한 날씨에는 아늑한 구석 자리를 찾아가는 이용자들이 많다. 도서관에서도 이러한 성향은 이미 파악하고 있다.

가상 도서관에서는 저층 공간의 활용 방안을 오랫동안 고민했다. 창문이 없는 지하 공간 활용 사례를 직접 확인하면서 조명의 중요성을 확인했었는데, 자연광처럼 보이는 풀 스펙트럼full-spectrum 조명기구를 활용해 이용자가 선호하는 공간을 만들어낸 도서관도 있었다. 또, 어떤 도서관에서는 따뜻하고 편안한 백열등 불빛을 인접 환경에 비추는 간접조명으로 아늑한 분위기의 열람실을 만들었다. (최근 출시된 에너지 효율이 높은 형광등은 황금색 램프 불빛과 같은 다양한 조명을 만들어낼 수 있다.)

가상 도서관에서는 노트북 사용자를 위한 전기 배선을 충분히 확보해 놓은 덕분에 열람석에 스탠드를 설치하는 일은 별로 어렵지 않았다. 이용률이 낮은 열람 공간에 스탠드만 추가했을 뿐인데 놀라운 반응이 일어났다. 스탠드를 설치한 열람실의 인기가 점점 올라간 것이다. 따뜻한 스탠드 램프 덕분에 한결 아늑해진 분위기는 실내 디자인에도 확실히 영향을 끼쳤다. 도서관 벽면의 색상은 한층 깊어졌으며, 카펫과 가구류의 색상은 따뜻한 톤으로 맞추어졌다. 벽면에 걸린

밝은 색깔의 포스터는 전체적인 도서관 인테리어를 완성해 주었으며, 지하실 같은 음침한 분위기는 전혀 느껴지지 않게 되었다.

소음 관리

저스틴은 드디어 마음에 드는 자리를 발견했다. 그리고 오늘은 평소와는 다른 의자에 앉았는데 자세 유지에도 도움이 된다고 하니, 오늘은 좀 더 오래 도서관을 이용할 수 있을 것 같다. 여기에 은은한 스탠드 불빛까지 더해져 책 읽기가 즐거워졌다. 도서관 밖은 춥고 스산하지만 도서관에는 따뜻하고 아늑한 기운이 가득했다. 도서관의 쾌적한 실내 온도를 유지하고 있는 환기 시스템에서는 일정한 음높이의 조용한 소리, 이른바 '백색 소음'이 발생하고 있지만 저스틴은 거의 의식하지 못했다. 환기 시스템을 가동하거나 중지해도 요란한 소음이 발생하지 않고 있으며, 저스틴의 머리 위에 노출된 환풍기 덕트 역시 조용하다. 최근에는 난방용 덕트와 천장의 파이프 배관을 그대로 노출시키는 인테리어가 유행이다. 낡고 오래된 파이프에 천장과 동일한 색깔을 칠한 뒤 실내 장식으로 활용하는 레스토랑도 여기에 해당한다. 하지만 도서관에서는 공기 조절 장치와 수도관에서 발생하는 소음 문제 때문에 적용하기 어렵다. 한편, 도서관에서 환기 시스템을 선택하는 경우에는 소음 발생을 줄일 수 있도록 저감 장치나 도구를 사용하는 것이 좋다고 가상 도서관의 관계자는 조언했다.

성인 대학생과 도서관

지금 가상 도서관의 시계는 오후 다섯 시 반을 가리키고 있다. 이번에는 비즈니스경영을 전공하는 석사과정 대학원생 메리언을 만날 차례다. 직장과 학업을 병행하고 있는 메리언은 초등학생 자녀가 있는 기혼 여성이다. 학교 주차장을 여유롭게 이용하고 싶은 메리언은 오후 5시 퇴근과 함께 학교로 달려온다. 덕분에 동료 학생들보다 조금 먼저 학교에 도착하는 편이다. 그리고 강의가 시작될 때까지 남는 시간은 주로 도서관에서 보낸다. 학부 시절 메리언은 도서관을 즐겨 찾는 학생은 아니었다. 그 당시 배웠던 도서관 이용법이나 자료 검색에 관한 내용도 이제는 거의 기억나지 않는다. 현재 메리언의 컴퓨터 실력은 간단한 문서 작성이나 이메일을 사용하는 정도다.

야간·주말 프로그램의 증가

성인 대학생을 대상으로 하는 석사학위 과정은 대학교의 유용한 수입원이라 할 수 있다. 전임 교원에 비해 급여 수준이 비교적 낮은 겸임 교수를 활용할 수 있을 뿐 아니라 별도의 랩 시설을 제공하지 않아도 되기 때문에 학교에서 부담해야 하는 운영비가 비교적 저렴하다. 한편 금전적인 보상을 통해 직원들의 실력 향상을 꾀하는 기업이나 고용주들이 점점 늘어나고 있다. 달리 말해 직원들에게 석사학위 취득이란 자동적인 임금 인상을 의미한다. 하지만 이러한 경향이 직장인들을 점점 더 피곤하게 만들고 있다는 것이 문제다. 특히 직장생활을 병행하는 석사과정 학생들은 더 많은 스트레스와 피로에 시달리고 있다. 주어진 과제물을 하나씩 해결할 때마다 장애물 경기 허들을 넘는 것 같다며 어려움을 토로하는 학생도 있다. 이러한 상황에서 '배움의 즐거움'을 얘기하기는 어렵다.

대학원 프로그램은 점점 늘어나고 있지만 이에 따른 도서관의 노력은 찾아보기 어렵다. 메리언과 같은 성인 대학생들은 퇴근 후에야 도서관을 이용할 수 있지만, 정작 도서관에서 이용할 수 있는 서비스는 별로 없다. 운영 시간이 끝난 상호대차 서비스는 이용할 수 없고, 제자리에 없는 지정도서는 찾기가 어렵다. 한마디로 도서관에 도움을 청할 만한 직원을 만나기가 어렵다. 그런데 이런 식으로 도서관에 대한 부정적인 경험과 기억을 갖게 된다면 성인 대학생은 도서관 이용을 어렵고 까다로운 과제나 넘기 힘든 장애물로 여길 것이다. 그래서 가급적 도서관 이용은 피하고 싶을 것이다.

보이지 않는 학생들의 요구 해결

이렇게 제 기능을 다하지 못하는 도서관은 지금 메리언에게는 필요하지 않다. 하지만 가상 도서관에서만큼은 크게 걱정하지 않아도 된다. 가상 도서관에서는 많은 성인 대학생들의 의견을 참고하기 위해 여러 가지 창의적인 방안을 모색했다. 일반 학생들에 비해 항상 바쁘고 정신없는 이들의 의견을 모으기 위해 소규모 포커스그룹을 결성했다. 그리고 여기서 나온 의견을 바탕으로 간단한 설문지를 작성했다. 하지만 도서관의 잠재적 이용자라 할 수 있는 성인 대학생을 직접 만나기가 쉽지 않았다. 대부분 강의 시간에 맞춰 허겁지겁 학교에 도착했다가 강의가 끝나면 서둘러 돌아가기 바빴으므로, 개별적인 성인 대학생의 의견을 들을 수 있는 기회는 거의 없었다.

한편, 성인 대학생을 대상으로 하는 강의는 대부분 저녁 7시에 진행되었다. 바꿔 말해, 이들을 교내에서 개별적으로 만나기는 힘들 지만 강의실에서라면 충분히 가능했다. 가상 도서관에서는 저녁 강의 가 시작되기 전인 6시 30분부터 설문조사를 위한 세팅을 완료하고 강 의 중간 휴식 시간이 시작되기를 기다렸다. 그리고 담당 교수에게 미 리 양해를 얻어 설문조사를 실시했다. 물론 성인 대학생들에게는 설 문조사의 목적과 필요성에 대해서 조사가 진행되기 전에 충분히 설명 했다. 가상 도서관에서는 설문조사를 통해 그동안 성인 대학생의 요 구가 얼마나 반영되지 못했는지 다시 한번 확인했다.

설문조사를 실시한 결과 다양한 사실을 확인했는데, 크게 두 가 지 정도로 요약할 수 있다. 첫째, 성인 대학생들은 주로 과제를 해결 하기 위해 도서관을 찾고 있는데 정작 도서관 이용에 필요한 기본적 인 정보 검색 기술은 부족한 수준이다. 학교를 졸업한 지 10년에서 20년이 넘은 30~40대 중반의 성인 대학생들은 직장에서 진급에 어려 움을 느끼거나 자신의 지식이나 기술이 뒤처졌다고 생각해서 다시 공 부를 시작하는 경우가 많았다. 지난 20년 동안 대학도서관은 다시 학 교로 돌아온 학생들이 몰라볼 정도로 많은 변화가 있었던 것이다.

성인 대학생과 스트레스

가상 도서관의 설문조사에서 두번째로 확인한 점은 상당수의 성 인 대학생들이 피곤하고 지친 상태로 학교에 도착한다는 사실이다. 그리고 캠퍼스에서는 참기 어려운 관료제의 폐해를 목격하는 일도 많 다. 일반적으로 성인 대학생의 하루 일과는 아이를 챙기고 유치원에 보내면서 시작한다. 하루 종일 골치 아픈 직장 업무를 마친 뒤에는 교 통 체증과 씨름하며 학교로 향한다. 그리고 제대로 준비도 하지 못한

채 강의를 듣는다. 성인 대학생이 도서관을 이용하는 오후 5시 무렵
은 대부분의 직원들이 퇴근하는 시간이다. 따라서 이들에게 도서관
이용은 편안한 휴식처가 아닌 또 하나의 무거운 짐이라고 할 수 있다.

가상 도서관에서는 이러한 두 가지 사항을 바탕으로 성인 대학생
들만의 특징을 파악했다. 허기지고 지친 상태로 학교를 찾는 성인 대
학생들에게 가장 필요한 것은 간단한 먹을거리와 커피, 그리고 편안
한 의자다. 그리고 이들의 수준과 상황을 고려해 개별적으로 지원할
수 있는 맞춤형 도서관 직원도 필요하다. 한편 메리언에게 도서관은
급박하고 절실한 요구를 해결할 수 있는 장소라고 할 수 있다. 저스틴
과 마찬가지로 메리언 역시 도서관에 도착하면 화장실부터 찾는다.
메리언은 이곳에서 화장을 고치거나 옷매무새를 가다듬고, 올이 나간
스타킹을 갈아 신기도 한다. 하루에도 수차례씩 화장실 점검과 청소
가 진행되기 때문에 도서관에서는 늦은 시간까지 깨끗한 화장실을 이
용할 수 있다. 게다가 깜박거리는 형광등도 거의 없는 편이라 이곳에
서는 거울에 비친 모습을 제대로 확인할 수 있다.

도서관의 음식물 허용

지금 메리언은 간단히 식사를 하면서 공부도 할 수 있는 장소를
찾고 있다. 다시 말해, 학내에서 운영하는 카페의 운영 시간은 적어도
야간 강의가 진행되는 중반 무렵까지는 운영해야 한다. 메리언은 주
말 집중 과정을 수강하면서, 주말에는 식당을 운영하지 않으며 카페
역시 일찍 문을 닫는다는 사실을 확인했다. 지금 도서관을 향하고 있
는 메리언은 햄버거를 하나 샀다. 시끄러운 카페가 아닌 조용한 도서
관 열람실에서 오늘 있을 퀴즈를 준비할 생각이다. 햄버거로 간단하

게 식사를 대신하면서 말이다. 이러한 사례를 볼 때, 도서관에도 음식물을 허용하는 공간이 필요하다는 사실을 확인할 수 있다. 그런데 이를 위해서는 도서관 장서의 특성을 명확하게 파악해야 한다. 효과적인 이용자 서비스를 실시하기 위해 때로는 관대한 정책이 필요하기도 하다. 하지만 특별한 주의가 필요한 장서나 자료에 대해서는 엄격한 기준을 적용하고, 되도록 높은 층에 보관하는 것이 좋다.

야간과 주말 근무 직원

가상 도서관에서는 저녁 시간에도 적절한 인원을 배치하고 있다. 따라서 메리언처럼 저녁 시간에 도서관을 찾는 학생들도 지정도서 이용이나 자료 검색, 상호대차 서비스 등을 충분히 이용할 수 있다. 메리언은 학부를 졸업한 뒤 거의 20년 동안 학술적인 글쓰기나 리서치와는 거리가 먼 시간을 보냈지만, 이번 학기에는 최종 프로젝트를 완성해 내야 한다. 이를 위해 많은 것을 익히고 배워야 하는 메리언에게 도서관 직원의 도움은 매우 중요하다. 그런데 여기서 말하는 직원이란 대출 카운터에서 친절하게 이용자를 응대하는 직원이 아닌 참고사서를 의미한다. 메리언은 비즈니스 현장에서는 다양한 실무 경험을 쌓은 대학원생이지만 기본적인 리서치 스킬은 확실히 부족한 상태다. 그런데 현실적으로 메리언과 같은 학생을 지원하는 일이 참고사서에게는 그리 유쾌하지 않을 수도 있다. 이들 중에는 신입생이 아닌 성인으로서 대우받기 위해 방어적인 자세를 보이는 학생도 있으며 대학교의 관료주의를 경험한 뒤 자동적으로 경계 태세부터 취하는 이들도 있다. 이에 대해 사서들은 성인 대학생들이 별다른 노력도 하지 않으면서 즉각적인 답변을 요구하거나 자신이 필요한 자료를 즉시 가져다주기를 바란다면서 마치 자신을 신발가게 점원 대하듯 한다고 불평한다.

가상 도서관에서는 성인 대학생들이 언제 터질지 모르는 지뢰처럼 위험한 데다 진퇴양난의 불안정한 상태임을 잘 알고 있다. 입학처에서는 메리언과 같은 학생들에게 직장을 다니면서 단기간에 학위 취득이 가능하다며 대학원 등록을 적극 권장하고는 있지만, 혹시나 '학위 남발'로 보이지는 않을지 경계하는 교수들도 있다. 과제 제출만으로도 시간이 부족한 메리언과 같은 학생들은 애매한 상태에 빠지게 된다. 대학도서관 사서 역시 난처한 입장이기는 마찬가지다. 성인 대학원생들에게 좋은 서비스를 제공해야 한다고는 생각하지만, 리서치 방법을 익히는 것은 도서관이 아닌 대학원이 담당해야 한다고 믿기 때문이다.

성인 대학생과의 관계 확립

앞에서도 언급했듯이 가상 도서관에서는 성인 대학생들의 요구를 분석하고 대응하기 위해 적극적으로 노력했다. 그리고 이들은 다른 학생들에 비해 학교에서 보내는 시간이 충분하지 않기 때문에 그만큼 소외감을 느끼기 쉽다는 사실도 확인했다. 이러한 차원에서 가상 도서관에서는 출입문 근처에 설치한 안내 데스크를 효과적으로 운영하고 있다. 우선 도서관에 드나드는 성인 대학생이 주목할 수 있도록 크고 화려한 사인물을 설치했으며, 이들에게 필요한 책자나 안내물을 비치한 부스도 함께 마련했다. 이러한 서비스의 가장 큰 목표는 성인 대학생들에게 도서관은 집처럼 편안한 장소이며 필요한 정보를 찾을 수 있다는 점을 인식시키는 데 있다. 도서관에서는 캠퍼스 지도뿐 아니라 교내 주차 정보, 식당이나 카페, 심지어 교내 화장실 위치와 같은 유용한 정보도 얻을 수 있다. 이들 자료는 대학교에서 공식적으로 생산하는 자료는 아니다. 하지만 실제 학생들이 경험한 내용을 바탕으로 하고 있는 실용적인 정보라고 할 수 있다. 가상 도서관의 안내 데스크는 성인 대학생들의 통행이 많은 편인데, 바로 옆에 위치하는 카페 때문이다. 이곳은 늦은 시간까지 간단한 식사가 가능하기 때문에 특히 성인 대학생들에게 인기가 높다.

안내 데스크에서는 도서관 이용에 관해 문의하는 학생을 가능한 자연스럽게 참고사서에게 안내하고 있다. 학생들이 도서관에서 무언가를 물어보고 도움을 청하는 일이 자연스러워질 수 있도록 말이다. 가상 도서관에서는 도서관의 조용한 실내 분위기나 위압적인 건물이 학생들이 자유롭게 질문하는 분위기를 방해할 수 있음을 확인했다. 실제 학생들은 넓은 도서관에서 제대로 길을 찾지 못해 귀중한 시간을 낭비하는 경우가 많다. 참고사서와 대면할 수 있는 기회를 가능한 자주 만들어 주는 것은 매우 중요하다. 성인 대학생들은 학교에서 보내는 시간이 절대적으로 부족하기 때문이다. 따라서 필요한 자료를 찾을 때마다 가능한 정확한 정보를 제공하는 것이 가장 좋다.

맞춤형 정보 서비스

가상 도서관에서는 성인 대학생들에 대한 조사를 진행하면서 스케줄이 비교적 규칙적이며 참여하는 프로그램이 비슷하다는 점을 확인했다. 대학교마다 프로그램은 조금씩 다르지만 교육이나 상담, 경영과 같은 전문 분야의 석사과정 프로그램이 가장 많은 편이다. 도서관 입장에서 보면 성인 대학원생의 니즈를 충족하는 일은 복잡하지 않다. 강의는 대부분 평일 야간과 주말에 진행되므로 강좌 개설은 어쩔 수 없이 제한적이다. 또, 선택 강의가 거의 없는 석사과정 학생들은 대부분 동일한 강의를 듣는 편이다. 가상 도서관에서는 경영대학 교수진과 긴밀한 협력을 유지했는데, 이를 기반으로 참고사서들은 메리언과 같은 성인 대학원생들의 연구 니즈와 이들이 참여하는 강의에 관련한 상황을 충분히 파악하고 이들을 위해 실용적이면서도 비용 면에서 효과적인 맞춤형 교육 자료를 만들었다.

안내 데스크 옆에 설치된 컴퓨터 모니터에서는 도서관을 처음 찾는 이용자에게 초점을 맞춘 도서관 안내 슬라이드 쇼가 반복 재생되고 있다. 물론 여기에서도 궁금한 사항이 생기면 주저하지 말고 안내 데스크와 참고데스크에 물어볼 것을 적극 권장하고 있다. 서비스 데스크 역시 마찬가지다. 컴퓨터 모니터가 설치된 안내 데스크 주변은 라운지 소파가 놓여 있는 아담하고 조용한 구석 자리로, 피곤하고 지친 상태로 도서관에 들어오는 학생들의 관심을 끌어내기에 적당한 위치라고 할 수 있다. 다시 말해, 이용자들이 본격적인 도서관 이용을 하기에 앞서 잠시 소파에 앉아 생각이나 계획을 정리할 수 있는 장소인 셈이다.

이용자의 관심을 모으다

학부생이든 대학원생이든 상관없이 사람들은 원래 움직이는 화면에 관심을 갖기 마련이다. 혹시 앞으로 박물관이나 전시장을 찾게 된다면 관람객들이 모여 있는 장소에서 비슷한 사례를 찾아보기 바란다. 사람들은 역사적 유물이나 전시품보다는 관련 영상 자료에 더 많은 관심을 보이는 경향이 있다. 또, 영상 제작을 위해서는 어느 정도의 기술이 필요하지만 슬라이드쇼를 만들 수 있는 프레젠테이션 소프트웨어는 누구나 사용할 수 있다. 한편 도서관의 동영상 자료 제작과 관련해 가장 핵심은 이용자의 요구를 정확하게 파악해야 한다는 것이다. 이러한 이해가 바탕이 되어야 효과적인 도서관 리터러시 프로그램을 만들 수 있다.

가상 도서관에서 이용자 서비스를 담당하는 직원들은 누구나 기본적인 미디어 리터러시 교육을 받아야 한다. 그리고 간단한 프레젠테이션 파일을 작성할 수 있도록 하드웨어와 소프트웨어를 제공하고 있다. 예를 들어 직원들이 사용할 수 있는 디지털카메라도 비치하고 있으며 간단한 사용법도 함께 안내하고 있다. 또, 모든 직원의 컴퓨터에는 자신이 찍은 사진 파일을 편집할 수 있는 디지털 이미지 프로그램이 설치되어 있다. 한편 성인 대학생들은 언제나 시간이 부족하기 때문에 한정된 시간을 가능한 효율적으로 사용하는 것이 중요하다. 달리 말해 도서관에서 제공하는 패스파인더나 미디어 프로그램 그리고 각종 안내 자료는 핵심에 초점을 맞춰서, 가능하면 간단하게 만드는 것이 좋다. 도서관 컴퓨터에 설치되어 있는 ABI/Inform•의 간략한 소개와 검색 팁을 소개한다면 한 장 정도의 인쇄물이나 혹은 3분 정도 분량의 슬라이드쇼가 충분하다. 다만 ABI외에도 도서관에는 중요한 다른 자료는 많이 있다. 그리고 학생들이 ABI의 모든 내용을 15분 동안 충분히 파악하기는 불가능하다. 게다가 복잡한 고급 검색 따위에 대해서는 별로 관심이 없다.

•   [옮긴이] 최신 비즈니스 및 경제학·경영학 분야의 중요 데이터베이스로, 학술지 기사나 워킹페이퍼, 비즈니스 및 관련 산업계의 뉴스와 각국의 동향에 관한 자료를 제공하고 있다.

이용자가 시간을 절약할 수 있도록 도와주기

도서관의 공간 구성과 자료 비치에 대한 이용자의 요구는 어떻게 영향을 미치게 될까? 우선, 도서관이 익숙하지 않을 뿐 아니라 시간도 부족한 학생들을 굳이 4층까지 보내는 건 그리 좋은 방법이 아니다. 가상 도서관에서는 이용률이 낮은 인쇄 자료는 별도의 공간에 보관하고 있다. 사실 메리언에게는 최근 10년 이내에 발행된 자료가 필요하다. 그리고 학술 저널은 대부분 도서관의 온라인 데이터베이스에서 이용할 수 있다. 가상 도서관에서는 최신 간행물이나 이용 빈도가 높은 자료는 1층이나 1층과 가까운 곳에 비치하기로 방침을 정했다. 그리고 이용 빈도가 낮은 학술 자료는 도서관 내 별도 공간에 보관하고 있으며 고밀도 저장 방식으로 운영하고 있다. (가상 도서관 이용자들은 필요한 책을 이용하기 위해 며칠씩 기다리는 일은 없다.) 바꿔 말해 가상 도서관에서는 보관 공간은 최소한으로 유지하고 있으며, 이용자에게 필요한 서비스 제공을 위해서 더 많은 공간을 할애하고 있다.

인간적인 교감

다시 메리언의 이야기로 돌아오자. 평소 메리언은 도서관을 다양한 용도로 활용하고 있다. 갑자기 내리는 비를 피하거나 혼자서 간단히 식사하고 싶을 때, 그리고 누군가의 방해 없이 공부에 집중하고 싶을 때 도서관을 자주 찾는다. 과제 준비를 위해 도서관에 들른 메리언은 프레젠테이션에 필요한 저널 기사를 찾고 있다. 직원 한 명이 메리언을 알아보고 반갑게 인사를 건넨다. 언젠가 교내 주차와 관련한 유용한 팁을 알려주었던 직원으로, 메리언을 기억해 주는 유일한 도서관 직원이기도 하다. 오늘도 이 직원 덕분에 훨씬 더 수월하게 도서관을 이용할 수 있었다. 그는 자료 검색이 필요한 메리언을 참고 데스크까지 데려다주고 참고사서에게도 직접 소개해 주었다. 아, 물론 안내 데스크 담당 직원이 자리를 비우는 것은 당연히 바람직하지 않다. 그렇지만 구두 설명만으로 충분히 안내할 수 없다면, 메리언을 도와준 직원처럼 직접 안내하는 것도 괜찮다. 또, 성인 대학생들은 대형 도서관에 대한 위압감을 느낄 수 있으므로 참고사서에게 직접 문의할 수 있는 환경을 만들어주는 것도 바람직하다.

이런 의미에서 대학도서관 직원과 이용자 간의 친밀한 관계 형성은 성인 대학생들에게 더 중요한 의미가 있다. 이들은 거대하고 냉담하게 느껴지는 대학교 캠퍼스 내의 구성원들이 모두 잘 지내고 있지만 오직 자신만 헤매고 있다고 생각할 수 있다. 한편 메리언이 학내에서 도움을 청할 수 있는 이들은 자신의 지도 교수와 강의를 함께 듣고 있는 동료 학생들이 전부다. 사실 메리언은 도서관을 찾을 때마다 가능하면 동일한 직원이 응대해 주기를 기대한다. 이런 의미에서 도서관 직원들의 근무 시간표 정규화는 학생과 직원 간의 관계 형성에 긍정적인 영향을 미칠 수 있다. 만약 오늘 만났던 참고사서가 화요일 저녁마다 근무한다면 메리언은 훨씬 편하게 도움을 요청할 수 있을 것이다. 도서관 운영과 관련해 메리언의 선호도를 모두 반영하기는 어렵겠지만 직원들의 근무 시간표 작성과 관련해 일관성을 유지하는 문제는 고려해 볼 필요가 있다.

평일 야간 및 주말 시간대

참고사서는 메리언에게 ABI를 설명한 뒤 관련 슬라이드쇼와 한 장 분량의 패스파인더도 함께 보여주었다. 이번에는 메리언이 컴퓨터에서 직접 확인해 볼 차례다. 패스파인더에 수록된 설명과 안내가 아무리 훌륭하더라도, 도서관에서 자료를 검색해 본 경험이 전혀 없거나 정기간행물 색인을 전혀 모르는 이용자들에 대해서는 고려해야 한다. 어쨌든 지금 메리언에게는 참고사서에게 안내받은 내용을 확인해 볼 수 있는 컴퓨터가 필요하다. 참고 데스크 주변에 있는 컴퓨터는 이용 시간이 30분으로 제한되어 있다. 메리언은 문제가 생기면 다시 찾아오라는 안내를 받았다. 메리언이 자료를 검색하면서 찾은 유용한 자료는 종이에 메모를 하거나 컴퓨터에 저장해야 한다. 아직 메리언은 모르고 있지만, 도서관 컴퓨터에는 플래시 메모리 장치를 장착할 수 있으며, 자료를 복사하거나 출력하려면 원카드OneCard•가 필요하다. 만약 메리언이 검색용 컴퓨터에서 필요한 자료를 다 찾기는 했지만 이를 저장할 수 있는 방법이 없다면 말 그대로 시간 낭비에 그칠 수 있다. 하지만 다행스럽게도 도서관에서는 이러한 가능성을 미리 예상하고 있었다.

주말과 야간에 운영하는 학내 프로그램이 많기는 하지만 대부분의 서비스는 주로 평일에만 이용할 수 있다. 성인 대학생들은 강의에 필요한 물건을 구입하거나, 학생증 발급, 카운슬링 진행 등을 어려워하는 경우가 있다. 대학도서관은 야간과 주말에 이용할 수 있

• [옮긴이] 도서관에서 복사기나 프린터 기기 사용과 관련해 요금을 지불할 수 있는 일종의 선불카드다.

　　　　　　　　　　　진화하는 대학도서관

는 유일한 학내 시설인 만큼, 이용자가 겪을 수 있는 문제를 미리 예측한다면 유용한 서비스를 제공할 수 있다. 메리언은 수업 시작이 이제 1시간도 채 남지 않았다. 필요한 물건을 사기 위해 캠퍼스 밖에 다녀오기에는 시간도 없고, 어렵게 발견한 주차 공간도 포기하고 싶지 않다.

메리언은 학교에서 보내는 시간이 매우 적을 뿐 아니라 퇴근 후 곧장 학교로 오기 때문에 강의 준비가 늘 부족한 편이다. 가상 도서관에서는 원카드를 구입할 수 있는 자동판매기를 참고 도서실에 설치했다. 지폐와 동전을 모두 사용할 수 있지만 잔돈 계산이 제대로 되지 않아 문제가 발생하는 경우가 있다. 도난 문제 등을 이유로 현금 사용을 꺼리는 일부 도서관도 있다. 하지만 성인 대학생들에게는 오히려 난처한 경우가 될 수도 있다. 가령 사물함이나 자동판매기를 사용하지 못하는 때 혹은 주차 요금을 정산할 때 곤란을 겪을 수도 있다. 혹시나 발생할 수 있는 상황을 고려해서 도서관에서는 별도의 동전교환기를 설치하거나, 서비스 데스크나 도서관 카페에서 이 역할을 대신하도록 조치를 취해야 한다. 가상 도서관에서는 원카드뿐 아니라 간단한 사무용품이나 문구류, 구급약 등을 판매하는 자동판매기를 이용할 수 있다.

24시간 운영 공간 마련

야간에 강의를 듣는 학생들이 교내에서 이용할 수 있는 서비스도 부족하지만, 24시간 열람실을 이용하는 학생들은 이보다 훨씬 더 불리하다. 도서관은 새벽 2시에도 불이 켜져 있지만 캠퍼스를 산책하거나 커피를 마실 수 있는 카페는 다녀올 수 없다. 가상 도서관에서는 이러한 상황을 감안해 패스트 푸드와 간단한 물품을 판매하는 자동판매기를 24시간 열람실에 설치했다. 도서관은 혹시라도 한밤중에 자동판매기가 갑자기 멈추는 사고가 발생하지 않도록 주기적인 점검을 해야 하며, 해당 업체와는 긴밀하게 협력을 이어가야 한다. 그리고 업체와 계약을 체결하는 경우에는 양측이 희망하는 조건을 가능한 한 상세하게 기술해야 한다. 만약 샌드위치에서 곰팡이가 발견되는 상황처럼 일관성 있는 품질 유지가 이루어지지 않는다면 즉시 업체를 교체해야 한다.

대학원생의 다양한 요구

이번에는 세포생물학을 전공하는 대학원생 린다를 만나보자. 박사 논문을 준비하고 있는 린다는 논문 준비 기간이 예상보다 길어지면서 더 많은 부담감에 시달리고 있다. 조교나 아르바이트를 하면서 생활비 정도는 벌고 있지만 경제활동을 하지 않고 공부만 하는 것은 더 이상 불가능하다고 생각했다. 그래서 이번 학기에는 모든 것을 제쳐두고 논문을 완성하기 위해 도서관을 찾고 있다.

집이 아닌 도서관에서 린다가 많은 시간을 보내는 이유는 일종의 자기 통제라고 할 수 있다. 그는 잠깐 동안의 낮잠이나 TV 시청, 친구와의 전화 통화와 같이 자신에게 유혹이 될 만한 요인들을 되도록 피하고 있다. 요즘 린다는 평소에는 그렇게 싫어하던 설거지마저 재미있을 정도로, 논문과 관계된 것만 아니라면 무엇이든지 재미있는 것 같다. 졸업을 위한 마지막 통과 의례인 논문을 완성하기 위해 학생들은 어려운 시간을 보내야 한다. 그중에서도 자신의 관심사와는 별개로 논문 주제를 선정하는 일은 특히나 고역에 가깝다. 지도교수의 전공 분야나 관심사, 논문 심사위원들 간의 관계, 앞으로의 전망, 해당 연구의 실현 가능성 등 고려할 점이 너무 많기 때문이다. 이후에도 학생들은 논문을 완성하면서 자신의 삶을 옥죄는 고통스런 부담감을 견뎌내야 한다.

대학원생 전담 사서

"지난번 내용에 대한 자료 조사는 마쳤나요? 그런데 A 교수의 자료는 보이지 않는군요. 여기 이 표현에 대한 근거를 말해줄 수 있나요? 참고문헌은 조금 더 정리해야 합니다." 린다가 준비하고 있는 논문에 대한 논문 지도 위원들의 지적 사항이며 새로운 과제이기도 하다. 골치 아픈 논문 지도 위원회가 끝나고 나면 린다는 먼저 헨리부터 찾아간다. 이용자 서비스access service 부서를 총괄하고 있는 헨리는 이번 학기에 여섯 명의 대학원생을 맡고 있다. 가상 도서관에서는 모든 사서들에게 박사과정 대학원생을 배정하고 있다. 헨리는 생물학 박사 학위는 없지만 학부에서 과학을 전공했고 과학 분야 문헌 조직에 대한 지식을 갖고 있다. 박사과정 학생들은 논문 학기가 시작되면 담당 사서를 배정받는데, 원하는 대학원생에 한해서 논문 학기 전에도 신청할 수 있다.

헨리는 주로 생물학 전공 대학원생을 담당하고 있는데, 업무 때문에 크게 부담이 되지는 않았다. 과학 분야 주제전문사서까지는 아니지만 해당 분야의 연구 동향이나 조사 도구에 대해서는 항상 주시하고 있다. 매학기 새로운 학생을 배정받는 사서들은 가장 먼저 월간 단위로 스케줄을 짠다. 대학원생들은 담당 사서와 정기적으로 만나면서 논문 작성에 필요한 여러 가지 유용한 도움을 받는다. 처음에는 일반적인 도서관 이용 안내나 투어를 시작하고, 논문 작성을 위해 필요한 구체적인 정보원 등을 소개하는 시간을 갖는다. 린다 역시 처음에는 담당 사서의 필요성을 크게 공감하지 못했지만, 논문 준비를 위해 도서관을 이용하게 되면서부터 헨리의 사무실을 자주 찾고 있다. 언젠가 상호대차 신청 자료가 유난히 늦게 도착한 적이 있었는데, 헨리의 도움으로 담당 직원을 소개받고 도착이 늦어지는 구체적인 이유를 확인할 수 있었다.

어느 날 린다가 당황한 표정으로 헨리의 사무실을 찾아왔다. 논문 지도위원 중 한 명이 전공 분야와 관련된 저자 한 명을 언급했는데 린다는 끝내 모른다는 말을 못 했다고 한다. 뜻하지 않게 거짓말을 하게 된 린다는 3시간 가까이 그 저자를 열심히 찾아봤지만 끝내 누구인지 찾을 수 없었다. 마침내 헨리의 진가를 보여줄 때가 왔다. 린다가 알고 있는 이름의 철자가 틀렸을지도 모른다고 생각한 헨리는 OPAC의 내부절단검색 기능internal truncation feature•을 사용해서 귀중한 참고문헌 하나를 찾아냈다. 그리고 여기서 린다가 찾고 있던 저자의 이름도 확인했다. 졸업을 앞두고 있는 학부생이나 대학원생이라면 각자 필요한 자료쯤은 어렵지 않게 찾을 수 있을 거라고 생각할 수 있다. 사서들보다 말이다. 물론 이러한 추측이 맞는 경우도 있다. 하지만 자료 검색과 관련해서는 이용자들이 쉽게 파악하기 어려운 도서관만의 규칙이 있다. 예를 들어 도서관에서 사용하는 목록이나 색인자료에서 'Mac'으로 시작하는 영문 성은 'Mc'로 표기하고 있다. 또, 컴

• [옮긴이] 검색어에 입력된 문자열로 시작하는 단어를 모두 검색해 주는 기능을 절단검색이라고 한다. 반면 검색 식에 입력된 문자열과 정확히 일치하는 단어를 찾아내는 것은 완전검색이라고 한다.

진화하는 대학도서관

퓨터 사용에 익숙한 요즘 학생들은 과거 인쇄 자료를 검색할 때 어려움을 겪는 경우가 많다. 이용자 입장에서 직관적으로 이해하기 어려운 방법으로 자료들이 정리되어 있기 때문이다.

이용자의 다양한 요구에 대한 해결책

박사학위 논문을 준비하는 린다의 사례는 학생들이 도서관에 기대하는 요구가 어떻게 다른지를 보여주고 있다. 그동안 대학도서관에서는 메리언이나 저스틴과 같은 학부생보다는 대학원생 연구 지원을 위해 더 많은 역할을 해왔다고 생각한다. 여러분에게 도서관 이용자 가운데 개인적인 친분이 있는 학생이 있다고 가정해 보자. 이 학생은 여러분에게 이용자 전체가 아닌 특정한 개인으로 인식될 수 있다. 그리고 여러분은 이 학생을 신경써서 도와줄 것이다. 사실 메리언이나 저스틴처럼 도서관 이용 경험이 얼마 되지 않는 학생들은 사서에게 직접 도움을 요청하거나 자신에게 필요한 것이 무엇인지 제대로 설명하기가 쉽지 않다. 이러한 이유 때문에 도서관에서는 이용자의 성향이나 특징을 집단행동group behavior의 결과로 간주해 버리는 경향이 있다. 우리는 가령 1학년, 2학년 학생은 무조건 시끄럽고 예의가 없다고 생각하거나, 제자리에 없는 지정 자료 때문에 불만을 쏟아낸 성인 학생 한명의 기억을 전체 성인 학생으로 확대 해석하는 것도 여기에 해당한다. 도서관을 이용하는 학생 개개인의 니즈를 이해하거나 공감하지 못한다면 도서관에서는 이용자가 학위를 따든 말든 상관없다고 생각하게 될 수 있다.

도서관을 이용하는 학생의 니즈에 따라 맞춤형 서비스를 제공할 필요가 없다거나 오히려 학생들이 달라져야 한다고 생각한다면 대학도서관의 효과적인 이용자 서비스는 먼 얘기가 될 수밖에 없다. 다시 말해 메리언은 도서관을 자주 찾아야 한다, 저스틴은 주위 환경이나 카페인에 의존하는 대신 집중력을 키워야 한다는 식으로 판단할 필요가 없다는 것이다. 대학도서관의 진정한 성공을 기대한다면 이용자를 온전한 파트너로서 인정하고 받아들여야 한다.

참고자료(Resources)

- Bennett, Scott. 2003.4. *Libraries Designs for Learning*. Washington D.C.: Council on Library and Information Resources.

- _____. 2005.12. "Righting the Balance." In *Library as Place: Rethinking Roles, Rethinking Space*. Washington D.C.: Council on Library and Information Resources.

- Council on Library and Information Resources. 2005. *Library as Place: Rethinking Roles, Rethinking Space*. CLIR Publication No.129. Washington D.C.: Council on Library and Information Resources. www.clir.org/pubs/reports/pub129/pub129.pdf

- Demas, Sam. 2005. "From the Ashes of Alexandria: What's Happening in the College Library?" In *Library as Place: Rethinking Roles, Rethinking Space* (pp.20~25.). Washington D.C.: Council on Library and Information Resources.

- Freeman, Geoffrey T. 2005.3. "The Library as Place: Changes in Learning Patterns, Collections, Technology, and Use." In *Library as Place: Rethinking Roles, Rethinking Space*. Washington D.C.: Council on Library and Information Resources.

- Shill, Harold B. and Shawn Tonner. 2004.3. "Does the Building Still Matter? Usage Patterns in New, Expanded, and Renovated Libraries, 1995-2002." *College and Research Libraries*, Vol.65, No.2, pp.123~150.

- Starkweather, Wendy and Kenneth Marks. 2005. "What If You Build It, and They Keep Coming and Coming and Coming?" *Library Hi Tech*, Vol.23, No.1, pp.22~33.

제5장

긴축 예산과 도서관 공간의 변화

과거에는 건축미가 뛰어난 아름다운 대학도서관 건물이 많았다. 학내 구성원들은 이러한 인상적인 대학도서관 건물을 바라보면서 귀중한 책을 소장하고 있는 도서관의 중요성과 높은 위상을 짐작했다. 하지만 이제 더 이상 크고 웅장한 대학도서관 건물만으로 구성원들의 관심을 얻기는 어렵다. 사람들은 넓은 공간을 빽빽이 채우고 있는 서가와 책들을 보면서 획일적이고 비인간적인 불편한 장소라고 느낄 수 있다.

노후한 도서관 건물

1950년대부터 1970년대 초반은 미국 경제의 황금기였다. 눈부신 경제 성장은 미국 사회 전역에 영향을 미쳤으며 대학교 역시 호시절을 누릴 수 있었다. 이러한 분위기에 힘입어 많은 대학교들이 저금리 대출이나 정부 보조금의 지원을 받아 도서관을 신축했다. 건축사적으로 당시는 단순함과 기능성을 강조하는 모더니즘 시기에 해당했으며, 별다른 장식 없이 시멘트 판을 주재료로 지어진 대학도서관 건물이 많이 등장했다. 루트비히 미스 반데어로에Ludwig Mies Van Der Rohe나 프랭크 로이드 라이트Frank Lloyd Wright 같은 건축가의 영향을 많이 받은 모더니즘 건축가들은 화려하거나 어수선해 보이는 공공건물을 매우 싫어했다. 대신 끊이지 않는 깔끔한 선을 사용해 공간 흐름을 강조하는 구조에 관심이 많았다. 그런데 단순함을 강조하는 모더니즘 건축물은 시간이 지날수록 건물의 마모나 손상이 유난히 두드러져 보인다는 단점이 있다. 건물 자체가 사람들의 눈길을 끌 만한 특징이 워낙 없기 때문에 파손된 외벽이나 낙서가 유독 눈에 띌 수밖에 없다.

미국 도서관계의 풍족했던 시절은 1970년대를 끝으로 더 이상

이어지지 못했지만 당시 지어진 건물들은 여전히 활용되고 있다. 단순함을 강조했던 1970년대 건축물은 건물의 확장이나 추가 연결이 비교적 용이했기 때문에 비용 효율적인 면에서 신축보다는 증축이 훨씬 유리했다. 그런데 리모델링이나 증축을 거친 도서관 건물 역시 그렇게 편하다고만은 할 수 없었다. 어쨌든 지금도 미국 전역에는 신축이나 리노베이션을 기다리는 도서관 건물이 많이 있다. 하지만 문제는 정치적 역학 관계로 얽혀 있는 대학본부와 달리, 학내 모든 구성원의 요구를 반영해야 하는 대학도서관은 학내 정치와는 무관하다는 데 있다. 대학도서관 운영에서 이러한 상황이 불리하게 작용하는 경우가 많다. 대학교 예산 감축으로 학내 부서 간 경쟁이 치열해지면서 학내 정치와는 거리가 먼 도서관의 예산 요구는 매년 우선순위에서 밀려나고 있는 실정이다.

대부분의 대학도서관이 비슷한 문제를 갖고 있지만, 규모가 큰 대학도서관일수록 체감하는 어려움은 더 크게 다가온다. 예를 들어 도서관의 낡은 카펫을 교체한다고 가정해 보자. 소규모 도서관에서는 간단히 처리할 수 있지만, 사용 중인 낡은 카펫을 모두 교체해야 하는 대형 도서관에서는 많은 경비가 소요되는 큰 작업이 될 수밖에 없다. 지난 수십 년 동안 이런 이유로 대학도서관의 리모델링이나 리노베이션에 필요한 예산 요구가 계속해서 거부되고 있다. 비슷한 상황이 여러 차례 반복됨에 따라 도서관 사서들이 느끼는 무기력감과 좌절감은 커질 수밖에 없었다. 그런데 도서관 건물 규모가 커질수록 사서들이 도서관 건물에 대한 책임감이나 주인의식을 발휘하기를 기대하기 어렵다. 그렇다고 도서관 건물이 낡고 지저분해진 원인을 사서에게 돌리는 것은 정당하지 않다. 구성원들이 트렌디한 대학도서관을 경험하게 만들고 싶다면 당연히 필요한 예산을 투입해야 한다.

대형 도서관의 불편함

도서관을 이용하는 학생들은 학내 상황에 별로 관심이 없다. 그보다는 지금 당장 도서관에서 겪는 불편함이 이들에게는 더 중요하다. 학생들은 도서관에서도 집처럼 편안한 학습 공간이 제공되기를 기대할 뿐이다. 학부생인 제이슨은 지도교수의 조언에 따라 도서관에서 매일 한두 시간 정도 시간을 보내고 있지만, 전에는 도서관의 존재조차 잘 알지 못했다. 캠퍼스 한가운데 위치한 제이슨의 도서관은 대학교의 대표적인 건물 가운데 하나며, 도서관 출입구인 유리문에는 대학교의 심벌마크가 크게 인쇄되어 있다. 제이슨은 도서관 로비에 지금 막 도착했다.

제이슨을 따라 도서관 로비에 들어서자 1970년대식 낡은 소파가 이 가장 먼저 보인다. 1장에서 소개했던 도서관과는 대조적으로, 이곳에는 30여 개가 넘는 소파들이 넓은 로비 공간을 채우고 있다. 도서관 로비 벽면과 바닥 외장재는 석면 패널과 타일을 사용하고 있었는데, 영구성은 우수할지 모르지만 회색빛 석면 외장재가 아무래도 마음에 걸렸다. 무채색 계열 색상의 소파 역시 도서관 로비와는 어울리지 않았다. 그런데 소파 말고 도서관 로비는 무엇으로 채울 수 있을까? 그러고 보니 도서관 층별 안내도나 표지 안내판도 보이지 않는다. '북쪽 타워', '남쪽 타워'라는 표지판이 걸려 있는 출입문이 보였다. 남쪽과 북쪽 타워로 연결되는 문을 안내하는 듯한데, 더 이상의 설명이나 안내는 없다. 그런데 그중 한 곳에만 세워둔 이젤 안내판이 눈에 들어왔다. 혹시 중요한 내용은 아닐까 의심스러웠던 제이슨이 직접 확인했지만 별다른 내용은 아니었다. 그것은 도서관 내 음식물 반입 및 휴대폰 사용에 대한 주의 안내문이었다.

대형 도서관 이용자의 어려움

규모가 큰 대학도서관일수록 내부 구조는 매우 복잡하다. 도서관 건물이 두 개 이상 연결되어 있다면 더욱 그렇다. 도서관 이용 경험이 많은 대학원생도 헤맬 만큼 복잡하다면 학부생들에게 몇 배는 더 어려울 수 있다. 학생들이 도서관에 들어오자마자 가능한 한 빨리 필요한 정보나 안내를 제공할 필요가 있다. 특히 신입생들은 대학도서관의 큰 규모에 쉽게 압도될 수 있으므로, 도서관을 처음 방문하는 시점에 필요한 정보를 적절한 방식으로 신속하게 제공하는 것이 좋다. 제이슨은 도서관 이용 경험이 거의 없기 때문에 도서관에 대한 지식도 매우 부족한 상태다. 도서관에서 제공하는 서비스나 공간 등 모든 것이 제이슨에게는 신기하고 낯설게 느껴진다.

게다가 왠지 모르게 불편하고 무언가에 압도당하는 듯한 기분을 제이슨은 떨칠 수가 없다. 대학도서관이라는 낯선 분위기 탓도 있지만 지나치게 넓은 공간도 위협적으로 느낄 수 있다. 도서관 건물을 리모델링하거나 인근 건물과 연결하면 유동 인구가 급격히 늘어나면서 시끄럽고 혼잡한 공간이 되기 쉽다. 아주 오래전 인류의 동굴 거주에서도 짐작할 수 있듯이 원래 인간은 아담하고 아늑한 공간에서 편안함과 안정감을 느낄 수 있다. 그런데 드넓은 공간을 자랑하는 대형 대학도서관이 학생들에게 친근하고 편안한 분위기를 제공하려면 건축가와 사서의 상당한 노력이 필요하다.

제이슨이 도서관에 도착했던 시간으로 돌아가 보자. 지금 제이슨은 도서관과 주변 건물을 연결하는 통로에 서 있다. 이 공간은 두개의 건물을 연결할 뿐 아니라 근사한 출입구를 만들 수 있다는 건축가의 제안으로 만들어졌다. 그런데 정작 도서관에서는 새로 만든 출입구를 활용하기가 곤란했다. 도서관의 주요 활동이 진행되는 공간과 연결되지 않았기 때문이다. 결국 새로 만든 출입구와 로비는 이도 저도 아닌 공간이 되어버렸다.

방문자센터

자, 이제 로비에서부터 도서관 투어를 시작해 보자. 도서관 로비는 약간의 비용만으로도 꽤 큰 효과를 기대할 수 있는 공간이다. 또한 딱히 정해진 기능이 없기 때문에 원하는 바를 자유롭게 구현할 수 있다. 도서관 로비 공간에 '방문자센터'를 만든다면 제이슨과 같은 이용자들이 긍정적인 도서관을 경험할 수 있도록 편안하고 친근한 분위기를 만드는 것이 중요하다. 도서관을 찾는 목적은 이용자마다 다를 수 있으므로 안내 책자나 이용가이드 그리고 층별 안내도 같은 자료를 도서관 로비에 비치하는 것이 좋다.

먼저 도서관 로비의 분위기부터 살펴보자. 그런데 몇 번을 둘러봐도 이렇다 할 색상은 보이지 않는다. 그나마 눈에 띄는 색상이라고는 바닥재와 벽면 타일의 옅은 베이지색, 갈색, 회색과 중간톤의 소파 색깔 정도가 다라고 할 수 있다. 대형 도서관에서는 여전히 주저하고 있지만, 레스토랑, 주택, 슈퍼마켓 등 다양한 공간에서 컬러를 적극적으로 활용하는 실내 인테리어를 확인할 수 있다. 만약 하비스트골드 같이 유행에 민감한 색상을 어쩔 수 없이 오랫동안 사용했던 사서라면 최신 유행 색상을 다시 선택하는 일은 없을 것이다. 사실 유행에 민감한 색상일수록 신중하게 선택하는 것이 맞다. 유행하는 색에 대한 선호도는 일시적으로 높을 수는 있지만 지속력이 짧은 편이라 쉽게 싫증이 날 수 있기 때문이다. 관리자 입장에서 도서관 바닥재나 가구, 카펫의 색상을 무난한 중간 톤으로 고르는 이유는 색상 충돌과 같은 위험 요인을 되도록 피하기 위해서다. 인테리어 디자이너 역시 이러한 이유로 몇몇 색상을 사용하지 않는 경우가 있다. 이와 관련한 문제를 논의하는 운영위원회에서 유달리 특정 색상에 강한 반응을 보이는 이들을 목격한 경험이 있을지도 모른다. 하지만 그렇다고 해서 색상을 포기하는 것은 좋은 방법이 아니다. 인테리어에서 색상이 공간에 미치는 영향은 막대하기 때문이다. 따라서 색상을 포기한다면 그 효과 또한 만만치 않음을 기억해야 한다.

이용자 니즈 반영하기

그런데 제이슨이 도서관을 찾은 이유가 무엇일까? 이를 위해 제이슨이 도서관에 막 들어섰던 시점으로 돌아가보자. 특정 저널이나 책과 같이 필요한 자료를 찾기 위해 도서관을 찾은 것이 아니라면 다음의 두 가지 이유를 추측해 볼 수 있다. 첫째, 제이슨이 도서관을 찾는 이유는 일종의 안심과 격려라고 할 수 있다. 다시 말해, 성실한 대학교 생활을 꿈꾸는 제이슨에게 가장 유용한 장소는 도서관이라는 확신이 필요한 셈이다. 그리고 생산적으로 시간을 보낼 수 있는 도서관은 편안하고 안락한 공간임을 확인하고 싶은 마음도 있다고 볼 수 있다. 동시에 제이슨에게 도서관은 룸메이트의 방해 없이 오롯이 공부에 집중할 수 있을 뿐 아니라 불청객이 아닌 환영받는 고객으로서 대접을 받는 곳이기도 하다.

제이슨이 도서관을 찾은 두번째 이유는 도서관 자체를 이해하려는 데 있다. 하지만 복잡한 도서관 목록 시스템이나 전문적인 기술을 파악하려는 건 아니다. 그보다는 도서관 어디에 무엇이 있는지 알고 싶을 뿐이다. 예를 들어 공부하기에 좋은 열람실은 어떻게 찾아가야 하는지 혹은 계단은 어디에 있는지와 같은 정보가 제이슨에게는 필요하다. 그런데 학생들중에는 도서관 서비스에 대한 보다 상세한 정보가 필요하지만 도서관 안내도를 파악하기 어려워하는 경우가 있다. 이러한 니즈를 해결하려면 이용자가 가장 먼저 접하는 도서관 공간을 좀 더 구체적으로 사려 깊게 디자인해야 한다.

다양한 학생들을 경험하는 대학도서관 사서에게 이들의 니즈를 예측하는 일이 그리 어렵지는 않을 것이다. 강의를 마치고 바로 도서관을 찾은 학생들은 화장실부터 찾는 경우가 많다. 그리고 본격적으로 과제를 시작하기 전에 긴장을 풀 수 있는 장소가 필요하다. 앞 장에서 만난 메리언처럼 일과 학업을 병행하는 성인 대학생들은 늘 피곤할 수밖에 없다. 만약 이들이 20분이 넘도록 필요한 자료를 찾을 수 없다면 짜증이 폭발할 수도 있다. 그리고 가능한 한 도서관을 이용하지 않으려고 노력할 것이다. 또, 졸음이 쏟아지는 학생들에게는 커피 한 잔이 가장 다급할 수 있다.

이용자에게 필요한 정보 제공하기

도서관을 찾은 이용자에 대한 환대는 물론이고 신뢰감도 느껴지도록 만들려면 도서관 로비를 어떻게 만들어야 할까? 로비 공간에서의 짧은 기억을 긍정적인 경험으로 남기려면 어떻게 해야 할까? 우선, 공간에서 가장 먼저 눈에 들어오는 '색상'에 대해 생각해 보자. 얼마 전에 다녀온 대학도서관에서는 '가벽假璧'을 활용한 로비 공간이 인상적이었다. 이 도서관에서는 로비 공간에 설치한 가벽이 통행에 방해되지 않도록 출입구로부터 떨어진 곳에 설치했다. 그리고 전체적으로 밝은 색 페인트를 칠해 어디서든 금방 눈에 띄었다. 가벽의 상당 부분은 간략하게 표현된 도서관 안내도가 차지하고 있었다. 그리고 정확한 방향이나 위치 등을 확인할 수 있는 상세한 도서관 안내도는 다른 곳에서 제공했다. 도서관 로비 가벽에서는 도서관 개별 공간을 여러 장의 합판masonite을 겹쳐서 만든 직사각형의 색면色面으로 표현했는데, 사서가 디자인하고 학생들이 페인트를 칠해서 완성한 것이다. 한눈에 파악 가능한 간략 안내도에는 추후에도 변하지 않는 가장 기본적인 정보만을 제공해야 한다. 도서관에서는 변경 사항이 수시로 발생하므로 이에 따라 안내도의 정보도 함께 업데이트해야 한다. 그렇지 않으면 불편을 초래할 수 있다.

학생들은 사인물에서 제공하는 약간의 정보조차 금방 잊어버릴 수 있으므로 도서관 이용에 관한 안내 자료를 함께 비치해 놓는 것이 좋다. 이용자들이 필요한 정보를 바로 이용할 수 있도록 말이다. 그런데 안내 자료를 비치하는 부스나 서가에 간혹 엉뚱한 자료들이 섞여있는 경우가 있으므로 수시로 확인하고 관리해야 한다. 도서관을 찾은 이용자가 각자의 정보 요구에 온전히 집중할 수 있도록 환경을 제공해 주는 것도 도서관의 임무이자 목표라고 할 수 있다.

도움이 필요한 곳

도서관 사인물에 대해 조금 더 생각해 보자. 도서관 로비로 연결되는 이중문 앞에 세워 둔 이젤 안내판에는 휴대폰 사용과 관련한 주의문이 게재되어 있었다. 그런데 이 안내문은 도서관 안으로 들어가는 이용자가 볼 수 있다. 도서관을 나가는 이용자는 안내판 뒷면에 게재된 내용을 보게 된다. "궁금한 사항이 있으면 언제든지 도서관 직원에게 물어보시기 바랍니다." 역시 유용한 정보라고 생각한다. 이 안내문을 읽고 난 이용자가 업무에 몰두하고 있는 도서관 직원에게 기꺼이 다가가 도움을 요청하고 필요한 답을 얻어낼 수 있을지도 모르기 때문이다. 하지만 문제는 이용자가 도서관을 나온 후에야 볼 수 있다는 데 있다.

바로 여기에 핵심이 있다. 도서관 내에 안내 데스크를 운영할 만한 장소가 로비밖에 없는 걸까? 실제 대학도서관에서는 서너 개의 안내 데스크를 운영하고 있지만 담당 인원을 고려한다면 하나가 가장 적당하다. (솔직히 안내 데스크 하나조차 버거운 대학도서관도 많지만 어쨌든 이것은 별개의 문제다.) 도서관 로비가 안내 데스크 설치에 적합한지는 해당 공간의 특성에 따라 달라질 수 있다. 의사소통이 어려울 정도로 시끄럽다거나 건물의 특성상 로비와 실제 도서관이 너무 멀리 떨어져 있다면 안내 데스크보다는 도서관 안내도를 직접 보는 편이 더 나을 수 있다. 규모가 큰 도서관일수록 이용자 문의가 많이 발생하는 위치에 안내 데스크를 설치하는 것이 효과적이다. 만약 로비 공간의 역할이 중요한 도서관이라면 안내 데스크 설치에 가장 바람직한 위치는 로비라고 할 수 있다.

이용자의 흥미를 끌 만한 요소

로비가 너무 넓어서 고민이라면 가벽을 설치하는 것도 좋은 방법이다. 통행에 방해가 되지 않는 적당한 위치에 폭이 좁은 밝은 색상의 가벽을 설치하면 공간의 허전함이 훨씬 덜할 수 있다. 설치된 가벽을 작은 갤러리로 활용하면 도서관 로비에 부족한 색감이 더해져 활기찬 분위기를 만들 수 있다. 한편, 로비 공간에는 청소나 관리가 쉬운 타일 바닥재를 많이 사용하기 때문에 카페를 위한 최적의 장소가 되기도 한다. 게다가 카페는 도서관에 부족한 다양한 색상을 활용함으로써 더 친근한 도서관 분위기를 만들 수 있다는 점에서 매우 긍정적이다. 향기로운 커피 향기와 오븐에서 막 꺼낸 시나몬롤 같은 빵 냄새는 이용자들의 기대감을 한껏 높여줄 수 있다. 카페에 손님들이 북적이면 덩달아 도서관에도 활기찬 기운이 더해질 수 있을 것이다. 한편 카페에서 많이 사용하는 이동식 커피 카트는 별도의 리노베이션 없이 어디든지 설치할 수 있다.

도서관 로비에 여러 대의 사물함이 줄맞춰 늘어서 있는 모습이 그리 보기 좋다고는 할 수 없다. 사물함을 비롯해 외관상 보기 좋지 않은 것은 가능하다면 로비 공간이 아닌 다른 장소를 찾아보는 것이 좋다. 그리고 친근한 분위기가 느껴지는 로비 공간을 만들기 위해 고민해야 한다. 가까운 시일 내에 변동 계획이 있는 공간이라면 트렌디한 색상을 사용해서 현대적인 분위기를 더해보는 것도 좋다. 또, 가벽을 활용할 수 없는 공간이라면 페인트칠을 새로 하거나, 낡은 의자나 소파의 커버를 바꿔보는 것도 비교적 저렴한 비용으로 시도해 볼 수 있는 방법이다. 그런데 지나치게 유행에 민감한 색상을 사용하면 얼마 지나지 않아 촌스러워 보일 수 있으므로 유의해야 한다.

도서관 이용자들이 원하는 좌석

로비 공간에도 편안한 의자는 필요하다. 이용자들이 앉아 있는 시간은 얼마 안 되겠지만 편안한 의자는 금세 알아챌 것이다. 누군가와 함께 앉고 싶은 이용자도 있는 반면 혼자 앉고 싶어 하는 이용자도 있을 것이다. 맞은편에 앉아 있는 낯선 누군가를 마주 보고 있어야 하는 상황은 누구나 불편할 수 있으므로 지나치게 줄을 맞춰 배열하는 것은 되도록 피해야 한다. 편안하고 친숙한 도서관 분위기를 만들기 위해서 페인트칠을 새로 하거나 녹색식물, 장식용 소품 등을 비치하는 것도 좋다. 만약 화분을 배치한다면 수량을 고려해야 한다. 작은 화분 여러 개보다는 크기가 큰 화분을 하나만 비치하는 편이 관리 면에서 훨씬 편하고 효과적이다. 또, 생화가 아닌 조화를 사용하는 경우에는 먼지가 쌓이지 않도록 주의해야 한다. 로비 공간을 담당하는 직원이 없다면 되도록 영구적으로 사용할 수 있는 장식물을 선택하는 편이 더 낫다. 직원들은 도서관 환경을 개선하기 위해 열심히 노력하고 있지만 학생들은 이를 함부로 다루고 있다며 불평하던 동료 사서가 있었다. 당시 그녀는 일부 학생들의 이러한 행동을 전체 학생으로 확대하는 것 같았다. 공공기물을 파손하는 것은 분명히 심각한 문제이지만 학생 전체의 문제로 삼는 것은 바람직하지 않다. 대다수 학생들은 공공시설을 유용하게 활용할 뿐 아니라 소중하게 다룰 줄 알기 때문이다. 결론적으로 이용자를 위한 쾌적하고 편리한 도서관 환경을 구축하는 것은 중요하다.

도서관 안내 사인 체계 구축

제이슨은 지금 로비를 가로질러 도서관 중심부와 연결된 이중문을 통과하고 있다. 여러 가지 색깔로 공간을 구분해 놓은 안내도와 달리 실제 도서관은 훨씬 복잡하다. 여러 대의 서가가 줄지어 늘어서 있는 자료실에서부터 열람실, 안내 데스크, 검색 코너, 그리고 알 수 없는 많은 출입문까지 모두 도서관을 구성하는 공간이다. 화장실은 대개 건물의 구석진 곳에 위치하기 때문에 찾기가 쉽지 않다. 그런데 규모가 큰 대학도서관일수록 논리적이고 일관된 안내 사인 체계를 갖추고 있는 사례를 찾기 어려웠다. 오히려 소규모 대학도서관의 경우 인상적인 사인 체계를 운영하는 기관들이 더 많았다.

지도 자료실을 예로 들어보자. 지도를 넣어둔 보관함과 여러 개의 보관함을 넣어둔 서랍은 별도의 표시를 부착해서 구분하고 있다. 지리적 위치나 지형도와 관련한 일반적인 범주를 텐트형 사인이나 아크릴 꽂이에 넣어 표시하는 방식이다. 대부분의 자료는 논리적인 순서로 배열되어 있는데, 이에 대한 내용은 안내 사인이나 검색 도구에서 확인할 수 있다. 요약하자면, 도서관에 입수된 지도 자료는 별도의 '지도 자료실'에 비치된 후 사서들이 다시 정리하고 분류하고 있다.

지금 제이슨은 지도를 찾으려는 것이 아니라 공부하기 좋은 3층 열람실을 가던 길이었다. 분명히 도서관 층별 안내도에서 위치를 확인하고 왔는데도 제이슨은 계속 두리번거리고 있다. 아무리 둘러봐도 계단이나 엘리베이터가 보이지 않기 때문이다. 안내판 역시 보이질 않는다. 지금 제이슨이 서 있는 곳과 엘리베이터 사이의 거리는 대략 90m 정도이다. 하지만 서가와 신간 전시대, 캐럴, 그리고 각종 미디어 저장 장치 등이 온통 뒤섞여서 제이슨의 시야를 가로막고 있다. 입구에서부터 엘리베이터까지 안내 표시만 제대로 되어 있어도 제이슨은 훨씬 쉽고 빠르게 찾았을 것이다. 하지만 이용자의 시선을 고려하지 않고 근처 기둥 어딘가에 부착한 안내판이라면 이마저도 역시 발견하지 못했을 것이다. 한편, 안내판 내용은 멀리서도 확인할 수 있도록 글씨 크기를 고려해야 한다. 그리고 이용자들이 쉽게 이해할 수 없는 전문적인 용어 사용은 주의해야 한다. 또, 색맹인 사람들은 바탕색

과 글자색이 다른 안내판을 제대로 구분하기 어려우므로 신경을 써야
한다.

도서관 안내 사인물의 지속적인 관리

앞에서도 언급했지만 대형 대학도서관에서 사용하는 안내 사인
은 기대만큼의 효과를 발휘하기 어렵다. 도서관의 넓은 면적과 이로
인해 길어진 이동 거리도 부분적으로는 이유가 될 수 있지만 도서관
직원들의 부족한 주인의식도 어느 정도 관계가 있다. 복잡한 도서관
조직 체계에서 물리적 건물에 대한 책임 소재를 명확하게 구분하기가
어렵기 때문이다. 한편, 도서관의 사인물 제작과 관련한 예산은 도서
관 설계 단계에서 설비 예산의 일부로 지출했을 가능성이 크다. 그런
데 도서관을 실제로 운영하기 전에 이용자의 이동 패턴이나 습관을
예측하기는 매우 어렵다. 따라서 도서관 설계 단계에서 제작하는 사
인물은 제한적일 수밖에 없다. 계획했던 도서관 장서나 공간의 위치
가 변경되는 경우도 발생할 수 있으며 시야를 가로막는 기둥 때문에
도서관에 들어오는 이용자가 잘 보이지 않아서 서비스 데스크를 재배
치하는 경우도 있다. 이처럼 여러 가지 변화 때문에 교체하거나 변경
해야 하는 도서관 사인물이 계속해서 늘어나지만, 이 때문에 소요 경
비나 예산을 고려해야 하는 담당자가 쉽게 결정을 내리지 못하는 경
우가 많다. 게다가 이미 사용하고 있는 사인물은 도서관 직원들의 눈
에 쉽게 보이지 않을 수 있다.

소규모 도서관에서는 직원들이 사인물을 직접 만들어서 사용하
는 것도 가능하겠지만 대형 대학도서관에서 사인물을 직접 만들어서
사용하기란 쉽지 않다. 상황에 따라 필요한 내용을 종이에 출력해서

사인물로 대신하거나 안내 사인을 교체하려는 시도조차 하지 않는 대학도서관도 있다. 최근 방문했던 한 대학도서관에서는 사인물 제작 비용까지 모두 포함시킨 도서관 리노베이션 계획안을 제출했다고 한다. 이용자 안내가 시급한 장소와 사인물의 효과적인 활용 방안에 대해서 직원들이 모여 의견을 나누는 등 열심히 노력했지만 도서관 계획안은 통과되지 못했고, 사인물 제작과 관련한 계획도 함께 무산되었다.

하지만 도서관 사인물 제작을 더 이상 미룰 수 없다고 판단한 이 도서관에서는 직원들이 나서서 사인물을 직접 만들어보기로 했다. 많은 시간과 노력이 필요했지만 다행히도 결과물은 만족스러웠다. 도서관 리노베이션은 6년 후로 연기되었지만 이용자들은 직원들이 제작한 사인물을 이용할 수 있었다. 그리고 도서관에서는 자체적으로 제작한 사인물을 테스트해 볼 수 있는 좋은 기회가 되었다. 언젠가 사인물 제작과 관련한 예산이 확보된다면 도서관에 필요한 사인물을 더 효과적으로 제작하고 활용할 수 있으리라 생각한다.

사인물의 기본

현재 진행되고 있는 사인물에 대한 연구 중에는 사인물과 이용자의 상호작용에 대한 내용도 포함된다. 우리가 일상생활에서 흔히 접하는 안내 사인 중에는 사람들의 시선을 끄는 것도 있지만 그렇지 못한 안내 사인 역시 쉽게 발견할 수 있다. 앞에서도 강조했지만 적절한 시기에 적당한 양의 정확한 정보를 제공하는 것만으로도 이용자는 동일한 공간에서 다른 경험을 할 수 있다. 다만 이용자가 안내 사인을 제대로 보지 않는다고 불평하는 사서들이 있는데, 그들은 무엇이 불만인걸까? 마치 사서의 마음을 제대로 읽지 못하는 이용자를 탓하는 것 같다. 하지만 이용자의 정보 요구를 해결하고 충족시키는 것은 사서의 중요한 임무라고 생각한다. 불 검색boolean search*을 어려워하는 이용자의 고충은 충분히 이해하면서 물리적 도서관에서 이리저리 헤매는 이용자의 고충은 깨닫지 못하는 직원들이 많다.

이용자가 갑자기 멈춰 서서 주위를 두리번거리고 있다면 바로 이 시점에 안내 사인이 제공되어야 한다. 무엇보다 이용자의 눈에 잘 띄고 또렷하게 보이는 것이 중요하므로 기둥이나 서가에 사인물이 가려지지 않도록 주의해야 한다. 만약 제이슨이 오렌지색 바탕에 검정색 글자가 표기된 안내 사인을 따라 왼쪽 방향으로 향하는 중이었다면 계속해서 오렌지색 사인을 따라갈 것이고, 다른 글자체를 사용한 녹색 사인은 그냥 지나치기 쉬워질 것이다. 도서관 안내 사인이 이용자의 다양한 요구를 해결하려면 담당 사서의 많은 생각과 고민이 필요하다. 가능하다면 관련 책들을 참고하는 것도 좋다. 짐작하겠지만 사인물을 많이 제공한다고 해서 반드시 좋은 것은 아니다. 그보다는 일관된 체계를 유지하는 것이 중요하다.

다양한 지점의 출입구

지금 제이슨은 엘리베이터를 기다리고 있다. 그런데 찾고 있던 열람실 위치가 헷갈리기 시작했다. 조금 전에 분명히 층별 안내도에서 위치를 확인했는데 2층인지 3층인지 잘 모르겠다. 엘리베이터 주

---

* [옮긴이] 논리값(and), 논리합(or), 논리부정(not) 같은 검색 연산자를 사용하는 검색이다.

변에는 1호기부터 4호기까지 엘리베이터를 표시하는 숫자 말고는 아무런 표시가 없다. 엘리베이터 네 대 중 두 대에는 메자닌층까지만 운행한다는 안내문이 원래 붙어 있기는 했지만 오래전에 사라졌다. 다시 말해, 메자닌층의 엘리베이터 운행 정보 안내는 중단된 셈이다. 하지만 이를 모르는 제이슨은 2층에 내려서 열람실을 찾아볼 생각이다.

2층에 도착한 엘리베이터 문이 열렸다. 그런데 문이 열린 곳은 서가들로 꽉 차 있는 자료실이었다. 서가 뒤에는 뭐가 있는지 전혀 짐작할 수 없었다. 실제 이곳은 2층으로 연결되는 입구다. 엘리베이터 문이 열리자 제이슨은 새로운 공간으로 떨어진 기분이었다. 도서관 로비에 처음 들어서면서 느꼈던 혼란함을 다시 겪고 있는 듯했다. 갑자기 방향감각을 잃은 제이슨에게는 지금 안내가 필요하다.

효과적인 사인물이란 이용자가 가장 필요한 순간에 정확한 정보를 제공할 수 있어야 한다. 엘리베이터로 향하는 제이슨에게는 원하는 층에 제대로 내릴 수 있도록 각 층에 대한 정보가 필요하며, 엘리베이터에서 내린 뒤에는 해당 공간을 신속하게 안내해야 한다. 그리고 이러한 정보는 제이슨의 시야 앞에 제공되어야 한다. 그렇지 않으면 보지 못한 채 지나칠 수 있기 때문이다. 가령 천장에 매달아 놓은 사인물은 제이슨에게 필요한 정보를 제공할 수 있지만 엘리베이터 문을 나서는 제이슨의 시야 밖에 있을 수도 있다. 바닥에 세워 놓은 표지판이 더 효과적인 경우도 있지만 역시나 제이슨이 보지 못한다면 아무 소용없다. 다시 말해 엘리베이터 벽에 부착하는 안내문은 엘리베이터에서 내리는 제이슨이 아니라 엘리베이터를 타는 이용자에게 필요하다.

학부생인 제이슨이 도서관에 바라는 점은 다수의 학생들과 크게 다르지 않다. 도서관 이용이 즐겁고 생산적인 경험으로 이어질 수 있다면 아마 더 적극적으로 도서관을 찾을 것이다. 실제 학부생의 도서관 이용 패턴을 파악하고 대비한다면 이러한 바람은 충분히 가능한 일이다. 학부생에 비해 대학원생들의 도서관에 대한 요구가 더 복잡한 건 사실이다. 하지만 도서관에서는 그간의 경험을 바탕으로 이들이 도서관을 어떻게 이용하고 있는지 충분히 파악하고 있다. 앞으로의 도서관 발전과 존속을 위해 상업 시설에서 제공하는 고객 서비스에 견줄 수 있을 만큼 양질의 이용자 서비스를 도서관에서도 제공해야 한다. 도서관의 사인물뿐 아니라 도서관의 실제 조직에서도 도서관 이용 패턴을 반영하는 과정은 매우 중요하다. 도서관의 공간 요구와 이용자 서비스에 대한 의사결정이 필요한 경우에도 도서관 편의가 아닌 이용자의 요구를 반영해야 한다.

큰 건물의 조명

마침내 제이슨은 조용한 공간을 찾았다. 이제 앞으로 한두 시간 동안은 시험공부를 위해 집중할 수 있다. 여기서는 룸메이트가 한껏 볼륨을 높인 오디오 소리나 놀러가자는 친구의 제안에 갈등할 필요가 없다. 텔레비전이나 DVD, 낮잠의 유혹에서도 벗어날 수 있다. 그런데 이번에는 다른 문제가 발생했다. 책을 펼쳤는데 글자가 잘 보이지 않았다. 제이슨의 시력이 떨어진 게 아니라 도서관 열람실의 열악한 조명 때문에 발생한 문제였다. 열람실 천장에는 4구짜리 형광등 기구가 설치되어 있는데 형광등이 2개씩밖에 채워져 있지 않았다. 형광등 수를 이런 식으로 줄이다 보니 당연히 열람실 내부는 어두워질 수밖에 없었다. 여기에 수명이 다한 형광등까지 고려한다면 열람실에서 사용하고 있는 형광등 숫자는 훨씬 더 적을 것이다.

미국 전역의 대학교에서 에너지 절약을 위해 도서관의 전기 사용량을 대폭 감축했다. 요즘 들어 제이슨은 눈이 피로해질 만큼 유난히 도서관이 어둡다고 느꼈다. 실내에 창문이 아예 없거나 부족한 공간에서 조명마저 제대로 제공되지 않아 책을 읽기가 어렵다. 책의 청구번호를 확인하려면 손전등이 필요할 정도로 심각했다. 이러한 환경은 독서나 학습에도 적당하지 않을 뿐 아니라 전체적인 실내 분위기에도 영향을 미칠 수 있다. 또, 사고가 발생할 수 있는 위험 요인으로도 작용할 수 있다.

조도 측정

제이슨의 도서관에서 조명 환경을 개선하려면 가장 먼저 문제가 무엇인지부터 파악해야 한다. 그리고 도서관의 특정 위치(장소)나 공간에 제공되는 빛의 양을 노출계로 측정하는 작업이 필요하다. 피트촉광foot candle●은 건축가나 조명 전문가들이 사용하는 조명도 단위인데, 책상과 스터디 캐럴 정도의 높이에는 50~55피트촉광의 조명이 제공되어야 한다. 도서관 열람 공간 전체에 이 정도 수준의 조명을 유지하기는 어렵겠지만 적어도 25~30피트촉광 수준은 유지해야 한다. (숫자가 빠르게 변하기 때문에) 노출계 사용이 까다롭기는 하지만 조금만 연습하면 도서관 직원들도 얼마든지 사용 가능하다. 그리고 직원들 스스로 조명이 부족한 공간을 찾아내고 필요한 조치를 취할 수 있

●　[옮긴이] 럭스(lux)와 마찬가지로 빛의 세기를 측정하는 단위다. 기호는 'fc'를 사용한다. 1피트촉광은 3.43럭스에 해당한다.

을 것이다. 군이 대규모 리노베이션을 거치지 않고도 말이다.

에너지 절약은 모든 대학교의 주요 관심사이기는 하다. 하지만 앞선 사례와 같은 도서관 운영은 이용자를 불편하게 만들 수 있으며, 도서관 이용자들의 요구를 충족하기 위한 도서관의 능력을 심각하게 방해할 수 있다. 학내 건물 가운데 도서관만큼 조명이 중요한 역할을 하는 장소는 없다. 조명 기준을 완화함으로써 도서관 운영비를 절감할 수는 있겠지만, 이는 이용자를 도서관 밖으로 몰아내는 원인이 될 수도 있음을 기억해야 한다.

풀 스펙트럼 조명

학내 전체에 사용하는 형광등의 경우와 같이 가격만을 우선시해 구입을 결정하는 경우가 있다. 개당 0.5달러 정도의 가격으로 품질이 우수한 형광등을 구매하기란 쉽지 않다. 저가 형광등은 점등 효과가 제한적이며, 품질이 좋은 형광등에 비해 빨리 소모되는 경향이 있다. 그런데 좀 더 조사했더라면 경쟁 제품보다 값도 저렴하고 양질의 조명을 제공할 수 있는 풀 스펙트럼 조명을 발견할 수 있을 것이다. 각 영역별로 얼마나 많은 조명이 필요한지, 각각의 형광등이 제공하는 조명 양은 어떠한지도 파악하고 있다면 도서관에서 무분별하게 에너지를 낭비하거나 도서관 이용자를 어둠 속에 방치하는 일은 없을 것이다. 우수한 품질의 형광등은 초기 비용이 많이 소요되기는 하지만 그만큼 오래 사용할 수 있다는 장점이 있다. 다시 말해 대학교 내 유지보수부서의 노동 비용을 절감할 수 있으며 에너지 절감 효과도 기대할 수 있다.

조명 문제 개선을 위해 반드시 리노베이션이 필요한 것은 아니

진화하는 대학도서관

다. 사실 조명 품질과 조명 설비는 별다른 관계가 없다. 도서관 전체의 조명 관련 예산을 약간만 인상해도 양질의 조명을 충분히 제공할 수 있을 것이다. 하지만 문제는 이러한 변화를 만들어내기가 쉽지 않다는 데 있다. 이는 대학교 사회의 대표적 특징인 정치적·관료주의적 환경과도 관계가 있다. 이런 차원에서 학내 유지보수를 담당하는 부서의 지원은 반드시 필요하다. 따라서 가능한 한 좋은 관계를 유지해 나가야 한다. 그리고 구입 절차와 관련한 변화를 이끌어내려면 학내 이해관계자의 지원이 있어야만 가능하다. 어떤 도서관에서는 건물의 한 층 혹은 한 구역에 대해서만 형광등 교체 실험을 진행하고 해당 결과를 학내 이해관계자에게 전달했는데, 인상적인 실험 결과 덕분에 의사결정자에게 변화의 필요성을 확신시키기가 훨씬 쉬웠다고 한다.

안전하고 편안한 공간

학부생인 제이슨을 관찰하는 건 이 정도로 마치고, 이번에는 대학원생 이용자를 만날 차례다. 박사과정 대학원생 크리스털은 필요한 자료는 대부분 도서관에서 이용하고 있다. 하지만 간혹 도서관에 없는 자료에 대해서는 상호대차 서비스를 활용하고 있다. 저널기사를 주로 이용하는 크리스털은 필요한 자료는 온라인상에서 직접 검색해서 찾고 있다. 지금 크리스털은 논문에만 집중하기 위해 학생들의 대화 소리도 들리지 않을 만큼 조용한 공간을 찾고 있다.

그런데 이렇게 조용한 공간이 오히려 더 불안하게 느껴지는 경우도 있다. 스터디 캐럴이나 서가 어디에서도 인적을 느낄 수 없고, 끝없이 늘어서 있는 서가와 텅 빈 열람석만이 공간을 채우고 있다면 어떨까? 크리스털은 마침내 바라던 대로 조용한 공간을 찾았다. 그리고 적당한 자리를 찾아 가방을 내려놓고 책을 꺼내기 시작했다. 그런데 바로 그때 갑자기 무슨 소리가 들렸다. 다시 귀를 기울여 보았지만 아무 소리도 들리지 않았다. 크리스털은 그리 예민한 성격은 아니었지만 어쩐지 불안해지기 시작했다. 아직도 많은 이들이 잔혹했던 버지니아 공대 총기 난사 사건을 기억하고 있을 것이다. 안전은 여전히 중요한 관심사다.

도서관은 이용자의 안전을 보장해야 할 뿐 아니라 불안감을 느끼지 않도록 편안한 분위기를 제공해야 한다. 몇 달 전 나도 크리스털과 비슷한 경험을 했다. 나는 규모가 상당히 큰 대학도서관을 방문해서 대출 이력이 없는 자료를 찾고 있었다. 대개 이런 자료들은 도서관 중심부와는 멀리 떨어진 곳에 보관하는 편인데, 이곳 역시 크게 다르지 않았다. 직원이나 이용자 모습이 좀처럼 보이지 않는 자료실에서 열심히 책을 찾고 있었는데 어디선가 이상한 소리가 들렸다. 갑자기 불안해진 나는 되도록 빨리 그 장소를 빠져나오고 싶었다. 나머지 자료를 서둘러 찾은 뒤 나가려던 순간 조그만 창문 하나가 눈에 띄었다. 가까이 가서 보니 네 명 정도의 직원이 일하고 있는 작업실이 있었다.

만약 크리스털과 내가 근처 어디엔가 직원들이 근무하고 있다는 사실을 조금만 빨리 알았더라면 훨씬 편안한 마음으로 여유 있게 도서관을 이용했을 것이다. 이용자 입장에서 볼 때 도서관 직원들이 숨어 있는 것처럼 느낄 때가 있다. 50년 전 도서관에서는 당연히 작업 공간이 필요했다. 하지만 컴퓨터가 등장하면서 업무량과 업무 공간이 상당 부분 축소되었는데도 도서관에서는 기존의 작업 공간을 당연하게 받아들이고 있다. 이제부터라도 도서관 직원의 근무 공간을 이용자 영역으로 옮겨보는 문제를 진지하게 고민해 볼 필요가 있다.

정부 문서나 고문서 관리 업무는 이용자에게 노출되지 않는 공간에서 진행되는 경우가 많다. 도서관 이용자들이 잘 모르는 이런 종류의 업무를 이용자 관점에서 가시적으로 전환해 보는 건 어떨까? 도서관 내 이용자의 왕래가 많지 않은 곳에서 근무하는 직원이라면 이용자의 질문 공세로 방해를 받는 일은 절대 없을 것이다. 직원의 존재만으로도 도서관은 이용자의 불안한 마음을 안심시킬 수 있다. 더불어 도서관이 안전하다는 믿음도 줄 수 있다. 빈번하지는 않지만 대학도서관에서도 지갑이나 배낭을 훔쳐가는 범죄가 발생하고 있는데, 이러한 사건 역시 직원의 존재만으로도 어느 정도 예방할 수 있다.

도서관 직원이 이용자 영역public areas에서 근무하려면 몇 가지 해결하고 조정해야 하는 사항이 있다. 우선 직원들이 근무하다 보면 어느 정도의 소음 발생은 피할 수 없다. 반면, 도서관 직원이 존재함으로써 이용자들에게 방해가 되는 시끄러운 학생들을 제지할 수 있다. 그런데 이를 시도하기 위한 과정에서 진짜 장애물은 도서관 문화 그 자체라고 할 수 있다. 3장에서 우리는 이용자 영역에서 근무하기를 꺼리는 도서관 직원 문제를 고민했다. 직원들 가운데 꽤 심각한 이유를 대면서까지 사무실에 남아 있기를 고집하는 사서들이 간혹 있는데, 솔직히 이해하기 어려운 일이다. 이용자 서비스 업무를 계속 회피한다면 도서관 내에서 이 직원의 영향력은 계속해서 줄어들 것이다. 우리는 모든 직원들이 편안하게 근무하기를 바라지만, 도서관이 소기의 목적을 달성하는 것도 중요하다.

맞춤형 공간 제공

도서관 가장 구석진 자리에서도 노트북을 자유롭게 사용하고 싶은 크리스털의 바람이 이루어지려면 도서관 건물 전체에 무선 접속 환경을 구축하고 전기 콘센트 수를 늘려야 한다. 무선 접속 환경은 건물 규모에 상관없이 구축할 수 있지만, 전기 콘센트 추가를 위한 재배선 작업은 건물의 규모가 커질수록 비용이 늘어난다. 소규모 도서관에서는 잔여 예산 정도로 충분히 끝낼 수 있는 간단한 작업도 대형 도서관에서는 아주 큰 작업이 될 수 있다. 그런데 개선이 필요한 사항을 한꺼번에 모두 처리할 필요는 없다. 크고 거창한 변화만 의미가 있는 것은 아니기 때문이다. 그보다는 도서관 예산에 필요한 경비를 편입해 가면서 조금씩 개선해 나가는 편이 오히려 더 효과적일 수 있다. 새롭게 시도해 볼 수 있는 기회를 더 얻을 수 있을 뿐 아니라 실수로 인한 비용 손실도 줄일 수 있다.

하지만 대학본부에서는 예산 낭비와 비효율적인 업무 진행 등을 지적하며 부정적인 반응을 보일 수 있다. "도서관 리노베이션 기간 동안 배선 작업을 다시 해야 하는 특별한 이유가 있나요? 예산 낭비라는 생각은 안 해봤나요? 얼마나 많은 돈이 들어가는지 알고 있나요?" 그럼에도 진심으로 이용자를 위해 필요한 작업이라고 판단한다면 오래 고민하지 않아도 된다. 이용자들이 도서관에서 겪는 불편을 그저 지켜만 보는 소극적인 태도는 이제 버려야 한다. 그리고 생산적인 조치를 취해야 한다. 대대적인 도서관 정비 작업이 도서관 이용에 방해가 된다면 작업의 규모를 줄이고 횟수를 늘려나가는 것도 한 가지 방법이다. 도서관 입장에서 이런 식의 진행은 이용자의 요구를 확실하게 이해하고 학습하는 계기가 될 것이다. 예를 들어 도서관의 일부 구역만 조명을 교체한 뒤 이용자 반응을 살펴본다고 가정해 보자. 또 도서관 전체의 카펫을 교체하는 일은 고되고 번거로울 수 있지만 도서관 2층 엘리베이터 주변에 깔아놓은 낡은 카펫만 교체한다면 훨씬 수월하게 처리할 수 있다. 혹시 예전에 구입했던 카펫이 남아 있다면 더 간단하게 해결할 수도 있다. 여력이 된다면 도서관에서 이용률이 저조한 공간을 골라 여기에 전기 콘센트를 추가하고, 이를 안내한 다음 어떤 반응이 나타나는지 살피는 것도 좋은 시도라고 할 수 있다.

이쯤에서 도서관의 홍보 문제를 생각해 봤으면 한다. 사실 대학도서관의 특징이나 서비스를 이용자 스스로 발견해서 활용하기란 쉽지 않다. 그러므로 도서관의 홍보 업무는 반드시 필요하다. 대학도서관에서 자관의 서비스를 효과적으로 홍보하는 사례는 그리 많지 않으며, 도서관 내 개별 공간에 대한 안내나 홍보는 찾아보기 어렵다. 도서관의 실제 규모를 파악하고 있는 이용자가 거의 없을 뿐 아니라 각 층의 개별 공간을 전혀 모르는 이용자들 또한 대다수인데도 말이다. 이처럼 도서관의 물리적인 공간을 제대로 파악하지 않은 이용자들은 눈앞에 보이는 도서관이 전부라고 생각할 수 있다. 또, 각 층마다 숨어 있는 소규모 개별 공간은 전혀 모르고 있는 경우가 많다. "작은 것에 집중하라!" 이용자의 니즈 충족을 고민하는 대학도서관 사서들에게 필요한 모토라고 생각한다. 도서관 이용자가 아닌 한 인간으로서 우리 모두는 사소하고 개인적인 니즈를 해결할 만한 소규모 공간이 필요하다. 사서로서, 그리고 같은 인간으로서 우리는 이러한 니즈를 충분히 공감할 수 있다.

참고자료(Resources)

• Bennett, S. 2007.1. "First Question for Designing Higher Education Learning Spaces" *Journal of Academic Librarianship*, Vol.33, No.1, pp.14~26.

• Foote, S. M. 2004.1. "Changes in Library Design: An Architect's Perspective" *portal: Libraries and the Academy,* Vol.4, No.1, pp.41~59, esp.42.

• Gibson, C. et al. 2007. "The Johnson Center Library at George Mason University" *Reference Services Review*, Vol.35, No.2, pp.322~330.

• Jones, W. G. 2006. "Library Building at the Threshold of Chicago." *In Advances in Librarianship*, No.30, pp.201~232.

• _____. 2007. "Saltire: A Learning Building-A Building to Learn From" *Multimedia Information and Technology*, Vol.33, No.2(May), pp.62~64.

• Seaman, S. 2006. "The Library as Learning Environment: Space Planning in an Academic Library." *Colorado Libraries*, Vol.32, No.1(Winter), pp.5~7.

• Shill, H. B. and S. Tonner. 2004. "Does the Building Still Matter? Usage Patterns in New, Expanded, and Renovated Libraries, 1995-2002." *College and Research Libraries*, Vol.65, No.2(March), pp.123~150

• Weaver, M. 2006. "Flexible Design for New Ways of Learning." *Library and Information Update*, Vol.5, No.7/8(July/August), pp.54~55.

제6장

21세기 도서관으로의 전환

건축물의 외관 장식이나 기술적인 면에서 1970년대와 별반 차이가 없었던 도서관 건축에 최근 들어 건축가의 참여가 늘어나고 있다. 하지만 대학도서관의 상황은 여전히 암울하기만 한다. 책은 죽었다고 믿는 대학본부의 행정 직원, 자신의 논문이 게재된 저널을 도서관이 영구히 소장해 주기를 기대하는 일부 교수, 또 건축 공모전에 온통 관심이 쏠린 건축가들까지. 이러한 모든 상황이 한데 얽혀 대학도서관에 근무하는 사서들을 무기력감에 빠지게 만들었다. 그렇지만 대학도서관 역할에 대한 명확한 그림은 건축가나 교수, 행정부서 직원이 아닌 사서가 그려야 한다. 이는 대학도서관에 근무하는 사서로서의 의무이자 우리가 가져야 할 직업적 소명의식이다.

20세기 도서관에서는 인쇄 자료를 수집하고 보관하는 일이 가장 우선이었다. 21세기 도서관에서도 인쇄 자료는 계속 구입하겠지만, 앞으로는 신규 서비스 개발에 더 많은 관심과 노력을 기울여야 한다. 대학도서관이 직면하고 있는 생존 위기 역시 도서관 서비스를 개발하고 확대해 나가면서 해결 방안을 찾아야 한다. 기존의 서비스만으로는 충분하지 않다. 학내 구성원의 도서관 경험과 이를 증진시킬 수 있는 방안을 마련하기 위해 집중해야 한다. 이번 장에서는 여러분의 상상력을 깨우기 위해 타 도서관에서 효과가 입증된 다양한 사례를 소개하려고 한다. 이미 긍정적인 효과가 입증되었던 만큼 아이디어가 돋보이는 프로그램이지만 모든 도서관에서 이를 실행하기는 어려울 수 있다. 상황에 따라 직원을 충원해야 하거나 리모델링 작업과 같이 막대한 재원이 필요할 수도 있다. 반면 별다른 비용이 필요하지 않은 서비스도 물론 있지만 신규 서비스를 개발하고 실행하려면 어느 정도의 예산 소요는 기본적으로 감수해야 한다.

21세기 도서관을 위한 전략

우리가 다른 도서관의 혁신 사례에 관심을 갖는 가장 큰 이유는 각자의 도서관을 새로운 관점에서 볼 수 있기 때문이다. 그리고 새로운 사례를 도입하는 것이 과연 적합한지를 고민하는 과정에서 더 좋은 아이디어가 떠오를 수도 있다. 대학도서관의 새로운 변화를 모색하고 있다면 여러분의 대학교와 도서관에 관한 내부 정보부터 충분히 파악하고 있어야 한다. 예를 들어 도서관에 적극적으로 협조하는 학과와 그렇지 않은 학과는 어디인지, 또 학생들의 호응이 높은 도서관 서비스와 참여율이 저조한 서비스가 무엇인지 파악하고 있어야 한다. 어쨌든 여러분은 도서관의 변화를 통해 가능한 많은 이용자에게 영향을 끼칠 수 있는 최대의 효과를 기대할 것이다. 하지만 불확실한 결과를 위해 너무 많은 노력이 필요하지 않나 의심스러울 수도 있다.

이번 장에서 다룰 내용이 이용자 서비스 담당 부서나 담당자에게만 적용되는 것은 아니다. 그보다는 이용자의 도서관 경험을 증진시키기 위한 제안으로 이해했으면 한다. 그리고 도서관의 변화나 신규 서비스 영향을 가장 많이 받는 학내 구성원이 누구인지도 고려해야 한다. 가령, 교수들의 도서관 방문 횟수가 늘어날까? 그래서 강의에 활용하는 도서관 서비스가 늘어날까? 학생들은 도서관에서 보내는 시간이 좀 더 길어질 수 있을까? 학내 행정부서 직원들이 갖고 있는 도서관 이미지는 개선될 수 있을까? 만약 적합한 이용자 그룹을 학내에서 찾지 못한다면, 아쉽지만 여러분의 노력은 헛수고가 될 수밖에 없다.

대학도서관의 혁신적인 아이디어는 이용자들의 도서관 경험을 개별화하기 위한 구체적인 시도라고 할 수 있다. 과거와 달리 최근 모범 사례로 꼽히는 대학도서관들을 살펴보면 다양한 이용자의 요구를 반영할 수 있도록 여러 가지 시설과 서비스, 자원 등을 제공하고 있다. 다시 말해 도서관의 신규 서비스 개발 과정에서 이용자 의견을 반영하는 일은 상당히 중요하다. 만약 도서관에서 공들여 준비한 새로운 프로그램이 실패로 끝나버렸다면 이는 이용자가 개발 과정에 참여하지 않았거나 혹은 안내나 홍보가 부족했을 가능성이 크다고 볼 수 있다.

도서관 건물

도서관 내의 크고 작은 비품 교체나 가구 위치를 선정하고 조정하는 작업, 그리고 도서관 건물의 리모델링 혹은 전면 개축 등 오프라인 도서관에서 진행하는 변화는 도서관 규모에 따라 확대하거나 축소할 수 있다. 따라서 재원이 부족하다는 이유만으로 새로운 아이디어를 논의 대상에서 바로 제외하는 것은 바람직하지 않다. 지금 당장은 어렵더라도 언젠가 유용하게 활용할 수 있는 시작점이 될 수 있기 때문이다. 다음은 여러분 도서관에서도 충분히 고려해 볼 수 있는 새로운 가능성과 관련 사례에 대한 내용이다.

인포메이션 커먼스

지난 몇 년간 도서관 분야 컨퍼런스에서 자주 등장했던 인포메이션 커먼스는 도서관의 고급 정보 자원을 학내 구성원이 자유롭게 이용할 수 있는 공간을 의미한다. 여기서 '커먼스commons'는 방목을 위해 공동으로 관리하는 토지에서 원래의 어원을 찾을 수 있다. 거의 모든 대학도서관에서 학생들에게 컴퓨터를 활용할 수 있는 공간이나 장소를 제공하고 있다. 이는 인포메이션 커먼스에 대한 유용성을 대학도서관에서도 충분히 인식하고 있음을 보여주는 실례라고 할 수 있다. 인포메이션 커먼스는 상황에 따라 '지식 커먼스knowledge commons' 또는 '러닝 커먼스learning commons'라는 명칭도 함께 사용하고 있다.

도서관에 실제 이용자가 별로 보이지 않더라도 인포메이션 커먼스는 도서관 활동의 가장 중심 공간이라고 할 수 있다. 어쩌면 여러분은 도서관을 찾는 이용자들이 그들 각자의 구체적인 니즈와는 별개로 컴퓨터 이용을 가장 원한다고 생각할 수 있다. 과거 컴퓨터 랩실처럼 인포메이션 커먼스를 하나의 제한된 공간으로만 한정할 필요는 없다. 접근성이 떨어지는 도서관 공간을 인포메이션 커먼스로 활용하려면 어떻게 해야 할까? 무선 접속 환경을 구축하고 컴퓨터 장비와 이를 관리할 수 있는 전담 인력technician, 그리고 노트북 등을 이용할 수 있는 전기 콘센트를 충분히 확보했다면 커먼스 운영을 시작할 수 있다. 만약 고가의 정교한 장비를 비치하고 있다면 반드시 직원이 관리해야 한다고 생각할 수도 있다. 하지만 약간의 보안장치만 추가한다면 24시간 열람실과 같은 이용자 공간에서도 운용이 가능하다. 그런데 모든 커먼스가 동일한 방식으로 만들어졌다고는 볼 수 없다. 규모나 위치뿐 아니라 용도나 디자인, 기술적인 면에서도 조금씩 차이가 있다. 대학도서관을 휩쓸고 있는 러닝 커먼스에 대한 개념은 다음 장에서 살펴보자.

도서관과 커피

요즘 대학도서관의 인기 아이템 가운데 하나는 카페다. 대형 서점에서 더 많은 고객을 불러 모으기 위해 활용했던 카페 운영을 대학도서관도 도입하기 시작한 것이다. 그동안 도서관에서는 장서 훼손을 방지하기 위해 음식물의 도서관 반입을 허용하지 않았다. 하지만 최근 대학도서관에서는 인쇄 자료를 과거만큼 장기간 보관하지 않는다. 여러분도 잘 알겠지만 정보의 주기가 빛의 속도만큼 빨라지고 있기 때문이다. 그리고 온라인컴퓨터도서관센터Online Computer Library Center: OCLC 와 미국연구도서관협회Association of Research Libraries: ARL 같은 네트워크 덕분에 자관에 자료가 없더라도 해당 자료를 소장하고 있는 도서관이 있다면 충분히 이용할 수 있다. 이용 빈도가 낮은 자료라면 타 도서관 자료를 활용하는 편이 비용 면에서 훨씬 효과적일 것이다.

도서관 카페에 대한 이용자 호응은 꽤 높은 편이며, 도서관 이용률 증가에 기여했다는 사례 역시 계속해서 늘고 있다. 카페 운영을 위해서는 충분한 사전 준비가 필요하다. 그렇지 않으면 도서관에 오히려 피해가 될 수 있으므로 주의해야 한다. 그런데 도서관에서 카페를 운영하기 위한 의사결정은 그리 간단하지 않다. 우선 도서관 장서와 카페에서 제공하는 음식물을 어떻게 공존시켜 나갈지를 결정해야 한다. 만약 도서관 장서 가운데 희귀본이나 필사본이 많다면 페이스트리처럼 끈적거리는 음식물과는 거리를 두어야 한다. 또, 귀중 자료가 도서관 내에 전체적으로 비치되어 있다면 카페 내 음식물을 제한하는 것이 바람직하다.

도서관에서 카페를 운영할 수 있는 가장 적당한 장소는 어디일까? 현재 사용하고 있지 않은 도서관 공간을 카페로 활용해도 될까?

진화하는 대학도서관

기본적으로 도서관 장서와 카페는 어느 정도 거리를 두어야 한다. 도서관 카페는 도서관 이용자뿐 아니라 카페만 이용하는 이들까지 수용할 수 있어야 한다. 여기에 테이블과 의자를 들여놓고 카페 직원들의 준비 공간까지 고려한다면 꽤 넓은 공간이 필요할 수 있다. 최신식 커피 카트에는 카페 운영에 필요한 물품이 모두 마련되어 있지만 전기와 수도는 별도로 연결해야 한다. 카페에서 판매하는 음료나 음식물 등을 도서관에서 먹는 일의 경우, 도서관 열람실과 자료실에서 음식물이나 음료수가 전혀 발견되지 않기를 바라는 것은 무리다. 음식 서비스와 관련한 해당 지역의 관련 법규나 식품 서비스 시설을 점검하는 식품위생처에 대해서도 사전 확인이 필요하다.

카페 운영 시간을 굳이 도서관과 동일하게 맞출 필요는 없다. 커피를 찾는 이들이 주로 아침 시간에 많다면 오전 7시 정도에 카페를 여는 것도 괜찮다. 도서관 건물에 별도의 카페 출입문을 만들면 유용하겠지만 반드시 그럴 필요는 없다. 카페에서 판매하는 음식물은 별도의 공간에서 보관해야 하지만, 적당한 공간이 없다면 철책과 같은 간단한 도구를 이용해 보는 것도 가능하다. 한편, 전기 배선이나 방화로 인한 화재 발생에 대한 부담이 없는 지하층에 카페를 운영하는 대학도서관도 많다. 오래되고 낡은 지하실을 카페로 사용해야 한다면 여기에 어울릴 만한 카페 분위기나 인테리어를 고려해야 한다. 도서관 지하층에서 운영하는 카페는 시낭송회와 같은 도서관 행사나 공연을 위한 무대로도 활용할 수 있다. 카페 외관이 직접적으로 드러나지 않기 때문에 새로운 이용자를 유인하기에는 불리하겠지만 도서관을 이용 중인 학생들에게는 활용도가 높은 공간이 될 수 있다.

학내 음식 서비스는 본부 행정부서가 일괄적으로 관리하고 있는데, 도서관 카페도 여기에 포함된다. 그런데 도서관 카페가 학내 다른 매장의 판매에 영향을 미치거나 위협이 되지 않는다는 점을 학내 관계자에게 설득하려면 상당한 기술과 전략이 필요하다. 학생회관에 입점한 점주들에게 도서관 카페 운영을 맡겨보거나 외주 업체를 통한 운영도 고려해 볼 수 있다. 외주 업체가 카페 운영을 맡는다면 도서관 카페에 별도의 설비를 추가할 수 없다는 내용을 계약서 문구에 포함해야 한다. 도서관이 카페를 운영하는 목적은 새로운 이용자를 유입하고 기존 이용자들의 도서관 경험을 증진시키는 데 있다. 따라서 도서관 카페 운영을 통해 다른 부서나 판매업체가 더 많은 이익을 챙기더라도 별 문제는 아니다. 하지만 카페 운영에 대한 전반적인 관리는 도서관이 맡아야 한다. 그리고 판매 메뉴에 대해서도 신경을 써야 한다. 만약 도서관에서 메뉴 관리를 하지 않으면 판매 메뉴가 점점 늘어나 어느새 식당처럼 운영될 수도 있다. 도서관 서가에서 음식물이 발견되거나 핫도그 냄새가 진동하는 스터디 공간을 원하는 게 아니라면 사전에 서면 계약서를 꼼꼼하게 검토하고 논의해야 한다.

다른 변화나 혁신 사례와 마찬가지로 도서관의 카페 운영을 못마땅해 하는 교내 구성원이 나타날 수 있다. 도서관에 대한 고루한 견해를 고집하는 이들에게는 최근의 도서관 트렌드를 알려줄 필요가 있다. 도서관 카페 운영과 관련한 성공 사례가 많기는 하지만 사서 입장에서는 그동안 전혀 경험하지 못했던 새로운 업무다. 따라서 본격적인 카페 운영을 시작하기 전에 도서관의 전기 배선이나 배수 문제 그리고 책임보험에 대해서 미리 점검해야 한다. 또, 해당 지역의 보건위생을 담당하는 공무원을 직접 만나 협조를 구하거나 관련 규정을 충분히 숙지하는 것도 필요하다. 한편 식중독이 발생하면 카페 운영을 중단해야 하므로 이에 대한 대처 방안도 마련해야 한다.

베스트셀러 코너

자관의 장서 정책이나 구입 지침에 맞지 않아서 구입하지 못하는 책들이 간혹 있다. 그런데 이런 자료들은 대부분 이용률이 높기 때문에 대출 통계뿐 아니라 친근하고 편안한 도서관 이미지를 제고하는 데에도 긍정적인 효과가 있다. 많은 도서관에서 편안한 라운지 가구와 낮은 서가, 스탠드 조명 등을 마련해 조용하고 아늑한 공간을 만들기 위해 노력하고 있는데, 이는 예산이 넉넉하지 않은 도서관에서조차 신경 쓰고 있는 부분이다. 대학도서관의 이용자 구성은 공공도서관과는 많은 차이가 있는데, 중년층 독자를 위한 소설책보다는 힙합이나 SNS, 미스터리 소설과 같은 트렌디한 자료의 이용률이 높다. 학술 연구에 필요한 자료가 아닌 인기 소설은 대출 횟수가 더 이상 늘어나지 않게 되면 서가에서 꺼내는 것이 바람직하다. 이러한 자료만을 모아서 도서관 카페 근처에 인기 소설 코너를 만들어보는 것도 좋다. 영구적으로 소장하지 않아도 되므로 커피가 조금 묻어도 괜찮다. 이용자들이 많이 찾는 인기 소설은 도서관 장서에 신속하게 등록하고 제적할 수 있도록 정리 업무 단계를 간략하게 진행하는 방안도 고려해 볼 수 있다.

화상회의실

화상회의videoconferencing 시스템은 학내 구성원 간의 원활한 의사소통 및 전문지식 공유에 중요한 역할을 할 수 있다. 교수와 학생들은 지리적인 제약을 받지 않고 강의를 진행하거나 참여할 수 있다. 물론 원격학습을 위한 용도로 가장 많이 활용되겠지만 그렇다고 이 용도만으로 사용하는 것은 바람직하지 않다. 화상회의 관련 시설을 활용해서 도서관의 이미지를 향상하고 이용자의 요구를 반영할 수 있는 여러 가지 방안이 있을 것이다. 새로운 도서관 이용자 유입이 주된 목적이기는 하지만 도서관 직원들도 유용하게 사용할 수 있다. 물리적으로 떨어져 있는 도서관과 분관 직원들이 함께 회의에 참석하거나 긴밀한 협업이 필요한 경우 화상회의실을 유용하게 사용할 수 있다.

복사 센터

최근에는 동전투입식 혹은 카드작동식 복사기 설치로 복사 서비스를 대신하는 도서관이 많다. 그렇지만 복사기를 관리하는 업무까지 사라진 것은 아니다. 도서관 직원이 어쩔 수 없이 관리하거나 주기적으로 용지나 토너를 보충해 주는 외부업자의 도움을 받기도 한다. 도서관 내에 상업 시설인 복사 센터copy center 분점을 개설하는 경우도 있다. 외부 복사 센터는 도서관에 비교적 저렴한 임대 비용을 지불하고 복사 센터 운영과 관련한 모든 내용을 전담하게 된다. 도서관 카페와 마찬가지로 도서관 내에 외부 복사 센터를 운영하는 진짜 목적은 새로운 이용자를 데려오기 위해서다. 도서관의 실제 관심사는 복사 서비스의 품질이나 복사 센터 운영 시간이므로 더 많은 수익을 창출하거나 돈을 벌기 위해 급급한 모습을 보이는 것은 바람직하지 않다. 도서관에서는 카페나 복사 센터를 운영함으로써 별도의 서비스를 추가하지 않고도 새로운 이용자를 불러 모을 수 있다. 학내 구성원이라면 누구든지 복사나 제본이 필요한 경우가 발생할 수 있다. 만약 도서관의 복사실이 학내 다른 곳보다 훨씬 나은 서비스를 제공한다면 당연히 구성원들의 관심을 받을 것이다. 그리고 도서관의 존재를 잘 모르던 학생들도 도서관을 찾아올 것이다. 원래의 목적은 복사실 이용이었지만, 자연스레 도서관을 둘러보다가 책이나 DVD를 대출할 수도 있을 것이다. 이러한 과정이 반복되면서 도서관을 이용하는 습관이 자연스레 길러질 수 있다. 물론 도서관과 같은 공공장소에 상업 시설을 도입하면 여러 가지 복잡한 문제가 발생할 수 있다. 어쩌면 일부 도서관에 한해서만 가능한 사안일 수도 있다. 하지만 도서관의 상업 시설 도입 가능성은 우리 모두 한 번쯤 고려해 봐야 하는 문제다.

도서관의 출력 및 복사 서비스의 고급화

복사 센터를 정식으로 운영할 만한 여력이 되지 않는 도서관이라면 기존 복사 설비를 업그레이드하거나 수량을 확대해 보는 것도 한 가지 방법이다. 도서관에 컬러복사기 수가 늘어나는 것도 이용자들은 좋아할 수 있다. 그밖에 팩스나 스캐너 사용과 관련한 서비스를 고려하거나 컬러 출력물 서비스를 유료로 시작해 보는 것도 가능하다. 따라서 도서관의 복사 요금과 관련해서는 다시 한번 논의해 봤으면 한다. 컬러 출력과 복사에 소요되는 실제 비용은 감소되었지만 여전히 1995년 방식으로 요금을 부과하는 도서관이 많기 때문이다.

안내 키오스크

인력이나 공간이 부족한 도서관이라면 안내 데스크 대신 키오스크kiosk 설치를 고려해 볼 수 있다. 그렇지만 담당 직원은 여전히 필요하다. 직원 대신 근로학생이나 자원봉사자를 활용한다면 이용자들이 자주 문의하는 내용을 사전에 충분히 숙지시켜야 한다. 로비에서는 도서관 내부가 잘 보이지 않으므로 구두 설명만으로는 부족할 수 있다. 이런 경우 키오스크 담당 직원은 직접 이용자를 안내할 수 있어야 한다. 키오스크를 운영하는 도서관은 많지만 담당 직원 운용에 대한 필요성은 제대로 인식하지 못하고 있는 듯하다. 바쁜 시간에는 직원이 없는 상태로 방치하는 경우도 많다. 막상 키오스크를 찾아왔지만 정작 직원을 만나지 못했다면 이는 도서관에 대한 부정적인 인상으로 이어질 수 있다. 근로학생마저도 정말 여유가 없는 대학도서관이라면 전자 키오스크를 설치하는 편이 더 나을 수 있다. 몇 년 전만 해도 캐비닛 안에 컴퓨터와 디스플레이 화면을 설치해서 사용하는 키오스크가 대부분이었지만, 최근에는 터치스크린을 활용한 제품을 많이 사용하고 있다. 전자 키오스크에는 이용자들이 자주 묻는 질문과 이에 대한 답변을 미리 저장해 두어야 한다. 그리고 하루에 서너 번 정도는 제대로 작동하는지 직원이 직접 점검하는 것이 좋다. 또, 일정 시간 동안 동작이 없으면, 자동으로 홈페이지나 시작 메뉴로 이동할 수 있도록 세팅해야 한다.

교내 자료 저장고, 보존 서고

아무도 이용하지 않는 책들이 잔뜩 꽂힌 도서관 서가는 쳐다보는 것만으로도 상당히 재미없고 지루할 수 있다. 만약 도서관 전체가 이렇다면 필요한 자료를 찾는 일이 모래사장에서 바늘을 찾기 만큼이나 어려울 것이다. 학생들이 많이 찾는 베스트셀러나 신간 자료들이 이용률 낮은 먼지투성이 책들 사이에 꽂혀 있을 수밖에 없기 때문이다. 또, 서가에서 우연히 발견한 책에서 퀴퀴한 냄새가 나거나 곰팡이가 잔뜩 피어있다면 도서관 전체가 그렇다고 생각할 수 있다. 쾌적한 환경에서 필요한 자료를 편리하게 이용할 수 있도록 낡고 오래된 자료는 되도록 보존 서고로 내려 보내는 것이 좋다. 그리고 이렇게 확보된 공간에는 학생들이 많이 찾는 자료를 배가하거나 새로운 도서관 서비스를 시행해야 한다. 모빌랙은 일반 서가와 달리 별도의 유지 보수가 필요하다. 또, 하중을 견뎌야 하는 모빌랙의 특성상 지상보다는 지하에 설치하는 것이 바람직하다. 만약 여의치 않다면 하중을 견딜 수 있도록 리모델링이 필요할 수도 있다. 그럼에도 불구하고 대학도서관은 수장고로서의 역할은 그만두어야 한다. 그보다는 생기 있고 활기찬, 새로운 분위기를 만들어야 한다. 한편 도서관 외부에 보존 서고를 실제 운영했던 사서들은 이를 비생산적인 관리 방식이라고 지적했다. 보존 서고를 관리하는 별도의 관리 인력이 필요하기 때문이다.

도서관 공간의 공유

학내에서 도서관이 공간을 양보해야 하는 상황은 이제 더 이상 낯설지 않다. 실제로 많은 대학도서관에서 겪고 있는 문제이기도 하다. 무엇보다 도서관에 승산이 있는 싸움인지부터 신중히 고려하고 판단해야 한다. 학내 구성원들이 많이 찾는 카페나 복사센터, 라운지, 러닝센터를 운영하면 도서관에 대한 압박이 조금 덜할 수 있다. 반면 학내 상황이 도서관에 불리하다 판단되면 선제적 대응 조치를 취해보자. 대학도서관의 위상을 높이고 새로운 이용자를 불러 모을 수 있는 학내 서비스와 협력하는 것도 한 가지 방법일 수 있다. 도서관의 목표와 상호 보완적인 관계를 맺을 수 있으며, 동시에 도서관의 독립성을 위협하지 않는 학내 부서를 찾아야 한다.

팩트체크가 매우 중요한 신문사 입장에서 도서관의 제안은 매우 솔깃할 수 있다. 실제 교내 신문사가 차지하는 공간은 좁은 편이며 그리 넓지 않다. 어쨌든 도서관의 주요 공간을 창고와 같은 용도로 사용하는 것은 바람직하지 않다. 도서관이 공유 대상을 직접 선택할 수 있는 상황이 가장 바람직하겠지만 이용률이 저조한 서가 공간을 탐내는 학장이나 학과장이 있다면 되도록 빨리 필요한 조치를 취해야 한다. "사용하지 않으면 잃어버린다Use it or lose it." 지금이야말로 이 문장의 의미를 되새겨 볼 때다. 가능한 많은 구성원이 도서관을 찾도록 만들어야 한다. 그렇게 하루라도 빨리 대학도서관이 학내 중심 공간이 되어야만 이러한 위험을 피할 수 있을 것이다.

평생교육센터

노년기에 접어든 베이비붐 세대의 숫자가 급증하면서 대학교에서도 학위가 없는 노년층 영입에 관심을 가지게 되었다. 이들을 대상으로 하는 엘더호스텔Elderhostel* 과정과 여러 대학교의 프로그램이 높은 인기와 참여율을 보임에 따라 이들의 흥미를 끌 만한 유사한 프로그램들이 계속해서 만들어지고 있다. 교육 과정에 참여하는 수강생들의 학습 열의는 대체로 높은 편이며, 스페인어, 일본어, 그리스어와 같은 어학 프로그램이 특히 인기가 높다고 한다. 은퇴 이후 여유롭게 여행을 즐기려는 이들의 여가 활동과 관련이 있지 않을까 생각한다. 자신이 살고 있는 지역이나 고향에 관심이 많은 이들은 역사학이나 지질학 강좌를 선호하기도 한다.

●　[옮긴이] 중년층·노년층을 대상으로 대학교에서 숙식을 제공하며 단기 집중 강좌를 운영하는 국제 비영리단체다.

이와 관련해 도서관에서는 어떤 준비가 필요할까? 젊은 학생들 못지않게 학습 열의가 높은 이들은 스스로 도서관 서비스와 자료를 찾아서 이용할 만큼 자기주도적인 특성이 강한 편이다. 하지만 노화로 인한 시력 저하 때문에 작은 글자나 책을 읽기가 불편한 이들도 있으므로 대★활자본 도서나 조도가 높은 조명 설비 그리고 문자 확대기 등을 도서관에 비치해야 한다. 일반적으로 노년기에 시작되는 시력 감퇴는 선천적인 시각장애와는 차이가 있다. 또, 우리에게는 익숙한 기기나 기술이지만 노년층 이용자들에게는 어려울 수 있으므로 별도의 지원을 제공할 필요가 있다. 이들은 주로 기본적인 컴퓨터 사용법을 익힐 수 있는 소프트웨어와 관련 있거나, 세계 각지의 여행지를 소개하거나, 각자의 취미생활과 관련 있는 방송 프로그램 등을 즐겨 시청하고 있으므로 소규모 인원이 함께 프로그램을 시청할 수 있는 공간을 제공하거나 별도의 일정표를 만들어보는 것도 좋다.

언젠가 성인 대학생을 대상으로 하는 컴퓨터 워크숍을 도서관에서 실시했는데, 어쩌다 보니 나이 많은 학생과 직원 그리고 은퇴한 노교수들의 모임이 되어버렸다. 개인적으로 가장 보람을 느꼈던 이 행사는 소규모 워크숍 형식으로 시작했는데, 이후 도서관의 정규 교육으로 확대되었다. 워크숍에 참석했던 나이가 지긋한 교수와 성인 대학생은 서로 도와가며 컴퓨터 사용법을 익혀나갔다. 대학교 사회는 개인주의 성향이 지배적인 냉정한 집단이라고만 생각했는데, 이 프로그램을 통해서 자신의 대학교 생활이 많이 달라졌다며 감사의 말을 남긴 어느 60대 학생이 인상적이었다.

대학원생 라운지

학부생에 비해 도서관을 더 많이 이용하는 대학원생들을 위해 전용 공간을 만들어주는 건 어떨까? 편안하고 안락한 분위기를 위해 라운지 가구를 비치하는 것도 좋다. 이를 위해 대학원생 위원회와 만나의견을 나누거나 몇 가지 기본 원칙을 미리 세워둘 필요가 있다. 보안을 위해 라운지 공간의 열쇠는 대출대에서 관리하거나 대학원생들이출입카드를 직접 관리할 수 있다. 대학원생들은 이 공간을 이용하면서 자신들이 도서관에서 환영받고 있다는 느낌을 받을 수 있다. 그리고 도서관이 자신들만의 특별한 장소라고 생각할 것이다. 이러한 차원에서 외국인 학생을 위한 전용 공간도 고려해 볼 수 있다.

교수학습 지원센터

교수나 조교들은 이곳에서 교수활동에 필요한 지원을 받을 수 있다. 강의에 필요한 시각자료 제작이나 기술 지원을 받을 수 있으며 미디어 프로그램도 대출할 수 있다. 한편, 학내 교원의 강의 품질을 개선하기 위해서 다른 캠퍼스의 교수진과 협력하는 방안도 고려해 볼수 있을 것이다. 대학도서관의 상황에 따라 교원들이 강의에 필요한영상 자료를 열람할 수 있도록 프리뷰 공간을 제공할 수도 있다. 또,교수법 향상과 강의 준비에 유용한 화상회의 시설이나 매체 제작 실습실 등을 운영하고 있는 도서관도 있다.

24시간 열람실

대학도서관에서는 도서관 업무가 끝난 이후에도 학생들이 계속해서 공부할 수 있도록 24시간 열람실을 제공하고 있으며, 별도의 출입문을 만들어 관리하고 있다. 앞으로 24시간 열람실 운영을 계획하고 있는 도서관이라면 보안 문제를 최우선으로 고려해야 한다. 그리고 활용할 수 있는 면적 등을 파악해 충분한 경비 업무를 제공해야 한다. 허름해 보일 뿐 아니라 딱딱하고 경직된 분위기의 공간이라면 이용자의 관심을 받기 어렵다. 인테리어 소품이나 컴퓨터, 복사기, 라운지 가구, 식음료 자판기 등을 아무리 채워놓더라도 분위기는 쉽게 바뀌지 않을 것이다. 교도소나 수용 시설과 같은 공간에 번쩍거리는 조명을 더하는 것과 마찬가지다. 또 열람 공간의 특성상 청소나 관리가 소홀해지면 금방 눈에 띌 수 있으므로 주의해야 한다. 특히 날씨가 맑은 날이면 큰 창문이 많은 건물은 지저분하고 황폐한 상태로 방치된 모습이 그대로 노출될 수 있다. 에드워드 호퍼Edward Hopper*의 그림이 떠오르는 쓸쓸한 공간은 학생들이 기대하는 따뜻하고 아늑한 공간과는 확실한 차이가 있다. 학생들이 밤새 편안하게 공부할 수 있도록 친근한 공간을 만들기 위해서는 어떤 점에 신경을 써야 할까? 열람실의 보안 문제를 담당하는 경비원은 상황에 따라 기본적인 도서관 서비스도 제공해야 하므로 이에 대한 충분한 처우를 받을 수 있도록 신경을 써야 한다. 도서관의 다른 공간과 마찬가지로 필요한 장비와 최신 자동판매기까지 구비한다면 학생들이 즐겨 찾는 열람실이 될 것이다.

---

* [옮긴이] 미국의 대표적인 사실주의 화가로, 20세기 미국인의 삶의 단면을 무심하고 무표정한 방식으로 포착함으로써 인간 내면에 깃든 고독과 단절 그리고 상실감을 표현했다.

도서관에서는 카드 인식 단말기를 사용해서 24시간 열람실 출입을 본교 학생과 교수진으로만 제한하고 있으며, 상황에 따라 경비원이 직접 출입자를 확인하는 경우도 있다.

사실 대학도서관의 24시간 열람실 운영은 이용자의 확실한 안전을 보장하기 어렵다는 점 때문에 직원들은 여전히 고민하고 있다. 운영 시간을 제한하는 편이 오히려 더 많은 이용자를 지원할 수 있다는 의견도 있다. 다시 말해 더 많은 이용자에게 서비스를 제공하는 것이 나을지, 아니면 제한된 시간 동안 더 나은 서비스를 제공하는 것이 나을지를 가늠하는 셈이다. 학생들 역시 위험하다고 생각하는 공간은 이용하지 않을 것이다. 학내 경비원이 순찰하는 정도로만 관리하는 학내 공간이라면 사고가 발생할 가능성은 언제나 있는 셈이다. 학생들을 대상으로 열람실 운영 시간과 관련한 설문조사를 실시하고 이를 참고하는 것도 한 가지 방법이다. 대개 자정 무렵까지는 꽤 많은 학생들이 도서관에 남아 있지만 새벽 4시까지 도서관 열람실에 남아 공부하는 학생들은 그리 많지 않다.

앞으로 인포메이션 커먼스를 계획하고 있다면 커먼스 공간의 일부를 유리벽으로 구분한 뒤 밤늦게까지 남아 있는 이용자들이 컴퓨터를 이용할 수 있도록 고려해 보기 바란다. 실제로 밤늦게까지 도서관에서 공부하는 학생들은 24시간 열람실에서도 도서관 컴퓨터를 이용할 수 있기를 바란다고 여러 대학도서관에서 발표한 바 있다.

협력학습 공간

최근 교수학습 분야에서 협력학습•에 대한 관심이 날로 높아지고 있다. 이러한 영향으로 대학교에서는 학생들의 팀프로젝트나 튜터

진화하는 대학도서관

링tutoring* 모임이 계속해서 늘어나고 있으며, 대학도서관에서는 그룹 학습이나 친구들과 모여서 공부하고 싶은 학생들을 위해 스터디룸과 같은 별도의 공간을 제공하고 있다. 학생들은 협력학습 공간collaborative study room에서 화이트보드 같은 비품을 사용할 수 있으며, 다른 이용자에게 방해가 되지 않을까 걱정할 필요 없이 자유롭게 대화를 나눌 수 있다. 그밖에 DVD 시청이나 인터넷 이용도 가능하므로 군이 멀티미디어실이나 컴퓨터 랩실을 따로 찾지 않아도 된다. 학생들은 도서관이 소장하고 있는 다양한 매체와 자료를 동료 학생들과 공유하면서 함께 토론하고 각자의 아이디어를 나눌 수 있다. 한편 일부 불량 이용자를 단속하기 위해 큰 창문이나 유리벽을 설치하는 것이 좋다.

중고책 서점

중고책 서점은 이용자들의 관심을 모을 수 있는 흥미로운 아이템이다. 하지만 도서관 입장에서는 오히려 번거로운 업무가 될 수 있다. 중고서점에서는 도서관 소장 기준에 맞지 않는 기증 자료나 폐기 대상으로 선정된 책들을 판매하는데, 이런 자료를 선별하고 골라내기 위해서는 세심한 주의와 관심이 필요하다. 따라서, 서점 운영을 위한 별도의 자원봉사 그룹을 조직하거나 모금활동을 진행하는 학내 봉사활

- •   [옮긴이] 학습자 개인의 학습 목표와 전체 학습자들의 공동 목표가 동시에 성취될 수 있도록 학습자 간의 활발한 상호작용과 의사소통, 협력을 활성화시키기 위한 교수학습 방법의 하나이다. 고도의 경쟁심을 유발하는 전통적 교수 환경에서 학습자들이 느끼는 소외감이나 적대감을 해소하는 데 유용하다.
- •   [옮긴이] 튜터(tutor)와 튜티(tutee)가 그룹을 형성해 진행하는 자기주도 학습 프로그램이다. 튜터가 튜티의 부족한 과목 학습을 도와 함께 공부하면서 학업 향상을 도모한다.

동 모임에 운영을 의뢰해 보는 것도 좋다. 사라질 뻔한 책들은 좋은 주인을 만나게 되고, 도서관에서는 별도의 인력을 투입하지 않고도 서점을 운영할 수 있을 뿐 아니라 긍정적인 홍보 효과도 함께 기대할 수 있다. 중고책 서점이 도서관 카페 근처에 위치하면 판매량 증가나 도서관 장서를 보호하는 데도 긍정적인 효과를 얻을 수 있다. 서점 운영을 맡게 될 단체와는 운영 시간을 비롯한 서점 관리에 대한 구체적인 합의안을 문서로 작성해 두어야 한다. 혹시 운영을 맡은 단체나 개인이 그만두기를 원한다면 자금이 필요한 다른 단체를 찾아보면 된다.

음악감상실

대학도서관에는 꽤 오래전부터 녹음 자료를 감상할 수 있는 부스를 운영하고 있다. 과거에 비해 공간이 좁게 느껴지기 때문에 불편하기는 했지만 대학도서관에서는 어쩔 수 없이 유지하고 있는 상황이다. 도서관을 신축하거나 리모델링의 기회가 생긴다면 협력학습 공간에 방음 처리를 해보기 바란다. 방음 처리된 협력학습 공간이라면 학생들은 자유롭게 악기를 연주하거나 음악을 들을 수 있다. 요즘에는 어느 정도 소리에 노출된 공간에서 공부가 더 잘된다고 믿는 학생들이 많다. 이런 이들을 위해 자신이 선택한 음악을 들을 수 있도록 MP3 플레이어나 CD를 사용할 수 있는 음향 장치를 추가해 보는 것도 좋다.

보조과학기기 랩

시각장애 학생들을 위한 보조과학adaptive technology 기기•를 구비하는 도서관이 점점 늘어나고 있다. 하지만 이것만으로 장애학생들의 도서관 니즈에 최선을 다했다 믿는 경우가 있다. 사서들이 기기를 다루지 못하거나 부족한 홍보나 안내 때문에 보조기기를 제대로 활용하지 못하는 사례도 많다. 대부분의 대학교에는 장애학생 지원을 위한 전담 부서가 있으므로 이들 부서와 협력해 장애학생을 위한 새로운 서비스와 시설을 구상해 보는 것도 좋다. 개인에게 미치는 영향력이 매우 큰 서비스인 만큼 담당 직원의 노력과 헌신적인 태도가 매우 중요하다.

그러나 랩 시설이 아무리 훌륭하더라도 실제 장애학생들이 도서관 전체를 직접 경험해 보는 것이 훨씬 중요하다. 도서관의 신규 시설들은 새로운 이용자를 유인할 수 있는 좋은 기회다. 그리고 이를 계기로 도서관을 방문한 이용자는 필요한 자료를 검색해서 이용하는 것 이상의 경험을 할 수 있을 것이다. 다시 한번 강조하지만 장애학생들의 도서관 이용과 관련한 가장 유익한 의견은 장애학생들로부터 들을 수 있다.

어떤 해프닝

다음은 우연한 기회에 소규모 공연 무대를 마련하고 이를 활용하고 있는 대학도서관의 사례다. 최근 이 도서관에서는 그동안 보관하고 있었던 제본 학술지를 대부분 폐기했는데, 학내 시설을 둘러보던 한 처장이 비어 있던 도서관 서가와 공간을 우연히 보게 되었다. 그리

● [옮긴이] 첨단 과학기술을 활용해 노인과 장애인들의 신체적 불편함을 돕기 위해 개발한 기기다.

고 이것저것 관장에게 질문을 쏟아냈다. 아마 본부에서도 비슷한 시기에 공간에 대한 논의가 진행되었던 것 같다. 미처 답변을 준비하지 못했던 관장은 공연 무대를 계획하는 중이라고 대충 둘러댔고, 민망하지만 도서관 회의에서 자신이 저지른 거짓말을 털어놨다. 도서관 직원들은 관장을 원망하기보다는 이미 벌어진 문제를 해결하기 위해 열심히 아이디어를 짜냈다. 그리고 오랫동안 친밀한 관계를 유지하고 있는 공연예술학과에 도움을 요청하기로 했다. 급하게 준비한 계획이었지만 공연예술학과와의 협업은 성공적으로 잘 마무리되었다. 여러분의 도서관에서도 연주회나 단막극을 준비하는 학내 학생들에게 무대를 제공하는 기회를 만들어보기 바란다. 또, 교내 록 밴드나 가수를 초청해서 금요일 저녁 공연을 계획해 보는 것도 좋다. 지역 예술가를 초청해서 콘서트를 열거나 교내 인기 교수의 강의를 도서관에서 진행하는 것도 생각해 볼 수 있다. 또 다른 대학도서관에서는 20명 정도의 인원을 수용할 수 있는 소규모 공간을 마련한 뒤 대형 평면 스크린 텔레비전을 설치하고 편안한 좌석도 함께 마련했다. 강의실에서 시청각 장비 사용이 여의치 않은 교수들은 이곳에서 DVD나 비디오를 시청할 수 있다. 중요 사건이나 뉴스가 발생하는 경우 CNN과 같은 뉴스 시청을 위한 공간으로도 활용할 수 있다.

일본식 정원

뉴잉글랜드New England의 도서관 관장은 음침하고 어두운 도서관 분위기가 늘 걱정이었다. 겨울에는 더 음산하게 느껴질 때도 있었다. 그러던 중 도서관 리노베이션을 위해 요청했던 예산을 확보하게 된 관장은 뭔가 일을 벌이기로 작정했다. 한때 제본 저널을 소장했던 공간이 이 무렵 비워졌는데, 관장은 이곳을 정원으로 꾸며보고 싶었다. 먼저 채광창에 형광등을 넉넉하게 추가했더니 희미하지만 부드러운 노란빛이 감도는 벽면이 만들어졌다. 그리고 충분한 양의 대나무와 다양한 식물들로 공간을 채웠다. 아주 작지만 인공 연못도 만들고 인공 폭포도 설치했다. 주위 바닥에는 낮은 테이블과 일본풍의 장식물, 소품, 쿠션 등을 깔아놓고 주기적으로 식물을 관리하는 담당 직원도 함께 고용했다. 정원 설치 작업이 완료되자마자 학생들이 몰려들었고, 이제는 이 도서관에서 가장 핫한 장소가 되었다. 요즘 도서관장은 도서관에서 흔히 볼 수 있는 카페가 아닌 일본풍의 다실을 만들어보면 어떨까 구상 중이라고 한다.

매체 제작 실습실

최근 대학교에서는 학생들에게 긴 분량의 보고서보다는 강의 시간에 직접 발표할 수 있는 미디어 프로그램 제작을 요구하고 있다. 그리고 팀별 과제 역시 동영상 프로그램이나 웹사이트, PPT 자료와 같은 미디어 구성 요소가 포함되어야 한다. 이들 중에는 도서관 컴퓨터를 이용해서 만들 수 있는 프로그램도 있지만, 더 정교한 장비나 프로그램을 이용해야만 하는 경우도 있다. 도서관 교육용 비디오나 슬라이드 쇼, 프레젠테이션 자료를 만들기 위해 직원들이 사용하는 시설과 장비를 교내 구성원들에게 제공하는 도서관도 있다.

그런데 정교한 컴퓨터 장비는 쉽게 고장이 나므로 도서관에서는 항상 파손과 분실을 걱정해야 한다. 이런 경우 별도의 잠금 장치가 부착된 보관함을 활용해 볼 수 있다. 특정 프로젝트 진행에 필요한 모든 장비를 보관함에 넣어두고 잠근 뒤 열쇠를 대출대에서 관리하도록 하는 것이다. 그리 권장할 만한 방법은 아니지만 이용자들의 요구를 반영하는 데 분명 도움이 된다고 생각한다. 미디어 프로그램 제작과 관련한 워크숍을 도서관에서 개최하면 스캐너나 그래픽 태블릿과 같은 도서관 장비를 개인용 노트북에 연결시켜 사용할 수 있도록 도킹스테이션docking station*을 준비하는 것도 좋다.

학생학습센터

학생학습센터student learning center는 정보 리터러시 교육이나 각종 워크숍, 도서관 행사 등을 진행할 수 있는 최첨단 강의실이다. 장비 보관이나 관리의 측면에서 일반 강의실보다는 도서관이 더 안전할 수 있다. 학내에서 쉽게 이용할 수 없는 고가의 최신 장비를 구비하고 있는 학생학습센터는 강의 진행과 관련해 교수들이 많이 이용하고 있는데, 이는 교수와 학생을 도서관으로 유인할 수 있는 매우 좋은 방법이다. 단, 그들이 이용하고 있는 공간이 도서관 시설임을 주지시키는 것은 잊지 말아야 한다.

도서관 내 전화 사용

도서관에서는 통화를 자제해 달라는 사인물을 설치하는 대신 이용자들이 마음 놓고 통화할 수 있는 별도의 공간을 마련해 주면 어떨까? 이제는 모든 학생들이 휴대폰을 사용하는 듯하지만 그렇지 못한 일부 학생들을 위해 도서관에 공중전화 부스를 한 대 정도 설치하는

* [옮긴이] 노트북 컴퓨터를 데스크형으로 사용할 수 있도록 연결해 주는 장치다.

것도 좋을 것이다.

도서관 서비스 향상

대학도서관에서 계획하는 새로운 서비스는 대부분 별도의 공간
이 필요하다. 하지만 기존 공간의 기능을 조금만 향상시켜도 도서관
이용자의 니즈를 상당 부분 충족시킬 수 있다. 다음은 이와 관련한 몇
가지 사례들이다.

도서관 전역의 무선 네트워크 환경

무선 네트워크 환경을 구축한 도서관에서는 구석진 자리에서도
노트북을 편리하게 사용할 수 있다. 따라서 학생들이 캠퍼스 내 다른
장소나 학교 바깥의 카페보다 도서관에서 보내는 시간이 길어질 수
있다. 간단히 말해 비용 대비 효과가 좋은 이용자 유인책이라 할 수
있다. 건물 전체의 무선 네트워크는 수 마일의 케이블을 설치할 필요
가 없기 때문에 상대적으로 비용이 저렴한 편이다. 그런데 노트북 사
용자를 위한 전기 콘센트는 충분히 확보해 놓는 것이 좋다. 노트북 배
터리가 빨리 닳기 때문에 배터리 충전이 필요한 학생들이 도서관을
많이 찾을 수 있기 때문이다.

안내 데스크를 다시 생각하다

도서관 직원의 역할 변화에 대해서는 앞서 2장과 3장에서 살펴

봤다. 예산 감축으로 인해 어려움을 겪고 있는 일부 대학도서관에서는 도서관 직원들을 효율적으로 운영하기 위해 안내 데스크의 역할을 강화하고 있다. 그런데 이러한 결정이 이용자 서비스에 부정적인 영향을 미칠 수 있다. 좀 더 넓은 시각에서 도서관 안내 데스크를 바라봐야 한다. 또 실제 이용자들은 안내 데스크를 어떻게 이용하고 있는지 파악하는 것도 중요하다. 다시 말해 안내 데스크 활성화나 담당 직원들의 업무 수행과 관련해서 구체적인 방안이나 계획을 준비하고 있는지 점검해야 한다. 안내 데스크는 도서관 이용과 관련한 문의나 문제가 빈번히 발생하는 곳에 위치해야 한다. 이러한 관점에서 도서관 내에 안내 데스크 수를 늘리거나 업무의 우선순위를 조정하지 않는 범위 내에서 역할과 기능을 확장해 보는 것도 유용할 것이다.

디지털카메라 대여

디지털카메라는 이제 더 이상 고가의 장난감이라고 할 수 없다. 대략 10만 원에서 15만 원* 정도의 비용만 있으면 디지털카메라를 구입해 대학도서관 이용자들에게 서비스할 수 있다. 최근 학생들의 과제 가운데에는 이미지 편집이 필요한 멀티미디어 자료를 요구하는 경우가 많이 있다. 집에 있는 디지털카메라를 학교에 직접 가져오기 어렵거나 잊어버리는 학생도 있다. 이러한 학생들을 위해 도서관에서 디지털카메라를 제공할 수 있다면 학생들은 훨씬 수월하게 과제를 작성할 수 있을 뿐 아니라 시간을 효과적으로 활용할 수 있을 것이다. 또한 이것은 경제적인 사정으로 평소 디지털카메라를 접하기 어려운

---

* [옮긴이] 원문에 표기된 100달러를 환산해서 표기했다.

학생들에게는 다른 학생들과 동일한 기회를 도서관이 제공하는 셈이 된다. 고장 나거나 부서지기 쉬운 모델도 일부 있지만 최근 출시되고 있는 제품들은 비교적 튼튼한 편이다. 플라스틱 장식이 많은 모델은 쉽게 부서지거나 떨어질 수 있으므로 선택에서 제외하는 것이 좋다. 카메라와 함께 제공되는 매뉴얼은 잊어버리기 쉬우므로 이용자가 손쉽게 사용할 수 있도록 직관적인 모델을 고르는 것이 좋다.

도서관 로비의 기능 강화

쇼핑몰 출구나 전면의 인상적인 디스플레이는 사람들의 주의나 시선을 끌 수 있는 효과적인 방법이다. 도서관에서도 이와 비슷한 시도를 해보면 어떨까? 도서관 입구 근처에 인기도서나 베스트셀러 코너를 마련해서 이용자의 관심을 유도해 보자. 잠시 휴식을 취하거나 간단한 대화를 나눌 수 있는 라운지 공간은 로비에 만들어보는 것도 좋다. 또 도서관 이용 안내나 간단한 공지 사항을 슬라이드 쇼로 만들어 로비에서 제공하는 것도 가능하다.

이메일 스테이션

강의실 가는 길에 급하게 이메일 등을 확인해야 하는 경우가 있다. 도서관 출입구 근처나 로비 공간의 스탠드업 컴퓨터는 이용도가 높은 편으로, 이는 많은 대학도서관에서 입증된 바 있다. 피곤하고 지친 학생들에게 라운지 공간이나 베스트셀러 코너가 위안이 되는 것처럼, 친구들과 소통할 수 있는 장소와 기회 역시 마찬가지다.

혁신적인 도서관 직원

물리적인 도서관 건물이나 도서관 조직의 변화는 도서관 직원이 있어야만 가능한 일이다. 도서관 직원의 전문적인 기술과 이들의 경험이 뒷받침되어야만 성공할 수 있다.

고정관념에서 벗어나기

두꺼운 안경을 쓰고 있는 촌스러운 겉모습과 고지식하고 고리타분한 성격. 이용자들이 사서에 대해 갖고 있는 부정적인 고정관념은 여전하다. 전형적인 **사서**의 이미지를 인정하기 어렵다면 앤 사이들 Ann Seidl이 만든 다큐멘터리 〈할리우드 영화 속의 사서 The Hollywood Librarian: A Look at Librarians Through Film〉*를 찾아보기 바란다. 아마 위로와 응원이 되지 않을까 생각한다. 학생과 교수들의 머릿속에 여전히 남아 있는 '사서'에 대한 부정적인 이미지는 언제쯤 사라질 수 있을까? '사서'의 명칭을 바꿔보는 것도 한 가지 방법이라 생각한다. 본질과는 동떨어진 피상적인 접근이라는 비판에 대해서도 충분히 인정한다. 하지만 이에 대한 효과를 우리는 의심의 눈초리로만 바라보고 있다. 지식분석가 knowledge analyst, 정보전문가 informationist, 프로젝트 정보전문가 project information specialist 같은 낯선 직함이 어색할 수도 있겠지만, 이를 통해 이용자의 관심을 유도하고 사서직의 새로운 면을 확인하는 기회가 될 수 있다면 시도해 보는 것도 나름 의미 있는 일이라고 생각한다.

●　[옮긴이] 2007년 앤 사이들이 제작한 다큐멘터리로, 미국 도서관과 사서들의 업무와 활동을 보여주고 있다.

온라인 강의에 파견된 사서

최근 대학교에서는 '코스웨어courseware'* 소프트웨어를 사용하는 온라인 강의가 계속해서 늘어나고 있다. 대학도서관에서는 온라인 강의를 지원하는 사서를 파견함으로써 함께 참여하고 있다. 온라인 강의에 파견된 임베디드 사서는 개별 교과목이 아닌 코스웨어 프로그램에 등록해 강사guest lecturer 자격을 부여받는다. 임베디드 사서는 코스웨어 프로그램에서 '도서관library'이라는 이름의 토론방discussion folder을 운영하며, 학생들과 메시지를 주고받고 과제 작성이나 정보 리터러시에 도움이 되는 자료를 게시판에 올리기도 한다.

멀티미디어팀 운영

멀티미디어 프로그램을 제작하고 활용하는 데에 많은 사서와 도서관 직원이 여전히 주저하고 있다. 슬라이드 쇼와 교육적인 프로그램 활용이 이용자의 도서관 경험을 크게 상승시킨다는 근거 자료가 계속해서 나오고 있지만 사서들은 프로그램 제작이라는 낯선 업무가 두렵게 느껴질 수 있다. 그렇다면 도서관 직원들 가운데 미디어 프로그램을 잘 다루는 이들을 모아보는 건 어떨까? 그리고 이들에게 도서관에서 사용하는 미디어 프로그램을 제작하고 활용하는 업무를 맡겨보는 것이다.

* [옮긴이] 교과과정(course)과 소프트웨어(software)의 합성어로 교수력과 학습력을 효율적으로 성취시킬 수 있는 바람직한 교수환경 또는 수업 조건을 만들 수 있도록 설계된 컴퓨터 소프트웨어[서울대학교 교육연구소 편, 『교육학용어사전』(서울: 하우, 1995)].

학과 전담 사서

사무용 책상 하나만 있으면 충분히 분관을 운영해 볼 수 있다. 강의가 진행되는 단과대학이나 학과에서 도서관 직원이 일정 시간 동안 근무하도록 파견하면 된다. 그리고 여기에는 도서관 OPAC와 저널 데이터베이스를 이용할 수 있는 컴퓨터를 설치하면 된다. 도서관과 떨어진 강의실에서도 이용자들이 필요한 자료를 검색·신청·전달·반납할 수 있도록 효과적인 문헌 복사 서비스 시스템을 구축해야 한다.

각 학과에 파견된 사서들에게는 학생과 교수들에게 필요한 자료를 제공할 수 있도록 도서관 운영 시스템의 대출 및 상호대차 업무에 대한 권한을 부여해야 한다. 지정 도서 규모가 별로 크지 않다면 도서관이 아닌 각 학과나 대학교에서도 충분히 원격으로 관리할 수 있다. 그리고 전자 자료는 어디서든지 접근이 가능하다. 한편 학과 전담 사서들에게는 다른 동료 사서들과의 유대감이나 동질성을 느낄 수 있도록 관내 업무도 함께 배정하는 것이 좋다. 가령 참고 데스크 담당자와 업무상 주고받는 인스턴트 메시지는 사서로서의 정체성을 잊지 않도록 도와줄 수 있다.

예를 들어 여러분이 간호대학에 학과 전담 서비스 부스를 만들고 담당 직원을 지정하게 되었다고 가정해 보자. 평소 간호학과 학생들은 도서관을 적극적으로 이용하는 편인데, 학과 전담 서비스를 실시하면 학생들의 관심과 도서관 이용이 급격하게 증가할 수 있다. 이러한 결과에 대해 학내 의사결정 관계자에게 도서관 서비스라는 점을 분명히 인식시키는 것도 중요하다. 대학도서관의 앞날이 불확실한 시기에는 더더욱 그렇다. 기회가 될 때마다 도서관 서비스를 자랑하고 도서관 통계에 포함시키는 것이 좋다. 또 학과 전담 사서가 근무하는 공간을 멀리서도 알아볼 수 있도록 도서관 안내판을 준비해서 걸어놓고, 도서관 홍보 자료를 충분히 비치해 놓아야 한다. 한편 학과 전담 사서가 자신의 정체성을 잃지 않도록 도서관에서 근무하는 시간을 정규화해 놓는 것도 중요하다.

성인 대학생을 위한 컴퓨터 워크숍

40세 이상의 학생이나 교수라면 어린 시절 집에 컴퓨터가 없었을 가능성이 크다. 혹은 컴퓨터는 대중화되었지만 사용할 기회가 그리 많지 않았거나 이메일이나 문서 작성 정도로만 활용하는 이들도 많은 편이다. 앞으로는 학생들에게 더 많은 컴퓨터 실력이 필요하다는 점은 모두가 공감하는 바이다. 교수들 역시 마찬가지로 강의나 연구 활동에 컴퓨터를 활용하면 더 긍정적인 결과를 산출할 수 있다. 연령대가 높은 이용자를 위해서는 어린 학생들과 함께 별도의 소규모 그룹을 만들어 편안하고 안정된 분위기에서 교육을 진행하는 편이 더 효과적이다.

교수와 사서의 협동수업

효과적인 정보 리터러시 프로그램들의 공통된 특징 가운데 하나는 유연성이다. 일반적으로 교수들은 각자의 전공 분야에 따라 도서관을 이용하는 방법이 다르다. 그런데 정보 리터러시 교육을 담당하는 사서들이 이를 제대로 파악하지 못하는 경우가 있다. 하지만 교수와 사서가 서로 협력할 수 있는 기회가 생긴다면 서로의 세계를 이해하는 데 많은 도움이 될 것이다. 또 학생들에게는 도서관이 대학교의 중요한 구성 요소임을 알려줄 수 있는 기회로 작용할 것이다.

근로학생에게 책임감 부여하기

대학도서관의 원활한 운영을 위해 근로학생의 관리와 교육은 매우 중요하다. 사람들은 누구나 자신이 책임감을 느끼는 일에 최선을 다하는 경향이 있다. 그래서 자신에게 책임이 없다고 생각하는 일은 오히려 소홀하게 처리하기 쉽다. 근로학생들에게 각자의 역할을 부여하는 것은 쉽지 않지만 이들의 책임 사항이 분명하다면 훨씬 효과적으로 관리할 수 있다. 만약 근로학생의 업무 중 제대로 마무리가 안 된 것이 발견된다면 그것은 근로학생 전체가 아닌 특정 근로학생 개인의 문제다. 도서관 내 특정 구역을 근로학생에게 맡길 수 있다면 특히 효과적이다. 서가를 정리하고 바닥에 떨어진 종이를 줍거나 이용자를 도와주면서 근로학생은 자신이 맡은 영역을 책임감 있게 관리할 수 있다. 한편 필요한 책을 직접 찾을 수 없는 이용자들을 위해 전화나 이메일로 필요한 자료를 신청할 수 있는 서비스를 근로학생과 사서가 함께 운영할 수 있다. 근로학생은 이용자가 신청한 자료를 서가에서 찾아오고, 신청한 이용자는 도서관 안내 데스크에 잠시 들러 요청한 자료를 받아갈 수 있다. 이러한 서비스를 근로학생과 함께 운영하기 위해서는 상당한 계획과 훈련이 필요하다. 하지만 제대로 해낼 수 있다면 대내외적으로 긍정적인 평가와 상당한 호응을 얻어낼 수 있을 것이다.

이용자 지원을 위한 도서관 순회 직원 운영

"찾으시는 물건이 있나요?" 고급 쇼핑 매장을 찾은 손님에게 직원들은 이렇게 다가간다. 마침 찾는 물건이 있는 손님이라면 직원에게 자신이 필요한 내용을 설명하면서 도움을 요청할 수 있다. 간혹 귀찮게 느껴지는 경우도 있지만 자신의 요구에 귀 기울여 집중하는 직원 덕분에 손님들은 매장에 대한 긍정적인 인상을 가질 수 있다. 손님 입장에서 이러한 도움은 시간을 절약할 수 있을 뿐 아니라 원하는 물건을 발견할 가능성도 그만큼 커질 수 있다. 도서관의 문제를 순회 사서가 가장 먼저 발견하는 경우도 이와 비슷한 방식이다. 직원이 직접 발견하거나 혹은 이용자가 알려주는 경우도 있다. 한편 도서관을 배경으로 하는 문학 작품이나 소설에 자주 등장하는 사서 역시 순회 참고사서roving reference librarian라고 할 수 있다. 이용자 서비스 부서에서 근무하는 직원이라면 누구든지 도서관을 순회할 수 있다. 그중에서도 컴퓨터 기사는 이용자들에게 가장 인기가 높은 순회 사서다.

도서관 친구들Friends of the Library 자원봉사 모임 운영

앞에서도 지적했지만, 대학도서관에 근무하는 직원 수는 감소하고 있지만 물리적인 공간은 계속해서 증가하고 있다. 그동안 '도서관 친구들'은 주로 공공도서관에서 운영되었다. 하지만 대학도서관에서도 그 이상의 효과를 기대할 수 있다고 생각한다. "무엇을 도와드릴까요?"라는 문구가 새겨진 커다란 배지를 가슴에 달고 안내 데스크 업무를 지원하거나 도서관을 순회하면서 이용자를 지원하는 자원봉사 모임을 운영해 보면 어떨까? 그동안 '도서관 친구들'의 대표적인 활동은 '기금 모금'이었지만, 대학도서관에서는 도서관 직원의 존재감을 강화하고 확대하는 방향이 더 유용할 수 있다. 말하자면, 이용자에게 적극적으로 도서관을 안내하고, 도서관 문제점을 찾아 알려줌으로써 도서관 직원의 뚜렷한 존재감을 발휘할 수 있을 것이다.

대학원생 전담 서비스

도서관에 근무하는 모든 사서가 대학원생들에게 필요한 서비스를 제공하기란 쉽지 않다. 그보다는 대학원생의 요구를 충분히 이해할 수 있는 도서관 직원을 연결시켜 개별화된 서비스를 제공하는 편이 훨씬 효과적이다. 대학원생 지원을 위한 안내 전화를 개설하고 홈페이지에도 관련 메뉴를 추가해 운영할 수 있다. 그밖에 학생들이 어디서든 이용할 수 있도록 실시간 대화방을 개설하거나 인스턴트 메신저를 이용하는 것도 좋다. 또, 여력이 된다면 대학원생 전담 사서를 운영해 보는 것도 유용하다.

야간·주말 근무 직원에 대한 재고

직원들이 대부분 퇴근하는 저녁 시간에 도서관을 찾는 이용자들은 근로학생의 응대를 받을 수밖에 없다. 대학도서관마다 학생들의 이용 패턴은 조금씩 다를 수 있지만 도서관 직원 수가 적을수록 근로학생이 응대해야 하는 이용자 수가 늘어나는 것은 당연하다. 하지만 이용자들은 도서관 직원이 어떤 수준의 서비스를 제공하고 있는지 별로 관심이 없다. 도서관에서 직원보다 근로학생이 훨씬 더 자주 보이는 것 같으니 직원들에게 주는 월급이 아깝다고 생각할 수도 있다. 대부분의 경우 직원들의 근무 시간을 똑같이 배분하는 것은 가능하다. 도서관 서비스 확대의 차원에서 야간이나 주말 근무 시간을 늘려보는 건 어떨까? 물론 직원들의 수고는 늘어날 수 있다. 만약 개인적인 사정을 앞세워 직원들이 반대한다면 도서관 이용자들의 불편은 절대로 개선되지 않을 것이다.

도서관 서비스의 세부 조정

학내 구성원들이 원하는 서비스가 무엇인지 사서들이 함께 고민하고 의견을 나누는 시간이 필요하다. 무엇보다 도서 대출과 같은 전통적인 도서관 서비스 이용률이 계속해서 감소하고 있기 때문이다. 다음은 최근 대학도서관에서 새롭게 시행하고 있는 서비스들이다.

웹마스터 교육

웹사이트 구축이나 운영과 관련해 많은 대학교에서 학생들에게 서버 공간을 제공하고 있다. 그렇다면 도서관에서는 웹 개발이나 웹사이트 디자인을 위해 필요한 프로그램을 준비해 보면 어떨까? 프로그램이 필요한 학생들이 자유롭게 이용할 수 있도록 전용 컴퓨터를 마련하는 것도 좋다. 그런데 일부 학생들을 제외한 대부분은 웹 제작 프로그램 사용이 익숙하지 않아 도움을 요청할 수 있으므로 담당 직원은 웹 구축과 관련한 기본적인 지식 정도는 익혀놓을 필요가 있다.

이용자들의 참여나 반응이 예상보다 훨씬 좋다면 웹마스터를 위한 워크숍 운영도 생각해 볼 수 있다. 이 경우 도서관의 웹제작 프로그램은 워크숍 수강생들만 사용할 수 있도록 제한적으로 운영하는 것이 좋다.

원격학습 프로그램 지원

    많은 대학교에서 원격학습distance education 과정을 확대해 가고 있으며, 학위 취득을 위해 원격학습에 참여하는 학생들의 수도 점점 늘어나고 있다. 이는 도서관 입장에서 새로운 서비스를 확대할 수 있는 절호의 기회라고 할 수 있다. 하지만 원거리 수강생들은 도서관 서비스를 거의 이용하지 않고 있다. 도서관에서 이들에게 제공하는 서비스 역시 수강생이 거주하는 지역의 공공도서관이나 대학교로 약간의 강의 자료를 제공하거나 강사에게 책을 부치는 정도가 전부다. 도서관 홈페이지에는 원거리 수강생들의 도서관 이용과 관련한 안내문을 고지하고는 있지만 실제 이들에게는 훨씬 더 많은 도서관 서비스가 필요하다.

    우리는 앞에서 임베디드 사서가 일반적인 강의와 온라인 강의에 참여할 수 있는 방안을 살펴봤다. 이번에는 원격 학습자를 효과적으로 지원할 수 있는 방법을 알아보자. 무엇보다 이들은 고립되어 있다는 점을 주목해야 한다. 원거리 수강생은 담당 교수나 동료 학생 간의 일상적인 상호작용이 일반 학생에 비해 부족하다. 혼자서 책을 읽고 이해하며 과제물을 작성하는 식으로 학습을 진행하다 보면 간혹 일반 학생들이 쉽게 이해할 수 있는 내용을 원거리 학생들은 어렵게 받아들이는 경우가 있다.

    이때 인스턴트 메신저를 활용해서 원거리 학생의 도서관 이용을 지원해 보는 건 어떨까? 수강생 가운데 성인 대학생의 비율이 다소 높긴 하지만, 인스턴트 메신저는 누구나 쉽게 사용할 수 있으므로 괜찮을 것이라 생각한다. OPAC에서 자료를 검색하는 방법에서부터 강의 자료로 지정해 놓은 저널 기사를 찾는 방법, 연구 논문을 위해 참고할 수 있는 자료에 이르기까지 원거리 학생은 도서관 이용에 관한 내용을 메신저를 통해 묻고 이에 대한 답변을 확인할 수 있다. 원거리 학생들의 문의사항에 대해서는 답변 제공이 지연되지 않도록 담당 직원 배치에 신경을 써야 한다. 원거리 학생들에게는 물리적인 도서관을 직접 찾아가기는 어렵지만 자신들을 도와주는 누군가가 도서관에 항상 있다는 믿음을 심어주는 것이 중요하다.

도서관의 셀프 서비스

도서관 직원의 도움이 없더라도 이용자 스스로 이용할 수 있는 도서관 서비스가 계속해서 늘어나고 있다. 예를 들어 무인대출반납기를 사용하면 도서관 자료를 빌리거나 반납할 수 있다. 그리고 도서관 홈페이지에 접속하면 대출 기간을 연장하거나 본인의 대출 기록을 확인할 수 있으며 상호대차 서비스도 신청할 수 있다. 직원의 개입 없이 스스로 도서관 서비스를 활용할 수 있음을 반기는 이용자도 있지만 이로 인해 발생할 수 있는 부정적인 측면도 있다. 도서관 직원과의 직접적인 교류가 사라지면서 학생이나 교수들은 도서관을 직원이 없는 창고로 인식할 수 있다는 점이다. 그런데 사서들이 수행하는 리서치는 단순한 구글 검색과는 분명 차이가 있다. 지식 체계에 대한 상당한 이해가 필요하며, 나름의 경험과 기술이 요구되는 업무라고 할 수 있다. 한편 사서들은 이러한 점을 이용자들이 알아주기를 바라고 있다. 이와 같은 관점에서 자신이 쌓아온 지식과 경험을 기꺼이 나누고자 하는 사서는 리서치 전문가라고 할 수 있다.

직원의 개입 없이 이용자 스스로 도서관을 이용한다는 것은 이용자와 직원 사이의 의사소통이나 상호작용이 그만큼 감소하는 것을 의미한다. 그렇다면 도서관 직원과 이용자 간에 사라진 직접적인 교류를 어떻게 대처해야 할까? 단순히 책을 빌려주고 반납 받는 일상적인 업무를 사서가 굳이 할 필요가 없다면 이용자와 소통하고 교류할 수 있는 새로운 업무를 만들어야 한다.

도서관 영상물 제작

쉽지는 않겠지만 도서관 리터러시와 관련된 영상물을 만들어보는 것도 유용하다. 관련 학과나 교내 방송국의 협조와 지원을 받기 어렵다면 오디오 프로그램으로 변경하는 것도 괜찮다. 영상 제작 과정에서 이용자가 흥미와 관심을 가질 만한 주제를 선정하는 일은 매우 중요하다. 따라서 정보 제공에 치중되지 않도록 적당히 오락적인 요소를 추가하는 것이 효과적이다. 강의나 특정 교과목에 활용되는 자료가 아니라면 더더욱 그렇다.

이번 장을 읽으면서 여러분은 어쩌면 이런 생각을 했을지도 모른다. 너무 비현실적이라든지 혹은 여러분 도서관에서는 절대 시도해볼 수 없는 프로그램이라고 말이다. 우리 대학교에는 교내 방송국이 없어서, 또는 직원 수가 부족하기 때문에 새로운 서비스를 계획하거나 실시하는 것은 무리라고 판단할 수 있다. 이에 반해 대학도서관을 관리하는 의사결정권자들은 도서관 운영에 필요한 예산과 인력에 대해 전혀 모르는 경우가 많다. 시간이 흐르면서 사서들의 태도는 점점 방어적으로 변해가고 있다. 도서관 상황을 전혀 모르는 대학교 관계자가 던지는 아이디어에 대해 이제는 전과 다른 반응을 보여주면 어떨까? 이렇게 말이다. "글쎄요, 지금 당장은 어렵겠지만 직무기술서를 조금 수정하고 예산이 조금 더 늘어난다면 가능할지도 모르겠습니다." 도서관 외부의 목소리에 대해 긍정적인 자세로 관심을 갖고 듣는 태도가 중요하다. 어쩌면 여기서부터 모든 것이 가능해질 수 있다.

참고자료(Resources)

- Acker, Stephen R. and Michael D. Miller. 2005. "Campus Learning Spaces: Investing in How Students Learn." *EDUCAUSE Research Bulletin*, No.8(April 12, 2005), EDUCAUSE Center for Applied Research.

- Association of Research Libraries. 2004. "Service Trends in ARL Libraries, 1991-2003." In *ARL Statistics 2002-03: A Compilation of Statistics from the One Hundred and Twenty-Three Members of the Association of Research Libraries*. Washington D.C.: Association of Research Libraries. https://files.eric.ed.gov/fulltext/ED498291.pdf

- Oblinger, Diana. 2003. "Boomers, Gen-Xers, and Millennials: Understanding the New Students." *EDUCAUSE Review*, Vol.38, No.4(July/August). www.educause.edu/ir/library/pdf/ERM0342.pdf

제7장

대학도서관 혁신의 시작

지난 10년 동안 대학도서관 사서들은 학내 구성원에게 인포메이션 커먼스 개념을 알리기 위해 열심히 노력했다. 앞에서도 살펴봤듯이 커먼스는 원래 지역사회에서 공동으로 관리하는 토지를 의미했다. 이에 반해 최근 대학도서관의 인기 아이템으로 떠오르고 있는 인포메이션 커먼스는 학내 구성원들이 첨단 기술을 직접 체험하고 공유할 수 있도록 컴퓨터를 비롯한 다양한 정보기기와 통신장비 등을 갖추고 있는 학습 공간을 가리킨다. 대학도서관마다 커먼스의 물리적 구성이나 운영 방식은 조금씩 차이가 있지만 이용자들 스스로 필요한 정보를 찾아서 활용할 수 있는 별도의 공간을 제공한다는 본래의 취지 면에서는 공통점을 찾을 수 있다.

인포메이션 커먼스의 디자인

인포메이션 커먼스에서는 학생 개개인이 하드웨어와 소프트웨어, 전자 정보원 등을 편리하게 이용할 수 있도록 지원해야 한다. 평소에 접하기 힘들었던 고가의 장비도 커먼스에서는 직접 체험할 수 있으며 간단한 활용법도 익힐 수 있다. 필요한 경우 직원에게 지원을 요청하거나 다양한 종류의 정보원도 함께 사용할 수 있다. 또, 계획에서부터 실행에 이르기까지 프로젝트의 전 과정을 진행해 보는 것도 가능하다. 여러 사람들이 함께 이용하는 공간인 만큼 계획 단계부터 '공동작업'과 '협의'에 대한 충분한 고려가 필요하며, 가구 배치와 소프트웨어 확보에도 신경을 써야 한다. 최근 들어 인포메이션 커먼스와 유사한 서비스를 제공하는 대학도서관이 눈에 띄게 늘어나고 있는데, 소규모 대학도서관 역시 비슷한 상황이다.

진화하는 대학도서관

대학도서관 이용자 관점

만약 학생들이 도서관 디자인에 참여한다면 어떨까? 최첨단 신기술을 마음껏 적용한 기술 친화적인 도서관이 만들어질까? 도서관을 이용하는 학생들에게 가장 중요한 것은 각자의 니즈이다. 학생들은 도서관에 아무리 많은 자원이 있더라도 자신이 직접 사용할 수 있어야만 유용하고 적합하다고 생각한다. 다시 말해 각자의 프로젝트를 준비하거나 과제 또는 보고서를 작성하기 위해 도서관 자료를 활용하는 것처럼 자신의 대학교 생활과 직접적인 연관이 있어야 한다.

그렇다면 학생들에게 인기가 없는 도서관 공간은 어디일까? 컴퓨터 랩실이 여기에 해당할 것이다. 일부 대학도서관 중에는 과거 컴퓨터 랩실로 이용했던 공간을 '인포메이션 커먼스'로 이름만 바꿔서 운영하는 곳이 있다. 대학교 캠퍼스에 컴퓨터 랩실은 꽤 오래전에 등장했지만 공간의 의미나 기능은 별로 달라지지 않았다. 게다가 강의실로 자주 활용되면서 제한된 공간에 많은 학생과 장비를 수용하는 일이 중요해졌다. 어쨌든 랩실은 많은 수량의 컴퓨터를 손쉽게 관리하고 감독할 수 있는 방법이라고 할 수 있다. 랩실에서 강의를 진행하는 교수들 역시 동일한 기종의 많은 컴퓨터를 동일하게 세팅해 관리하는 방식을 선호했다. 이와 같은 획일적인 분위기는 컴퓨터가 처음 등장했던 시절의 제한된 기술 수준과도 관련이 있지만, 그보다는 과거에 언급되었던 불편한 상황이나 문제점들이 아직도 개선되지 못한 상태로 여전히 이어져 오고 있는 것이 더 문제이다.

개인적인 경험을 덧붙이자면 왼손잡이인 나는 마우스 버튼을 누를 때마다 항상 불편했다. 컴퓨터 마우스는 오른손 사용자 위주로 만들어졌기 때문에 어쩔 수 없이 오른손으로 사용하고 있다. 컴퓨터 마우스는 꽤 오래전에 만들어졌지만 지금까지 이에 대한 개선은 이루어지고 있지 않다.

그런데 컴퓨터 랩실에서는 정말 컴퓨터만 사용해야 할까? 어떤 곳을 가보더라도 컴퓨터 랩실에 있는 책상은 올려놓은 가방이나 책이 자주 떨어질 정도로 좁고 불편했다. 이처럼 이용자 입장에서 랩실은 불편한 점이 많지만 관리자 입장에서는 효율적인 공간 관리와 운영이 가능하다. 그리고 상당수 대학도서관에서 이용자에게 불친절한 랩실을 여전히 운영하고 있는 중이다. 과거에 비해 공간은 훨씬 넓어지고 최신 컴퓨터 장비도 구비되어 있지만 도서관에서 컴퓨터를 사용할 수 있는 공간은 여전히 복잡하다. 도서관에서도 이러한 점은 충분히 파악하고 있지만 학생들의 쾌적함이나 편리함은 여전히 고려하지 못하고 있다. 넓은 공간을 선호하는 학생들에게 컴퓨터 랩실의 책상은 좁고 불편하다. 만약 노트북까지 들고 온 학생이라면 더욱 비좁을 수밖에 없다. 각자의 책이나 노트, 복사물 등을 함께 올려놓을 수 있을 정도의 공간은 제공되어야 한다. 학생 한 명이 발밑에 책을 잔뜩 쌓아놓은 채 컴퓨터 작업에 열중하고 있다. 자신의 배낭이 옆에 앉은 학생의 자리로 굴러가 버렸지만 아직 모르는 눈치이다. 그런데 이 학생이 의자에서 일어나려는 순간 바닥에 쌓아두었던 책 더미가 갑자기 와르르 무너져 버렸다. 당황한 학생은 주위 사람들에게 방해가 되지 않도록 주섬주섬 책을 챙긴 뒤 다시 하던 작업을 계속해 나갔다.

인포메이션 커먼스 계획

몇 년 전 특정 대학도서관의 인포메이션 커먼스 구축 사례가 도서관 분야 학술지에 자주 등장했다. 초기 계획부터 구축에 이르기까지 참여와 실무를 담당했던 직원 두 명이 그간의 과정을 정리해서 발표했다. 그리고 담당 직원들은 이 덕분에 정년을 보장받았다는 얘기를 전해 들었다. 이 대학교에서는 2년에 걸쳐 인포메이션 커먼스를 구축했는데, 여기에는 도서관 직원뿐 아니라 학내의 다양한 전문가들도 함께 참여했다. 그런데 신기하게도 작업이 완료되기도 전에 중간보고서와 최종보고서가 발표되었다. 보고서 내용만으로 보자면 전문가 수준에 가까울 만큼 훌륭했지만 실제 구축된 인포메이션 커먼스는 매우 실망스러웠다. 무엇보다 예상 이용자 수치가 많이 빗나갔으며, 인포메이션 커먼스에 비치한 장비는 30년 전 랩실에나 어울릴 것 같았다. 컴퓨터 책상이 그나마 조금 넓어지긴 했지만 요즘 유행과는 거리가 멀었다.

회의에 직접 참석하지는 않았지만 직원들의 인터뷰 내용이나 그간의 대학도서관 경험으로 미루어봤을 때 대강의 진행 상황을 추측할 수 있었다. 그 작업에는 다양한 분야의 관계자들이 참여했지만 수적으로 열세였던 컴퓨터 분야 전문가들의 의견은 무시되거나 영향력을 제대로 발휘하지 못했다. 학내 구성원의 다양한 의견을 반영하기 위해 직원과 학생들도 회의에 함께 참여했지만 시간이 지날수록 지루한 회의 진행과 빈번한 논쟁으로 인해 불참하는 이들이 많아졌다. 일반적으로 회의란 구성원들 간의 의견 차이를 조율해나가는 과정이라고 할 수 있다. 그런데 이 도서관에서는 논쟁이 될 만한 요소를 미리 제거함으로써 갈등 상황을 해결하려고 했다. 게다가 실무 경험이 부족한 담당자는 비싼 것이 좋은 품질을 보장한다고 믿었으며, 함께 참여했던 전문가들 역시 개인적으로 관심이나 흥미가 있는 장비를 구입하는 데 적극적이었다고 한다.

이용자의 컴퓨터 이용 방법

인포메이션 커먼스를 구축하고 운영할 때 학내 구성원의 의견을 반영하는 것은 매우 중요하다. 이는 도서관에서 학생들을 대상으로 설문조사를 실시하는 이유이기도 한다. 그밖에 교내 소프트웨어 보유 현황을 확인하거나 도서관 외부 관계자의 의견을 참고하는 것도 유용하다. 그런데 도서관에서는 인포메이션 커먼스를 '어떻게' 운영할지 보다는 '무엇'으로 채울지에 대해서만 관심이 있는 것 같다. 커먼스 구축과 관련한 설문 결과 분석이나 사전조사 내용을 살펴보면 대학도서관의 핵심 이용자인 학생들의 인포메이션 커먼스 활용 방안은 빠진 채 단순히 소프트웨어 리스트나 하드웨어 사양만을 열거한 경우가 많기 때문이다.

학생들에게 가장 일반적인 인포메이션 커먼스 사진을 보여주고 의견을 들어보는 것도 좋다. "최신형 컴퓨터와 평면 모니터 모두 좋은데, 모니터 위에 붙어 있는 '다운로드 금지' 표시는 뭔가요? 제가 열심히 찾아놓은 저널 기사를 저장할 수 없다면 정말 짜증날 것 같아요." "노트북 배터리나 스마트폰을 좀 더 편하게 충전할 수 있으면 좋겠어요." 학생들의 의견을 참고할 수 있는 질의 내용을 준비한다면 학부생 대상 포커스그룹에서도 유용한 의견을 충분히 얻을 수 있다. 예를 들어 상당히 높은 수준의 복잡한 통계 프로그램이 필요한 대학원생이 있다고 가정해 보자. 만약 설문조사를 활용한다면 어떤 강의를 수강하고 있는 학생이 요청한 프로그램이라는 정도만 확인할 수 있을 것이다. 그런데 이 학생은 통계 프로그램을 어떻게 사용하고 있을까? 혹시 집에서는 다른 프로그램을 사용하고 있지 않을까? 또, 이와 관련한 교육을 받아본 적은 있을까? 통계 프로그램에 입력한 데이터는 웹상에서 확인할 수 있을까, 아니면 별개의 자료를 항상 가지고 다녀야 할까? 그리고 데이터 아카이브는 자유롭게 이용할 수 있을까, 아니면 도서관에서 별도의 조치가 있어야만 가능할까?

교수들을 대상으로 실시한 설문 결과만을 놓고 본다면 학생들이 상당한 수준의 컴퓨터 프로그램을 이용한다고 짐작할 수 있다. 하지만 실제 학생들은 기본적인 프로그램을 가장 많이 사용한다. 대학도서관의 인포메이션 커먼스는 컴퓨터 초보자부터 간단한 문서 작성이나 이메일 정도만 사용하는 이용자, 그리고 컴퓨터 활용 능력이 높은 이들까지 모두 수용할 수 있어야 한다. 요약하면 대학도서관에서 인포메이션 커먼스를 운영하는 목적은 학내 다양한 구성원들이 각자 원하는 결과물을 생산할 수 있도록 적절한 지원을 제공하는 데 있다.

도서관의 지원

학과 차원에서 구매하기 부담스러운 고가의 소프트웨어가 있다면, 이를 이용하기에 가장 적당한 장소는 인포메이션 커먼스다. 그런데 이런 프로그램들은 대개 고도로 전문적이거나 복잡하기 때문에 사용하기가 어렵다. 커먼스에 비치된 많은 프로그램을 도서관에서는 어떻게 관리해야 할까? 직원들이 모든 프로그램을 직접 익히고 능숙하게 다룰 수는 없다. 그럼에도 학생들이 물어보고 도움을 청할 수 있는 사람은 결국 도서관 직원밖에 없으므로 도서관에서는 이에 대한 대비책을 마련해야 한다. 신규 소프트웨어 구입을 계획하고 있다면 사용법과 발생 가능한 문제점에 대해서도 고려해야 한다.

프로그램에 수록된 사용지침서나 핸드북, DVD로 제작된 교육 프로그램, 온라인 도움말, 직원의 대면 지원 모두 도서관에서 이용자에게 제공하고 있다. 하지만 인포메이션 커먼스가 제 기능을 다하려면 이러한 자료는 이용하기 편리한 곳에 비치하는 것이 좋다. 또, 커먼스를 담당하는 직원들은 이용자의 니즈나 수준에 따라 적절한 해결책을 제시할 수 있어야 한다. SPSS Statistical Package for the Social Science[*] 프로그램의 복잡한 특성까지 모두 이해하기는 어렵지만 이용자에게 적절한 매뉴얼이나 책자 정도는 제공할 수 있어야 한다. 그런데 컴퓨터 사용이 능숙한 이용자들은 매뉴얼만으로도 충분하지만 컴퓨터 사용이 익숙하지 않은 이용자들에게는 어려울 수 있으므로 이에 대한 고려가 필요하다.

새로운 인포메이션 커먼스를 방문할 기회가 있을 때마다 컴퓨터에는 어떤 프로그램이 설치되어 있는지, 관련 매뉴얼이나 사용지침서, 안내 책자 등을 함께 구비하고 있는지 눈여겨 살펴봤다. 그런데 제대로 준비를 갖추지 않은 채 운영하고 있는 커먼스도 일부 있었다. 예를 들어 초보자를 위한 『더미 시리즈Dummies Series』[**]는 도서관마다 소장하고 있었지만 인포메이션 커먼스보다는 일반 서가에 비치하고 있는 도서관이 훨씬 많았다. 관련 인쇄 자료를 커먼스 내에 함께 비치하려는 시도가 있었지만 대부분 형식적인 수준에 그쳤다. 컴퓨터에는 소프트웨어의 신규 버전을 설치했지만 정작 커먼스 내에는 구 버전의 매뉴얼이나 단행본 등을 비치하고 있는 도서관도 많았다.

---

[*] [옮긴이] 사회과학 분야의 통계적 분석과 데이터 마이닝 등에 사용되는 통계 분석 프로그램 모음이다.
[**] [옮긴이] 초보자를 위한 실용 안내서로 잘 알려져 있으며 다양한 주제와 분야를 대상으로 한다. 한국에서는 『더미에게 물어봐!』라는 제목으로 2011년부터 발행되고 있다.

인포메이션 커먼스 장비 예산

대학도서관 한 곳을 둘러보던 중 최근에 리모델링을 마친 인포메이션 커먼스의 장비 구입 예산을 우연히 보게 되었다. 무엇보다 컴퓨터 가격대가 예상보다 훨씬 저렴해서 조금 놀랐다. 일반적인 용도로 사용하는 컴퓨터를 고르는 일은 특별히 어렵지 않다. 대개는 브랜드 인지도나 A/S 이용이 편리한 제품을 고르면 된다. 좀 더 세부적으로 보자면 최신 운영체제, 넉넉한 용량의 하드디스크 드라이브와 램, 컴퓨터 속도, 내구성 등을 점검할 수 있다. 그리고 마지막으로 각자의 예산에 적당한 컴퓨터 가격을 비교해서 구입하면 된다. 물론 전문적인 용도로 사용하는 컴퓨터를 구입한다면 고려할 기준이 훨씬 많겠지만 인터넷 접속이나 MS오피스와 같은 소프트웨어 사용은 일반적인 컴퓨터에서도 충분히 가능하다.

앞서 소개했던 대학도서관 사례와 마찬가지로 이 커먼스에서도 비용 문제를 사전에 충분히 고려하지 못했는데, 단가 상승까지 겹치는 바람에 구입할 수 있는 장비 수량이 대폭 축소되었다. 결과적으로 커먼스는 늘 혼잡했으며 학생들은 컴퓨터를 사용하기 줄을 서서 기다려야 했다. 그런데 커먼스에 비치된 컴퓨터의 구입 가격을 확인해 보니 두 배 정도가 비쌌다. 혹시나 컴퓨터 구매와 관련해 별도의 제한 사항이 있었는지 직원들에게 알아보았지만 별다른 내용은 없었다. 도서관에서 발표한 커먼스 리모델링 관련 보고서에는 장비 구입을 위해 충분한 시장 조사와 가격 비교를 실시했다고 나와 있었다.

컴퓨터 구입에 지출한 금액으로 현재 비치하고 있는 컴퓨터 대수의 절반 정도는 더 구입할 수 있었다. 예를 들어 40대를 구입했다면 60대 정도는 충분히 확보할 수 있었다. 다시 말해 현재 도서관 이용자 절반 정도의 인원이 충분히 커먼스를 이용할 수 있었다. 도서관에서 조금만 더 신경 쓰고 주의했더라면 이런 결과는 충분히 막을 수 있었다. 컴퓨터 구매에서 신뢰성은 분명히 중요한 조건이지만 대부분의 컴퓨터 브랜드는 꽤 믿을 만한 편이다. 결과적으로 이 도서관에서는 충분히 확보할 수 있었던 넉넉한 용량의 하드디스크 드라이브 공간을 놓쳐버린 셈이다. 안타깝게도 지나친 완벽주의는 합리적인 의사결정을 진행하는 데 방해가 될 수 있으며, 정말 중요한 것이 무엇인지 제대로 보지 못하는 경우가 있다. 이 커먼스의 사례 역시 마찬가지라고 생각한다. 커먼스는 학생들에게 인기가 많은 장소이므로 되도록 많은 인원을 수용하는 것이 가장 우선임을 파악했어야 했다. 더불어 특별한 사양의 컴퓨터보다는 학생들의 니즈를 고려해서 반영할 필요가 있었다. 하지만 보고서를 여러 번 읽어보아도 이러한 점을 고려했던 흔적은 전혀 보이지 않았다.

최신 기술

도서관의 컴퓨터 구입과 관련해서 개인적으로 후회로 남는 일이 있다. 도서관 직원 가운데 유난히 최신형 컴퓨터를 고집하던 기사가 있었는데, 이 직원은 최신형 컴퓨터만 있으면 도서관의 크고 작은 문제들이 자연스레 해결될 거라 자신 있게 주장했다. 결국 도서관에서는 이러한 분위기에 이끌려 컴퓨터 기사가 추천하는 최신 기종의 컴퓨터를 구매하게 되었다. 당시 나는 반대 의견을 제대로 표시하지는 못했지만, 그 사건을 계기로 표준화standardization의 필요성을 뒤늦게나마 깨달았다. 최신형 컴퓨터를 도서관에 설치하자마자 연이어 문제가 발생했다. 무엇보다 도서관에서 구입한 컴퓨터 기종을 다룰 수 있는 기술자를 찾기가 어려웠다. 게다가 무엇이든 기존과 다른 방식으로 진행되는 바람에 당황스러웠던 상황은 그 후에도 계속해서 이어졌다. 다른 기술과의 호환성 역시 문제가 무엇보다 대체 부품을 구하기가 어려웠다. 또, 기술 지원이 필요한 경우 도서관 직원의 능력으로는 감당하기 어려운 문제도 자주 발생했다. 이 사건을 계기로 도서관에서는 최신 컴퓨터를 불신하는 분위기가 생겨났다. 만약 컴퓨터 기사가 추천했던 최신 기종이 아닌 일반적인 컴퓨터를 구매했다면 도서관 예산을 더 효율적으로 집행할 수 있었을 것이다.

부족한 예산 때문에 어려움을 겪고 있는 도서관 상황에서 최첨단 정보기기를 모두 수용하기란 불가능하다. 또, 아무리 훌륭한 기능의 제품이라도 도서관이 나서서 얼리어댑터*를 자처할 필요는 없다. 왜 구입했을까 아무리 생각해도 도무지 알 수 없는 최첨단 장비들을 소중히 보관하고 있는 도서관이 실제로 많다. 학생들을 위해 이 정도 장비쯤은 있어야 한다는 교수의 주장이나 컴퓨터 잡지 기사를 눈여겨봤던 도서관 직원의 적극적인 추천으로 구입했을지도 모른다. 하지만 애초의 구입 목적이나 의도와는 별개로 구입한 장비를 사용하고 있지 않다면 분명 문제라고 할 수 있다. 커먼스를 계획하는 단계에서 과학기술 분야 교수진에게 자문을 구하는 것은 중요하다. 그렇지만 교수들에게 도서관이 산타클로스가 될 필요는 없다. 다시 말해 교수들이 개인적으로 갖고 싶었던 선물을 도서관이 나서서 나눠주는 식이 되어서는 안 된다. 따라서 도서관에서는 산타에게 보내는 편지와 같은 개인적인 요청이 아닌 합리적인 제안을 선별할 수 있어야 한다.

* [옮긴이] 다른 사람보다 먼저 새로운 제품을 접하고 구매해 평가를 내린 뒤 이를 주위에 알려주는 소비자를 말한다.

보안 문제와 유용성

인포메이션 커먼스의 원활한 운영을 위해 시스템 관리자는 반드시 필요하다. 기존의 고정관념을 고집하지 않는 진취적이며 유연한 사고가 가능한 인력을 확보하는 것이 중요하며, 상황에 따라 도서관 외부에서 찾아야 하는 경우도 있다. 여력이 된다면 시스템 관리자를 지원할 수 있는 보조 기사를 함께 배치하는 것이 좋다. 숙련된 시스템 관리자가 필요한 이유 중 하나는 컴퓨터와 네트워크의 보안 문제와 관련이 있다. 참고로 모든 기술 설비는 기능성과 보안이라는 이중의 우선순위를 해결하기 위해 노력하고 있다. 컴퓨터 분야 기사나 잡지를 읽다 보면 일반 이용자를 골칫거리라고 표현하는 경우가 있다. 이용자들은 어리석기 때문에 위험한 상황을 제대로 인식하지 못하고 무모하게 뛰어들 수 있으므로 엄격하게 통제해야만 시스템 다운을 막을 수 있다는 식이다.

컴퓨터 전문가들의 이러한 생각은 컴퓨터나 네트워크 세팅 과정에서도 드러난다. 컴퓨터 용도나 필수적인 사항은 파악하지 않은 채 가장 기본적인 이용자 권한만을 부여하는 식이다. 그리고 필요한 작업을 제대로 진행하기 어렵다고 불만을 제기한 직원에게는 다소 유연한 네트워크 환경을 제공한다. 누가 보더라도 시간 낭비가 분명하지만 어쨌든 이용자 입장에서 이 정도는 수용할 수 있다. 하지만 인포메이션 커먼스도 이런 식으로 관리해야 한다면 받아들이기 어렵다. 공공기술시설public technical facilities의 보안 문제가 중요하다는 점은 충분히 이해하지만 그렇다고 해서 이용자 권한을 이렇게 단순한 방식으로 할당하는 것은 적절하지 않다.

몇 년 전 내가 근무했던 도서관에서 있었던 일이다. 인포메이션 커먼스에서 MS오피스 프로그램을 사용하던 한 학생이 갑자기 도움을 요청했다. 마침 담당 직원이 자리를 비웠던 터라 남아 있던 근로학생이 혼자 이를 처리했다. 근로학생은 우선 도서관 직원에게 상황을 신속히 알리고 시스템 관리자를 호출했다. 간단한 문제처럼 보였지만 도서관에서는 아무도 해결하지 못했다. 얼마 후 도착한 기사는 문제가 발생한 컴퓨터를 살펴본 뒤 무심하게 말했다. "이 컴퓨터에서는 MS오피스 프로그램을 사용할 수 없습니다. 보안 규정 위반으로 발생한 문제입니다." 컴퓨터 기사의 어조에는 누구나 이 정도쯤은 알고 있어야 한다는 메시지가 담겨 있었다. 도서관 직원과 테크니컬 스태프technical staff의 관계가 항상 우호적이지 않다는 점은 충분히 알고 있었지만 더 이상 참을 수만은 없었다. 위에서 소개한 사례는 그 한계를 보여주는 실례라고 할 수 있다. 이날 문제가 되었던 특정 기능은 도서관에서 반드시 필요하지는 않지만 확실히 유용한 기능이기는 했다.

여러 번의 회의를 통해 그동안 논란이 되었던 보안과 관련한 의사결정을 진행한 담당자가 누구인지 밝혀졌으며 해당 내용을 직원들과 공유하지 않았다는 사실도 확인했다. 평소 컴퓨터 이용자는 신뢰할 수 없으므로 통제가 필요하다고 믿는 이 관리자에게 보안은 의사결정의 최우선 기준이었다. 물론 이렇게 진행된 의사결정 중에는 보안을 위해 반드시 필요한 부분도 있었지만 지나치게 편협한 기준을 적용하는 바람에 결국 이러한 상황을 초래하고 말았다. 더구나 이용자에 대한 부정적인 시각은 지나치게 보안만을 강조하게 만들었으며, 결국 많은 이용자들이 불편을 겪어야 했다. 이용자에게 좀 더 편리한 방향으로 보안상 문제를 해결할 수 있었지만, 이 관리자는 아예 시도조차 하지 않았다.

대학교 구성원들이 각자의 목표와 요구에 따라 가장 생산적인 방법으로 정보기술을 사용할 수 있는 공간을 제공하는 것이 커먼스를 운영하는 본래의 목적이다. 하지만 필요한 작업을 제대로 할 수 없기 때문에 커먼스를 비생산적인 공간이라고 생각한다면 이용자들은 더 이상 커먼스를 찾지 않을 것이다. 커먼스를 계획하는 단계에서 유독 컴퓨터 장비나 소프트웨어에 집중하는 경우가 많지만, 정작 이용자들은 커먼스에 구비된 다양한 자원을 제대로 활용하지 못한다. 마치 초대한 손님들에게 맛있는 음식을 보여주기만 하고 먹지 못하게 하는 잔인한 상황과 비슷하다고 할 수 있다. 안타깝게도 실제로 많은 인포메이션 커먼스에서 이런 식으로 이용자를 대하고 있다. 시스템 관리자의 지나친 우려 때문에 이용자들은 보안상의 제약을 받고 있으며 필요한 프로그램이나 기능을 제대고 사용하지 못하고 있다.

이에 반해, 이용자에 대한 고려와 관련 지식이 풍부한 직원은 시스템을 안전하게 유지할 뿐 아니라 이용자들이 필요한 기술을 제대로 활용할 수 있도록 도와준다. 예를 들어 도서관의 데스크톱 컴퓨터와 이용자 노트북 간에 정보 이동이 가능하다면 커먼스의 높은 생산성을 기대할 수 있다. 이용자에게 집중하는 직원과 기계에만 집중하는 직원 간에는 큰 차이가 있다. 그러나 기계에만 집중하는 직원은 정작 기계의 사용 방법이나 목적에 대해서 잘 모르는 경우가 많다.

앞서 언급했던 시스템 관리자 한 명 때문에 도서관 전체가 혼란을 겪어야만 했다. 이 직원은 최신 장비의 놀라운 성능과 도서관 이용자로 인해 겪고 있는 어려움을 항상 떠벌렸다. 도서관장 역시 최신 장비 구입을 고집하는 이 직원을 이해하기 어려웠다. 도서관 이용자에게는 분명 사용하기가 버거웠을 테니 말이다. 이 직원의 실력이 뛰어나긴 했지만 도서관에서는 채용하지 말았어야 했다. 인포메이션 커먼스 개발에 이러한 직원이 참여한다면 실제 이용자들이 하드웨어와 소

진화하는 대학도서관

프트웨어를 어떻게 이용하는지 제대로 파악하기 어렵다. 커먼스 개발을 완료하거나 신기술 도입에만 신경을 쏟는 바람에 사소한 디테일은 놓치기 때문이다. 이로 인해 기껏 준비한 컴퓨터 시설이 쓸모없어지는 경우도 있다. 예를 들어 이용자가 자료에 접근할 수 없도록 방화벽을 설치하거나 검색한 저널 기사를 저장할 수 없도록 컴퓨터를 잠가 놓은 경우가 여기에 해당한다.

인포메이션 커먼스와 대학교의 관료주의

대학도서관, 그중에서도 업무를 기획하는 부서의 경우, 세부적인 사항에 너무 집중한 나머지 타 부서의 존재를 미처 생각하지 못하는 바람에 학내 기술technology 관련 부서와 갈등을 빚는 경우가 종종 있다. 사실 조직 내에서 부서 간 갈등은 자연스러운 현상이다. 학내 특정 부서에 많은 예산이 집중되면 타 부서의 시기와 질투가 발생할 수 있다. 다음은 학내 네트워크를 관리하는 부서와 예상치 못한 갈등을 겪었던 대학도서관의 사례다. 도서관이 네트워크 보안을 허술하게 관리한 탓에 학내 전체 네트워크가 위험해졌다는 학내 정보기술부서의 발표로 갈등은 시작되었다. 이후 도서관 네트워크가 재개되기까지는 몇 주의 시간이 소요되었다. 사실 이러한 상황에 대한 책임이 도서관에만 있다고 단정하기는 어렵다. 또, 도서관과 정보기술부서 간의 갈등 원인이 과연 보안 문제 때문인지 명확하지 않았다. 하지만 교내 타부서의 미움과 질시는 도서관에서 조금만 더 정치적으로 기민하게 대처했더라면 충분히 막을 수 있었다. 도서관 관장이나 관리자에게는 이런 종류의 부서 간 다툼이 익숙하지만 행정 관료주의를 경험하지 못한 직원들은 이해하기 어려울 수 있다.

이러한 문제가 발생하지 않도록 도서관 계획 단계에 타 부서 구성원을 포함시키는 것도 효과적인 방법 가운데 하나이지만 규모가 커지고 복잡해질 수 있다는 단점도 있다. 그보다는 타 부서 구성원에게 특정 회의에 참석해 달라고 요청하는 편이 더 유용할 수 있다. 그런데 도서관과 이해관계가 전혀 없는 직원이라면 회의 내용이 지루할 수 있으므로 회의 참석을 게을리 할 수도 있다. 이와 관련하여 학내 전산 담당 직원 한 명이 도서관 회의에 제대로 참석하지 않아 시끄러웠던 얘기를 들었다. 도서관에서는 이 직원이 나타나지 않는 바람에 일정이 지연되었고, 이를 알게 된 도서관장이 다시 본부에 보고하면서 알려졌다. 나중에 밝혀진 사실이지만, 이 직원은 도서관 회의 시간을 개인적인 용무 처리를 위해 사용했으며, 같은 부서 동료에게는 도서관 업무 때문에 바쁘다며 불평을 늘어놓았다고 한다.

인포메이션 커먼스 담당 직원

인포메이션 커먼스는 가장 최근에 시작된 만큼 직원 운용에 관한 바람직한 모델을 아직 찾아보기 어렵다. 다만 도서관 서비스 가운데 이용자 지원customer assistance•이 가장 많이 필요하다는 점은 모두가 인정하는 분위기다. 그렇지만 여러 대학도서관을 방문해 보아도 효율적인 직원 계획안은 여전히 개발되지 않고 있었다. 학생들의 컴퓨터 사용을 지원하기 위한 컴퓨터 기사 한명 정도는 대부분 확보하고 있으

• [옮긴이] 이용자에게 도움을 제공하는 활동으로, 이용자의 요청이나 자체적인 판단하에 지원을 실시한다.

며 (자관의 상황에 따라 컴퓨터 사용이 능숙한 근로학생으로 대신하고 있는 도서관도 있다) 참고질의를 비롯한 다른 문의 사항을 처리하는 직원도 함께 배치하고 있다. 물론 규모가 큰 대학교에서는 더 많은 직원을 활용하고 있지만 직원 선발이나 배치에 관한 기준은 발견하지 못했다. 아마도 아직은 시행착오를 경험하는 단계인 것 같다. 무엇보다 커먼스를 자주 찾는 이용자들이 어떤 니즈를 갖고 있는지 부터 파악하고 해결해 가는 것이 가장 우선일 것이다 .

이메일, 인터넷 위주의 이용자

컴퓨터에 특별한 문제만 발생하지 않는다면 근로학생의 지원만으로도 충분한 편이다. 그런데 근로학생들은 자신이 알고 있는 내용을 누군가에게 설명하는 일이 익숙하지 않을 뿐 아니라 상당히 버거울 수 있다. 가령 컴퓨터 공포증을 갖고 있는 이용자가 근로학생에게 지원을 요청했다고 가정해 보자. 게다가 오랜만에 학교로 돌아온 나이가 많은 성인 학생이라면 말이다. 하지만 아쉽게도 이들에게는 근로학생이 별 도움이 되지 않을 수도 있다. 오히려 혼란스럽게 만드는 경우도 있다. 간혹 근로학생들이 미숙한 이용자에 관해 무심코 나누는 대화 때문에 성인 학생들이 상처를 받는 경우도 있으므로 주의해야 한다. 컴퓨터 사용에 대한 부정적인 인식을 갖고 있는 초보 이용자들에게는 관련 분야에 대한 풍부한 지식과 함께 누군가를 잘 가르치는 능력이 있는 직원이 필요하다. 사실 초보 이용자를 가르치는 일은 쉽지 않다. 그동안의 내 경험에 비추어 볼 때 이들에게는 누군가를 잘 가르치는 능력과 상대방을 잘 이해할 수 있는 공감 능력을 겸비한 직원이 필요하다. 사서든 보조사서든 안내자 및 교사로서의 역할은 모두 중요하다.

데이터베이스 검색이 가능한 이용자

인포메이션 커먼스를 즐겨 찾는 이용자들은 대부분 여기에 해당한다. 도서관 입장에서 가장 많은 고려가 필요한 그룹이라고 할 수 있다. 이들은 각자의 필요에 따라 도서관 자료를 활용하고 있으며, 도서관에 대한 신뢰감도 어느 정도 있다고 볼 수 있다. 커먼스의 컴퓨터는 단지 다른 매체일 뿐이다. 그런데 도서관에서는 이들에게 충분한 지원을 제공하고 있는 걸까? 그동안 여러 대학도서관을 방문하면서 우리는 분명 더 잘할 수 있다는 확신을 갖게 되었다. 여기에 속하는 이들을 다시 두 그룹으로 나누어 구체적으로 살펴보겠다.

(자료) 검색 경험이 부족한 이용자

도서관의 정보 리터러시 수업에 참여하는 신입생 대부분이 여기에 해당한다. 전통적 유형의 참고봉사 인터뷰가 가장 효과적인 이들에게는 자신의 궁금증을 구체적으로 표현할 수 있는 능력이 필요하다. 각자의 질의 사항을 검색엔진에 입력할 수 있도록 적절하게 표현하거나 검색어 간의 관계에 대해서도 파악할 수 있어야 한다. 불 검색어에 대한 지식 역시 마찬가지다. 검색 경험이 부족한 이용자에게는 이용자 교육 경험이 많은 숙련된 참고사서가 큰 도움이 될 수 있다. 사서의 오랜 경험에서 비롯한 적절한 정보와 효과적인 팁이 이용자에게 제대로 전달된다면 학생들은 각자에게 필요한 검색 스킬과 지식을 충분히 얻을 수 있을 것이다. 또, 지나친 걱정일 수도 있지만 이용자 교육이나 설명이 과하게 길어지거나 너무 많은 시간을 소요하는 것은 바람직하지 않다. 학생들의 집중력이 떨어지기 전에 가능한 한 간단하고 빠르게 마무리하는 것이 좋다.

(자료) 검색 경험이 많은 이용자

자료 검색에 대한 어느 정도의 지식과 경험을 갖고 있는 대학원생이나 일부 학부생들의 경우, 구글 검색은 사용을 잘해도 도서관에서 구독하는 데이터베이스 사용은 그렇지 못한 경우가 많다. 여기에는 데이터베이스마다 이용자 인터페이스가 조금씩 다른 것도 관계가 있을 것이다. 데이터베이스 검색은 예전에 비해 많이 개선되기는 했지만 여전히 웹 기반 검색엔진과는 많은 차이가 있다. 데이터베이스 검색에서 고급advanced 검색, 가이드guided 검색, 전문가expert 검색은 각기 다른 결과를 산출할 수 있는데, 각 데이터베이스마다 사용법은 조금씩 다르다. 사서들이 이러한 특징을 충분히 이해하고 이용자의 정보 요구에 충분히 대응할 수 있어야 한다. 데이터베이스 정보 검색에서 필요한 기술적인 능력이란 데이터베이스에 수록된 많은 자료 가운데 필요한 자료를 찾아낼 수 있는 레퍼런스 기술을 의미한다. 자료 검색에 익숙한 이용자들의 복잡하고 정교한 정보 요구에 응대하기 위해서는 이러한 특징을 충분히 이해하고 있어야만 한다.

전문적인 기술

커먼스를 담당하는 직원이라면 자료 검색과 관련한 이용자 질의에 당연히 응대할 수 있어야 한다. 그동안 그렇지 못한 직원들을 자주 만났던 터라 이 점을 특히 강조하고 싶다. 데이터베이스 개발에 사서들이 참여하지 않았다는 이유로 자료 검색의 완벽한 숙지와 파악에 무신경했는지도 모른다. 과거 도서관만의 까다로운 자료 관리 방법을 익히기 위해 노력을 아끼지 않던 시절에 비해, 끊임없이 변화하는 정보기술 트렌드를 파악하기 위한 요즘 사서들의 노력은 부족해 보인다.

가장 중요하고 시급한 이용자 서비스의 품질을 향상시키고 싶다면 이용자의 정보 요구 해결을 가장 우선시해야 한다. 나는 대학도서관을 찾을 때마다 커먼스 담당 직원에게 검색과 관련한 도움을 청하곤 했었다. '고급 검색'에 관한 지식이 어느 정도 필요했던 내 질문에 대한 대학교 직원들의 대답은 대부분 실망스러웠다. 아주 가끔 유용한 정보를 전해주는 직원도 있었지만 대부분 '도움말' 메뉴를 참고하라는 정도가 다였다. 더 나은 검색 결과를 얻을 수 있는 팁이나 기능을 알려준 직원은 아직 만나지 못했다. 개인적인 죄책감 때문에 나의 소심한 테스트는 계속해서 이어지지 못했지만 커먼스에 근무하는 직원에게 어떤 자질이 필요한 지 확인할 수 있는 기회였다. 인포메이션 커먼스에는 참고사서든 전산사서든 상관없이 사서가 근무해야 한다. 커먼스를 이용하는 학내 구성원들의 질의를 성의 있게 들어주고, 더 나은 검색 결과를 얻을 수 있도록 유용한 팁을 함께 제시할 수 있는 사서가 필요하다.

하지만 일주일에 몇 시간 정도만 근무하는 직원이라면 그다지 도움이 되지 않을 것이다. 오히려 컴퓨터를 잘 다루는 근로학생을 활용하는 편이 더 나을 수 있다. 직원들보다 컴퓨터 사용이 훨씬 능숙할테니 말이다. 교대로 근무하는 직원들이 근무를 소홀히 한다거나 최선을 다하지 않는다고는 생각하지 않는다. 나를 도와주려 했던 그 직원 역시 나름대로 노력했을 것이다. 내게는 별로 유용하지 않은 방법을 계속 권유하는 바람에 조금 난처하긴 했지만 이 상황을 목격한 계약직원 덕분에 별 문제는 없었다.

책 앞부분에서 지난 20년 동안 도서관의 참고 서비스 업무가 어

진화하는 대학도서관

떻게 진행되었는지 살펴본 바 있다. 그리고 참고 데스크를 지키던 직원이 사서가 아닌 타 전공자로 바뀌게 된 최근의 경향도 함께 살펴봤다. 도서관은 각기 다른 전공 분야의 전문적인 기술을 이용할 수 있다는 이유를 내세우긴 했지만, 실은 사서의 참고봉사 업무 기술이 부족하다는 점이 문제로 드러났다. 시간이 지나면 지날수록 모든 사서들이 참고봉사에 능숙하지 않을 뿐 아니라 효과적인 참고 업무를 위해서는 전문 지식이 필요함을 확신하게 되었다. 인포메이션 커먼스에 근무하기 위해서는 시간을 두고 익혀 나가는 전문적인 기술이 필요하다. 따라서 직원들은 각자 맡은 업무 수행에 필요한 특정한 기술을 개발할 필요가 있다. 다시 말해 이용자들이 모르고 있는 내용까지 파악하고 있어야 하며 이러한 정보를 이해되기 쉽게 전달할 수 있어야 한다. 누군가를 가르치는 일이 그렇게 말처럼 쉽지 않다.

도서관의 이동

심리학과 도서관, 정치학과 도서관, 생물학과 도서관 등 학과도서관의 수가 눈에 띄게 늘어나던 시기가 있었다. 하지만 넉넉하지 않은 예산 탓에 학과도서관 운영은 늘 어려웠으며 '예산 낭비'라는 인식에 대해서도 자유로울 수 없었다. 이러한 영향 때문에 학과도서관은 중앙도서관에 소속된 독자적인 운영 방식을 보여주고 싶어 했다. 중앙도서관에 소장된 자료를 중복 구입하거나 대학도서관에서 일반적으로 사용하는 DDC*나 LC**가 아닌 해당 학과에 적합한 독자적인

•   [옮긴이] DDC(Dewey Decimal Classification, 듀이십진분류표)는 1876년 멜

분류 체계를 직접 만들어 사용하는 학과도서관들이 대표적인 사례이다. 그러나 일부 권력 지향적인 행정직원들의 도서관 정책 철회와 빈번한 갈등 상황으로 인해 결국 학과도서관은 중앙도서관이나 학과에서 분리되기에 이르렀다.

학과도서관의 폐관

의학이나 법학처럼 강력한 영향력을 발휘하는 전문적인 학과를 제외한 대부분의 학과도서관은 결국 문을 닫았다. 각기 다른 목표와 운영 방식을 고집하는 학과도서관들 때문에 어려움을 겪었던 대학도서관은 안도했지만, 해당 학과의 상황은 전혀 달랐다. 학과도서관을 자주 이용했던 학생들은 달라진 도서관 환경에 적응해야 했으므로 중앙도서관 이용이 쉽지 않았다. 사서든 아니든 간에 학과도서관을 홀로 지켜냈던 직원들은 학과 학생들의 도서관 이용 성향과 자료 선호도를 가장 잘 파악하고 있었다. 학과도서관을 이용하는 학생들은 직원들과 쌓아온 친분을 활용해 학과도서관 사서에게 스스럼없이 질문하고 도움을 요청했다. 학과 교수들 역시 별다른 용무가 없어도 학과도서관에 자주 들러 직원들에게 안부 인사를 건네거나 담소를 나누면서 필요한 책을 신청하거나 전공 분야 저널을 둘러보았다. 하지만 학과도서관 운영이 중단되면서 자신의 정보 요구를 잘 파악하고 있는

빌 듀이가 고안한 십진분류법으로, 현재 가장 널리 사용되고 있는 도서 분류 체계이다. 지속적으로 수정과 확장을 거쳐 2011년부터는 23판을 사용하고 있다.
•• [옮긴이] LC(Library of Congress Classification, 미국의회도서관 분류법)는 미국 의회도서관에서 개발한 비십진분류법으로, 연구기관이나 전문 정보센터에서 많이 사용한다.

사서를 만날 수 없게 되었다. 대신 새로운 사서들과 낯선 도서관 환경에 다시 적응해야 했다.

도서관의 재정 문제가 어느 정도 개선된 후에도 학과도서관 운영은 재개되지 못했다. 대신 중앙도서관의 규모가 거대한 물류창고만큼 확장되었다. 값비싼 가구와 두꺼운 카펫으로 치장한 도서관 분위기는 어딘지 모르게 어색하고 불편했다. 친구들과 자연스럽게 만날 수 있는 자유롭고 편안한 장소와는 거리가 있었다.

온라인 도서관과 임베디드 사서

미국 볼주립대학교Ball State University 도서관은 '**임베디드 사서**embedded librarian' 프로그램을 가장 먼저 시작한 혁신적인 대학도서관 가운데 한 곳이다. '임베디드'라는 단어는 전쟁터의 생생한 모습을 전달하기 위해 파견된 '종군기자embed'에서 유래했다고 한다. 전쟁터의 소식을 직접 취재하는 종군기자처럼 임베디드 사서는 직접 강의실을 찾아가야 한다. 볼주립대학교에서는 온라인 강의에 사서를 파견하기 위해 '블랙보드Blackboard'● 학습 관리 시스템을 사용하고 있다. 임베디드 사서는 담당 강의에 대한 강의계획서와 과제물 등을 열람할 수 있으며 온라인 토론 그룹에도 참여할 수 있다. 어느 정도 강의 내용을 파악하고 있어야만 학생들에게 적절한 참고 서비스를 제공할 수 있기 때문이다. 또, 강의 구성원으로써 교수나 학생들에게 이메일로 연락을 주고받는 것도 가능하다. 일반적으로 학생들은 나이가 어릴수록 관련

● [옮긴이] 학습 관리 시스템(learning management system: LMS)으로, 교수자가 학생의 학습 과정을 세밀하고 신속하게 모니터링하고 이에 대한 평가와 적절한 피드백을 제공할 수 있다.

경험이 충분하지 않은 관계로 자신의 연구 필요성을 분석하고 전달하는 과정을 어려워할 수 있다. 그런데 사서들이 강의 내용을 충분히 파악하고 있을수록 실제 학생들의 강의 만족도는 높은 편이다.

로드아일랜드대학교University of Rhode Island 도서관에서는 웹CT WebCT● 프로그램을 활용하여 사서들이 원격강의를 지원하고 있다. 블랙보드를 활용하는 대학교와 마찬가지로 임베디드 사서는 수강생들과 이메일을 주고받거나 관련 게시판에 글을 올릴 수 있으며 특정 과제에 적합한 정보를 제공할 수 있다. 일정한 장소에서 정해진 시간 동안 진행되는 기존의 도서관 교육과 달리 임베디드 사서는 이용자들이 연구 주세를 선택해야 하거나 어려운 과제를 수행해야 하는 경우처럼 가장 필요한 시점에 적절한 교육을 제공할 수 있다는 장점이 있다. 그런데 강의를 함께 듣는 학생들에게 다른 학생들의 질문과 답변은 유용한 정보로 활용될 수 있다.

오프라인 도서관과 임베디드 사서

대학교의 온라인 강의를 지원하는 임베디드 사서는 도서관과 학내 교수진이 긴밀히 협력해 개발한 프로그램이다. 담당 사서가 수시로 교체되는 것보다는 동일한 사서가 지속적으로 진행하는 편이 훨씬 효과적이며, 이는 임베디드 사서와 담당 학과 간의 긴밀한 관계 형성에도 도움이 된다. 한편, 임베디드 사서 운영과 관련하여 불만을 갖고 있는 학과가 있다고 가정해 보자. "무엇보다 강의실과 도서관이 너무

●　[옮긴이] 가장 먼저 등장한 강의 관리 시스템(course management system: CMS)으로, e러닝 운영과 관련해서 많은 대학교에서 사용했으며, 2006년 블랙보드(Blackboard Inc.)에 합병되었다.

멀리 떨어져 있다는 점이 가장 불편합니다. 온라인 참고봉사도 유용하지만 직접 만나서 서비스를 제공받는 건 어려울까요?" 이와 같은 학생들의 요구에 사서들은 도서관 3층이 아닌 간호대학 건물 2층에서 근무해 보기로 했다.

간호학과에서는 임베디드 사서에게 적당한 근무 공간을 마련하기 위해 열심히 노력했다. 도서관과 마찬가지로 임베디드 사서가 근무하게 될 해당 학과에도 편안한 근무환경 조성은 반드시 필요하다. 각 학과의 임베디드 사서 프로그램은 학과별 초소형 분관을 운영하는 것과 유사하다. 임베디드는 사서는 도서관 직원과 연구 과제를 수행하고 있는 교수 그리고 학생들과 긴밀히 협력해야 하므로 컴퓨터와 프린터는 물론 인터넷 환경을 반드시 갖추어야 하며, 약간의 소규모 참고서적을 비치할 수 있는 서가와 공간도 필요하다. 시간이 지나면서 임베디드 사서를 신뢰하게 된 교수들 중에는 자신의 연구실에서 보관해 왔던 귀중한 자료를 내놓기도 할 것이다. 항상 잠겨 있는 교수 연구실 서가에 꽂혀 있었던 탓에 다른 이용자들이 평소에 접근할 수 없었던 이 자료들은 대부분 오래전에 도서관에서 장기 대출로 빌렸거나 학과 기금으로 구입했던 자료들일 것이다.

연결 유지하기

임베디드 사서가 담당하는 학과와 전공이 점점 늘어나면서 임베디드 사서에 대한 '소유권' 갈등이 발생할 수 있다. 이로 인해 임베디드 프로그램의 효율성이 크게 떨어질 수 있음을 여러 사례를 통해 확인할 수 있다. 도서관 외부에서 근무하는 임베디드 사서에게 도서관과 담당 학과에 대한 소속감은 매우 중요하다. 어느 한쪽이라도 연결이 미약해지면 프로그램의 효율성이 저하될 뿐 아니라 엉망이 될 수도 있다. 따라서 임베디드 사서의 근무 시간표는 도서관과 학과 업무로 나누어서 작성하는 것이 좋다. 해당 학과에서 진행하는 교수 회의에 참석할 수 있다면 네트워킹 형성을 위한 좋은 기회로 활용할 수 있다. 더불어 도서관에서 진행하는 직원회의 역시 빠지지 않고 참석해야 한다. 회의 참석으로 시간을 많이 빼앗기는 것은 맞지만, 이를 통해 임베디드 프로그램과 관련이 없는 업무를 줄여나갈 수 있다.

나중에 혹시 오해나 갈등이 발생할 수 있으므로 임베디드 사서 배치와 관련한 기본 조건이 정해지면 공식적인 문서로 남겨두는 것이 좋다. 임베디드 사서에게 지급되는 급여는 도서관 예산에서 지출되며, 업무 평가나 승진 심사는 담당 학과에서 수행한 업무를 바탕으로 도서관에서 진행한다. 도서관의 업무보고 체계가 다소 복잡해질 수 있으나 어쨌든 도서관 업무의 연장이나 관외 프로그램outreach program 으로 이해한다면 크게 무리는 없다. 임베디드 사서 프로그램을 더 효과적으로 운영하기 위해서는 무엇보다 담당 사서의 역할이 중요하다. 임베디드 사서가 도서관의 자원을 얼마나 효과적으로 활용하고 있으며 도서관과 각 학과 간의 의사소통 채널이나 다리 역할을 얼마나 잘 수행하고 있는지가 이 프로그램의 관건이라 할 수 있다.

공동체 의식

성공적이라고 평가받는 임베디드 사서 사례 중에는 온라인 프로그램들이 많은 편이다. 즉, 온라인 강의나 원격교육, 전자도서관에 사서를 파견하는 식이다. 방대한 정보 공간에서 온라인 강의 수강생들이 헤매지 않고 도서관 자원을 효과적으로 활용할 수 있도록 안내하는 것이 임베디드 사서의 역할이다. 반면 오프라인에서 이용자와 직접 마주하는 임베디드 사서에게는 또 다른 효과를 기대할 수 있다. 사서들이 학내 교육활동에 적극적으로 참여함으로써 대학도서관은 강력한 공동체 의식이 부각되는 대학교의 중심이 될 수 있을 것이다. 많이 알려진 임베디드 사서 프로젝트 중에는 대형 대학교의 사례가 많다. 학생들이 자신이 속한 학과 구성원들조차 제대로 파악하기 어려운 규모가 큰 대학교의 경우 임베디드 사서 프로그램을 유용하게 활용할 수 있다. 임베디드 사서가 어디에서 근무하든지 학생과 교수들은 사서를 찾아오게 되어 있다. 컴퓨터 몇 대와 약간의 참고도서 정도를 구비할 수 있다면 좁은 공간이라도 상관없다. 필요한 책을 신청하기 위해서나 데이터베이스 이용법을 묻기 위해 임베디드 사서를 직접 만나게 되면서, 이용자들 자신이 도서관과 공동체라는 인식을 자연스럽게 형성할 수 있다.

임베디드 사서에 대한 지원

도서관 자료를 필요한 학생과 교수들에게 제공하는 일은 임베디드 사서의 중요한 업무이다. 온라인이든 오프라인이든 상관없이 임베디드 사서에게 자료를 신청하면 해당 자료는 도서관 서가에서 신청자가 대출할 수 있도록 소속 학과로 옮겨진다. 그런데 신청 자료를 서가에서 찾고 이동시키는 업무를 임베디드 사서에게 전적으로 맡기는 것은 바람직하지 않다. 비교적 단순한 업무에 시간과 에너지를 사용하는 것은 효율적인 운영이 아니기 때문이다. 따라서 임베디드 프로그램 운영이 소기의 목적을 달성하려면 도서관이 적극적으로 지원해야 한다. 다시 말해 대학도서관 구성원 모두가 자신의 담당 업무와는 별개로 임베디드 사서 업무에 대한 책임감을 가져야 한다.

　그런데 대학도서관 사서들을 인터뷰하면서 뜻밖에도 임베디드 사서에 대한 무관심과 적대적인 태도를 확인했다. 인터뷰에 응했던 한 사서는 임베디드 프로그램을 교수와 학생들에게 일일이 숟가락으로 떠먹여 주는 것과 다를 바 없으며 다른 이용자들과 비교할 때 공평하지 않은 서비스라고 평했다. 다시 말해 이 사서는 개인화된 서비스를 숟가락으로 떠먹여주는 것으로 받아들이고 있었다. 한동안 이 인터뷰는 내 머릿속을 떠나지 않았다 임베디드 프로그램 이용자에게 자격이 없다는 표현은 어떤 의미일까? 그럼에도 불구하고 이 프로그램은 훌륭한 서비스라고 생각한다. 불만을 표시했던 사서는 이용자들이 줄을 서거나 기다리는 시간 없이 원하는 도서관 자료나 서비스를 즉시 이용하는 것을 시기했던 것은 아니었을까? 이 사서는 도서관 이용자와 임베디드 사서가 서로 친분을 쌓아가면서 친구나 동료처럼 친해지는 것을 공평하지 않다고 생각하는 것 같았다. 임베디드 사서가 파견된 학과의 학생들은 그렇지 않은 학과의 학생들보다 분명히 더 많은 서비스를 제공받게 된다. 그리고 인터뷰를 한 사서는 그것이 불평등하다고 표현했다. 그렇다면 모든 이용자에게 부족한 서비스를 제공하는 것은 과연 공평한가?

　임베디드 프로젝트는 온오프라인 상관없이 이용자의 니즈를 이해하고 친밀한 관계를 만들어간다면 도서관도 충분히 학내의 중심이 될 수 있음을 보여준 사례다. 사서들이 이용자에게 관심이 많다는 사실은 이미 여러 설문조사를 통해서도 확인된 바 있다. 여건이 된다면 사서들은 이용자의 눈으로 도서관을 바라볼 자세 역시 갖추고 있다. 지난 30년 동안 대학도서관은 성장과 발전을 거듭해 왔다. 그 결과 도서관의 물리적인 규모는 확장되었지만 이용자들은 도서관에서 멀어진 것이 사실이다. 이런 의미에서 임베디드 사서의 등장은 도서관과 이용자 간의 소원해진 관계를 회복하는 유용한 기회가 될 수 있을 것이다. 그렇지만 컴퓨터와 매우 친숙한 도서관 이용자들에게 지나치게 많은 정보를 제공한다는 의견은 진지하게 고민해 볼 필요가 있다.

참고자료(Resources)

- Albanese, Andrew Richard. 2004. "Campus Library 2.0: The Information Common Is a Scalable, One-Stop Shopping Experience for Students Faculty." *Library Journal*, Vol.129. No.7(April 15), pp.30~33.

- Beatty, Susan and Peggy White. 2005. "Information Commons: Models for eLiteracy and the Integration of Learning." *Journal of eLiteracy*, Vol.2. No.1, pp.10. http://eprints.rclis.org/8106/1/JeLit_Paper_16.pdf

- Cristensen, Clayton M. and Michael E. Raynor. 2003. *The Innovator's Solution: Creating and Sustaining Successful Growth*. Boston: Harvard Business School Press.

- Crockett, Charlotte, Sarah McDaniel and Melanie Remy. 2002. "Integrating Services in the Information Commons: Towards a Holistic Library and Computing Environment." *Library Administration and Management*, Vol 16, No.4, p.183.

- Gjelten, Daniel R., Risa Burke Marose and Jeffrey A. Scherer. 2004. "The Architecture of an Idea: The Information Commons and the Future of the Academic Library." Paper presented at the EDUCAUSE Annual Conference, Denver. https://events.educause.edu/ir/library/powerpoint/EDU04107.pps

- Keating, Shay and Roger Gabb. 2005.11. "Putting Learning into the Learning Commons: A Literature Review." In Postcompulsory Education Centre, Victoria University, Victoria, Australia. http://vuir.vu.edu.au/94/

제8장

비전 공유

: 대학도서관 마케팅

대학교 사회 구성원이 갖고 있는 도서관에 대한 인식은 결코 높지 않다. 오히려 낮은 편에 더 가깝다. 이들에게는 각자의 고등학교에서 경험했던 도서관에 대한 이미지가 여전히 남아 있다. 교수들도 마찬가지로 과거 대학교 시절 경험했던 도서관을 각자의 기준으로 삼고 있다. 학내 구성원 각자의 머릿속에 남아 있는 과거의 도서관과 현재 도서관 사이에는 큰 격차가 있다. 그런데 문제는 이러한 차이를 그들에게 이해시키기가 너무 어렵다는 데 있다.

학내 사회와 연계 필요

아쉽게도 대학본부의 직원과 교수들은 대학도서관을 부정적으로 바라보는 경향이 있다. 각자의 경험과 기억을 기준으로 대학도서관을 이해하고 판단하는 이들에게 도서관의 노력과 시도는 쓸데없는 예산 낭비로 보일 수 있다. 반면 학생들은 강의에 필요한 교재와 자료를 이용할 수 있는 장소 정도로만 대학도서관을 이해하고 있다. 각자의 대학교 생활을 위해서 도서관을 어떻게 활용할 수 있는지 잘 모르고 있는 것이다. 21세기 대학도서관의 비전을 학내 구성원과 공유하려면 어떻게 해야 할까? 학습과 강의에 필요한 자료를 이용할 수 있을 뿐 아니라 각자의 인생이나 대학교 생활을 위해서도 도서관이 유익하다는 사실을 학생들에게 어떻게 알려줘야 할까? 교수들이 각자 과거에 경험했던 도서관에 더 이상 얽매이지 않고 앞으로의 도서관에 더 많은 관심을 갖도록 하려면 무엇이 필요할까? 그리고 대학도서관의 변화 과정에 학내 구성원 모두를 참여시키려면 어떻게 해야 할까?

학생들에게 도서관에 대한 선입견이 없다는 점은 그나마 긍정적이라고 할 수 있다. 고등학교 시절까지 도서관에 대한 나쁜 기억이나 경험이 없다면 정형화된 선입견을 갖고 있는 교수들에 비해 훨씬 나은 편이다. 하지만 대학교에 들어와서 3학년, 4학년이 되도록 도서관을 한 번도 이용하지 않은 학생이 꽤 많다는 설문조사 결과를 주목할 필요가 있다. 이러한 상황은 소매업자가 고객을 유치하는 과정에서 겪는 어려움과 유사하다. 현대 사회의 다양한 분야에서 마케팅을 활용하는 것처럼 대학도서관에서도 이용자를 불러 모으기 위한 마케팅 전략이 필요하다. 그런데 대학교 사회에서는 마케팅과 관련한 일련의 활동을 다소 무시하는 경향이 있다. 특히 교수직과 동일한 대우를 요구했던 사서들에게는 자신의 업무를 마케팅하는 일이 마치 중고차 판매원의 업무와 유사하다고 느낄 수 있다.

　도서관에서 마케팅 업무를 부정적으로 생각하는 또 다른 이유는 대학도서관 사서들의 직업관과 어느 정도 관련이 있다. 한때 교원 지위 확보를 위해 노력했던 대학도서관 사서들은 학술적인 업무는 매우 중요하게 생각했지만 물리적 도서관을 관리하는 업무에 대해서는 생각이 달랐다. 만약 물리적 도서관에 대한 관리 책임과 권한이 사서에게 없었다면 이용자 친화적인 도서관 만들기 같은 시도는 사서와는 관계없는 일이라고 여겼을지도 모른다. 안내 자료가 제대로 채워지지 않은 텅텅 빈 안내물 꽂이나 오류투성이인 도서관 사인물 그리고 카펫의 지저분한 얼룩 등을 보고도 자신과는 상관없는 일이라 생각하며 무심히 지나치거나, 학생들의 불만 사항을 듣고도 적절히 대응하지 못한 채 그저 누군가가 자신의 책임을 다하지 못한 것이라고 생각했을 수도 있다. 더 많은 이용자를 도서관으로 불러 모으기 위해 대학도서관 사서들은 적극적으로 노력했다고 자부하지만, 정작 물리적인 도서관 환경과 도서관 이용률에 대해서는 연관점을 만들지 못했다.

시간과 재원의 확보

대학도서관의 적극적인 마케팅 활동을 방해하는 가장 큰 원인은 부족한 예산이다. 더불어 공공도서관에 비해 훨씬 미약한 예산 통제력 역시 대학도서관이 갖고 있는 불리한 조건이다. 대학도서관 예산에는 자료 구입비와 인건비가 포함되어 있지만 도서관 건물의 유지·관리 비용은 대학교 전체 예산에서 집행된다. 만약 이런 상황에서 마케팅 항목에 대한 도서관 예산을 추가로 요청한다면 도서관을 향한 비난이 쏟아질 것은 불을 보듯 뻔하다. "마케팅이라고요? 도서관에서 마케팅 비용이 필요한 이유가 도대체 뭔가요?" 이렇게 말이다. 대학도서관의 변화를 위해서는 적은 액수의 금액이라도 전용해 놓는 것이 좋다. 그리고 도서관의 비전을 학내 구성원과 함께 공유하는 것이 중요하며, 구성원들의 대학도서관에 대한 인식 수준을 높일 수 있는 구체적인 계획을 세워야 한다. 이 과정에는 대학본부의 관리자와 관리부서, 교수위원회 등 도서관의 미래를 책임지고 있는 다수의 개인과 부서들이 참여하는 것이 바람직하다.

개방적인 의사소통

많은 대학도서관이 겪고 있는 이용자 교류의 어려움은 결국 학내 전체의 빈약한 커뮤니케이션과 상관이 있다. 이와 관련해 여러분의 이해를 돕기 위해 개인적인 경험담을 소개하려고 한다. 교수, 학생, 직원 등의 교내 구성원들이 학내 상황을 잘 파악하고 있었던 유일한 시기가 있었다. 당시 내가 근무했던 대학교가 소규모인 탓도 있었겠지만, 이것은 무엇보다 맛있는 음식이 가져다준 믿기 어려운 기억이었다. 당시 내가 근무했던 대학교의 카페테리아는 음식이 맛있기로 유명했다. (특히 홈메이드 매시드 포테이토가 최고였다.) 점심시간에는 거의 모든 직원을 그곳에서 만날 수 있었으며 총장 역시 이 식당을 즐겨 찾았다. 직원들이 점심을 먹으며 나누는 일상적인 대화에는 가십이나 농담도 있었지만 꽤 유용한 정보도 많았다.

개인적으로 대학교에 근무하는 동안 학내 상황을 제대로 파악했던 시기는 아마도 그때가 유일했던 것 같다. 대학교 사회에서 학생과 교수 그리고 직원들은 서로 다른 세상에서 생활한다. 같은 학과의 교수들조차 의사소통의 기회가 별로 없으며, 각자 맡고 있는 학과목은 그들만의 고립된 작은 왕국으로 비유되기도 한다. 행정부서도 단과대학도 아닌 애매한 상태의 대학도서관은 그래서 더 고립된 상태라고 할 수 있다. 전형적인 비즈니스 환경에서 근무한다면 하루 24시간 중 8시간 정도를 동료들과 함께 보내야 한다. 그렇다면 교수들의 하루 일과는 어떨까? 아침 강의가 있는 날은 직접 운전을 해서 출근을 하고 강의가 끝나면 집으로 돌아간다. 야간 강의가 있는 날은 시간에 맞춰 다시 학교로 향한다. 그런데 학교 주차장에서부터 강의실에 도착할 때까지 아무도 만나지 않는 날도 가끔 있다. 하루 종일 자신의 연구실에만 있었다면 동료 교수들과 인사조차 하지 않고 하루를 보낼 수도 있다. 일반 학생들의 하루 일과도 크게 다르지 않지만 시간제 등록 학생들의 존재감은 크게 드러나지 않고 있다.

이러한 환경에서 도서관이 학내 사회의 '중심'이 되려면 어떻게 해야 할까? 이 질문에 답하기 위해서는 도서관의 잠재적 이용자들이 즐겨 사용하는 의사소통 방식부터 확인해야 한다. 그리고 이들이 도서관을 인식하고 경험할 수 있는 방안을 고민하고 찾아야 한다. 그동안 도서관에서는 우리들만 사용하는 의사소통 채널에서 학생과 교수를 만날 수 있을 것이라는 잘못된 믿음을 갖고 있었다. 결과적으로 도서관에서 이용자에게 전달되기를 기대하면서 건넸던 수많은 대화는 결국 혼잣말에 불과했던 것이다.

도서관의 마케팅 경험

이제 마케팅은 대학도서관에서도 익숙한 단어다. 사실 도서관에서는 꽤 오래전부터 뉴스레터나 브로슈어 등의 홍보 자료를 만들어왔다. 하지만 대학도서관의 주요 업무인 학술 서비스에 비해 마케팅 업무가 차지하는 중요도나 비중이 상대적으로 많이 떨어졌던 것은 사실이다. 이러한 특징은 도서관 예산이 감축되는 시기에 더욱 뚜렷이 나타났다. 그런데 구체적인 마케팅 계획안을 수립하고 이에 따라 진행하는 대학도서관을 찾아보기는 매우 어려웠다. 예를 들어 도서관 뉴스레터를 발행하기 시작했지만 인력이 부족하거나 신규 업무가 발생하면 자연스럽게 발행을 중단하는 식이다. 도서관 홍보를 위한 인쇄 자료는 내용도 물론 중요하지만 시각적인 면을 신경 쓰지 않으면 이용자의 관심을 끌기 어렵다. 도서관 홈페이지 운영과 관련해서는 대학교의 웹마스터부터 웹사이트 운영에 관심이 많은 근로학생의 의견까지 다양한 지적을 귀 기울여 듣는 것이 중요하다. 하지만 문제는 이러한 관심이 오래 지속되지 못하고 중단되는 경우가 많다는 데 있다. 결국 이러한 상황이 모두 더해져 도서관의 마케팅 업무는 여전히 제자리걸음이다.

진화하는 대학도서관

마케팅 계획

사서들 자신은 도서관 홍보를 위해 열심히 노력했다고 자부하지만, 아쉽게도 만족할 만한 성과는 아직 보여주지 못하고 있다. 교내 구성원들에게 신규 서비스나 행사를 충분히 알렸다고 생각하지만 관련 내용을 전혀 모르는 이용자들이 많은 것도 비슷한 상황이다. 다시 말해 마케팅 활동의 유용성을 제대로 보여주지 못하고 있다. 그런데 이런 경험이 반복되다 보면 도서관은 자연스레 위축될 수밖에 없다.

도서관의 마케팅 활동이 기대만큼의 효과를 보이지 않는 이유는 홍보 대상을 제대로 선정하지 못했기 때문이다. 한마디로 해당 서비스가 필요한 이용자들에게 제대로 전달되지 못했다. 도서관 이용자들이 즐겨 사용하는 정보원을 제대로 파악했다면 이런 문제는 충분히 피했을 것이다. 효과적인 홍보를 위해서 가장 필요한 것은 조정coordination이다. 적절한 정보와 적합한 매체를 선택하고 홍보 대상으로 선정된 이용자들에게 제대로 전달될 수 있도록 조정하는 과정이 없다면 또 실패할 수 있음을 기억해야 한다.

기업에서는 자사의 모든 생산품에 대한 마케팅을 계획하고 진행하지만, 도서관 업무 가운데 편목이나 정리 업무는 마케팅이 필요하지 않다. 또 이런저런 이유로 서비스를 중단한 업무 역시 마케팅 활동에서 제외된다. 도서관의 마케팅 담당자는 기관의 전략뿐 아니라 현재 운영하고 있는 도서관 서비스에 대한 내용을 충분히 숙지하고 있어야 한다. 기업에서는 마케팅을 위해 이용자들이 미처 표현하지 못한 제품의 요구 사항을 일부러 만들어내기도 하는데, 이런 과정을 거치면서 타사 제품과 차별성이 부각되고 새롭게 추가된 요구는 자사 제품의 장점이자 강점이 될 수 있다. 반면 도서관에서는 마케팅 대상 서비스의 평가 기준을 높게 정하는 것으로 차별화 전략의 효과를 기대할 수 있다. 도서관 서비스를 성공적으로 마케팅하려면 해당 서비스가 도서관 이용자에게 필요하다는 점부터 인식할 필요가 있다. 그리고 이용자가 평소 대학교 생활을 하면서 도서관 서비스를 어떻게 활용하고 있있는지 구체적으로 파악하고 있어야 한다. 이러한 이용자 니즈는 비즈니스 마케팅 계획을 수립하는 데 있어서 매우 중요한 구성 요소이다.

도서관의 노력을 조직화하라

마케팅은 매우 복잡한 주제다. 그리고 도서관 운영의 많은 측면을 포함하고 있으므로 체계적인 접근이 필요하다. 기업에서는 조직 전체의 협력을 위해 '마케팅 계획'을 활용하고 있다. 물론 기업이 마케팅 활동에 힘쓰는 이유는 조직의 목표 달성과 관련해 유리한 상황을 만들거나 좋은 조건을 선점하기 위해서이다. 마케팅 활동의 가장 핵심은 물건을 판매하는 데 있으므로, 마케팅은 기업의 목표인 이윤 추구를 위해서도 필수적이다. 결과적으로 보면 조직 내 각 구성원들은 마케팅 활동을 통해 고객을 제대로 파악하고, 고객이 원하는 반응이 무엇인지 확인할 수 있다.

도서관의 마케팅은 광고회사에서 진행하는 마케팅 업무와 뚜렷한 차이가 있는데, 무엇보다 도서관에서는 이용자 서비스를 반드시 고려해야 하기 때문이다. 이용자 니즈를 해결해야만 더 많은 이용자를 도서관으로 불러 모을 수 있으므로 도서관에서는 이용자 특성을 충분히 파악하고 이들의 요구사항을 고려하여 운영에 반영해야 한다. 그리고 실제 이용자에게 필요한 도서관 자원과 서비스를 홍보해야 한다.

이러한 과정을 거쳐야만 도서관을 찾는 이용자들이 증가할 수 있다.

도서관의 고객은 누구인가

대학도서관은 공공도서관에 비해 이용자층이 뚜렷하므로 마케팅 대상을 선정하기가 훨씬 쉬울 것이라 생각할 수 있다. 이론상으로는 물론 그렇다. 대학도서관에서 파악하고 있는 이용자는 교수와 학생 그리고 직원 정도이지만 잠재적인 도서관 이용자에 대한 이미지는 정확하지 않을 수 있다. 예를 들어 최근에 크게 주목을 받았거나 인기가 높아진 학과 및 전공도 있지만, 그다지 관심을 받지 못하는 전공도 분명 있다. 그밖에 시간제 등록 학생이나 성인 대학생들이 눈에 띄게 늘어나는 고등교육 분야의 트렌드도 주목해야 한다. 하지만 이러한 변화에도 불구하고 학생들의 관심과 흥미가 떨어진 프로그램을 여전히 고수하고 있는 도서관이 많다. 특히 이용자의 참여도가 부족한 데도 말이다. 참고로 학생들의 관심 분야는 10년 전, 20년 전에 비해 많이 달라졌으며 도서관을 활용하는 방법 역시 차이가 있다.

이용자에게 필요할 뿐 아니라 높은 참여율까지 기대할 수 있는 새로운 도서관 서비스를 계획하고 있다면 서비스 대상을 좀 더 구체적으로 파악해야 한다. 학부생만을 위한 서비스인지 아니면 학부생과 대학원생 모두를 위한 서비스인지 정해놓는 것이 좋다. 실제 강의에 활용할 수 있는 서비스라면 적당한 학과나 강의를 구체적으로 정해보는 것도 좋다. 또, 소규모 이용자 그룹을 결성해서 포커스그룹을 운영하는 것도 고려해 보자. 여기에는 교수들도 포함시킬 수 있지만 학생들을 대상으로 하는 이용자 그룹을 만드는 편이 더 실용적이다. 그동안의 경험에 의하면 포커스그룹 참가자에게 특정 서비스의 유용성을 물으면 언제나 긍정적인 반응을 보였다. 도서관을 이용하는 입장에서 는 모두 좋은 아이디어라고 생각할 수 있다. 하지만 재원이 충분하지 않은 도서관에서 모든 아이디어를 실행하기는 어렵다. 따라서 실제 학생들이 도서관 서비스를 어떤 상황에서 이용하고 있는지, 그리고 어떤 종류의 프로젝트를 준비하고 있는지 확인할 필요가 있다. 서비스 처리 시간이 지연되는 경우 학생들이 별다른 불평 없이 기다려 줄 수 있는지, 혹은 베스트셀러 컬렉션과 같이 여가 활동과 관련한 도서관 서비스를 시작한다면 실제 이용이 가능한지, 그리고 학생들이 학교에서 보내는 시간은 얼마나 되는지 등을 확인해 봐야 한다.

도서관의 이용자 분석이나 판단이 정확하지 않은 경우가 간혹 있는데, 이는 사서들 각자의 과거 경험과 관련이 있다. 예전에 각자가 도서관을 경험하면서 생각했던 니즈를 무의식적으로 떠올리기 때문이다. 또, 특정 학과나 주제 분야에만 해당하는 내용을 다른 학과나 전공에 확대 적용하는 오류를 범하기도 한다. 어떻게 하면 이러한 실수를 막을 수 있을까? 가장 확실한 방법은 실제 학생과 교수들에게 직접 물어보는 것이다. 이용자에게 다가가는 방법을 모른다면 새로운 도서관 서비스에 대한 마케팅은 절대 불가능하다. 도서관 이용자가 누구인지 파악하고 이들과 소통할 수 있는 전략을 개발하는 과정이야말로 도서관 마케팅의 핵심이기 때문이다.

도서관의 사명선언문

대학도서관이 학내 사회 변화에 즉각적으로 대응하고 가시적인 존재감을 발휘하려면 어떻게 해야 할까? 내일 당장 도서관 직원들과 브레인스토밍 회의를 갖는다면 수십 가지 다양한 의견들이 쏟아질 것이다. 하지만 모든 아이디어를 적용할 수는 없다. 또, 예상되는 결과치에 비해 너무 많은 시간과 노력을 투입해야 한다면 시도하지 않는 편이 더 낫다. 그렇다면 가장 적합한 아이디어는 어떻게 선별할 수 있을까? 간단히 답할 수 있는 질문은 아니다. 그런데 도서관에서는 생산성이 떨어지는 프로젝트 때문에 자주 옆길로 새버리는 경향이 있다. 이러한 오류가 반복되지 않도록 도와주는 것이 바로 사명선언문의 역할이다. 한마디로 요약하자면 사명선언문은 도서관의 목표 달성을 위한 직접적인 로드맵이라고 할 수 있다.

기업 활동의 가장 핵심인 순이익 창출은 기업이 집중하는 목표이자 동시에 성공의 지표이기도 하다. 하나의 뚜렷한 목표를 갖고 있는 기업에서는 업무 계획을 간소화할 수 있으며 구성원 모두를 동일한 방향으로 이끌 수 있다. 반면에 대학도서관에서는 하나의 공통된 목표를 찾아내기가 어렵기 때문에 도서관 직원들이 각기 다른 방향으로 움직일 수 있다. 하지만 사명선언문을 갖고 있는 도서관이라면 자관의 목표 달성과 관련한 근거나 이유를 충분히 확인할 수 있다. 귀중한 시간과 노력을 들여가며 사명선언문을 작성하는 이유가 바로 여기에 있다. 도서관의 목표를 실행하고 구현할 수 있도록 도와주는 사명선언문은 표준 문안으로 간단히 작성하는 것이 일반적이며, 실용적이라기보다는 철학적인 문구에 가깝다고 할 수 있다. 도서관에서는 사명선언문의 문장을 인용함으로써 다양하게 발생하는 학내 상황 및 요구에 대처할 수 있다. 우리는 여기서부터 시작해야 한다.

하지만 아쉽게도 사명선언문에는 참여나 동참의 개념이 모호하기 때문에 재정 목표와 같은 확실한 방향을 제시하지는 않는다. 그러므로 어떤 종류의 참여를 기대하고 있는지, 다른 종류의 우선순위를 어떻게 정할 것인지 구체적으로 정리할 필요가 있다. 예를 들어 학내 행사나 특강을 진행하기 위해 도서관에 학내 구성원들을 불러 모아야한다고 생각해 보자. 이것이 도서관에서 기대하는 참여일까? 도서관에서 진행하는 이러한 활동이 어떤 역할을 하고 있는지 평가할 수 있도록 사명선언문에 도서관의 목표를 구체적이고 정확하게 표현해야한다.

직원들에게 사명선언문 작성을 의무화하고 있는 일부 대학도서관도 있지만 대부분은 다른 도서관의 선언문을 여기저기서 찾아 베끼는 경우가 많다. 그러니 진부하고 장황한 문장이 가득한 공허한 선언문이 만들어질 수밖에 없다. 마케팅 업무 진행을 위한 다양한 의사결정에서 구심점 역할을 하는 도서관의 사명선언문이 아직 준비되지 않았다면, 또는 현재 사명선언문의 내용이 모호해서 도서관의 목표가 분명히 드러나지 않는다면 도서관의 요구와 목표에 걸맞은 새로운 사명선언문을 지금이라도 빨리 서둘러 만들어야 한다.

이용자의 요구 확인하기

일단 도서관의 사명선언문이 완성되면 학내 구성원의 니즈를 파악하기 위한 대대적인 리서치를 실행할 가능성이 높다. 도서관에서 이를 위해 많은 시간과 노력을 투자했다고 가정해 보자. 그 결과 학생과 교수들에게 직접 묻고 답할 수 있을 정도로 의사소통은 충분히 개선되겠지만 구성원들의 니즈 가운데 도서관이 해결할 수 있는 부분은 극히 일부일 것이다. 그리고 학내 구성원의 정보 요구가 이렇게 다양했는지 새삼 놀라게 될 것이다. 실제 업무에 대한 측정이나 평가는 사서들에게 비교적 익숙한 일이다. 그러나 업무 성과를 측정할 때는 실제로 하지 않은 일에 대해 정직한 태도로 임하는 것이 중요하다. 대출 책수는 얼마나 되는지, 이용자 교육을 진행한 시간은 얼마나 되는지, 도서관에서 구독하는 데이터베이스 이용 시간은 얼마나 되는지 공정히 평가하고 분석해야 한다. 이를 위해서는 설문조사를 실시하거나 데이터 분석 기법을 활용하는 것도 도움이 된다. 그런데 학내 전 구성원과 대학도서관을 실제 이용하고 있는 학내 구성원은 반드시 구별해야 한다. 이용자에게 더 나은 도서관 서비스를 제공하는 것도 물론 중요하지만, 도서관 마케팅은 도서관을 이용하지 않는 잠재적 이용자에게 초점을 맞춰 진행해야 한다.

포커스그룹

이용자의 선호도를 조사하는 포커스그룹은 대표적인 질적 연구 방법이다. 도서관에서는 이용자 파악과 분석을 위해 활용하고 있으며, 보통 새롭게 출시된 자동차 이름이나 광고 슬로건에 대한 반응을 알아보기 위해 많이 사용한다. 먼저 참가자들을 몇 개의 그룹으로 나눈 뒤, 준비한 질문을 제시하고 이에 대한 의견을 자유롭게 주고받도록 진행하면 된다. 포커스그룹은 질적 연구 방법이므로 구체적인 수치로 결과를 표현하기 어렵다는 한계가 있다. 그럼에도 양적 연구에서는 기대할 수 없는 새로운 정보나 아이디어를 얻을 수 있기 때문에 포커스그룹의 유효성은 매우 높은 편이다. 간혹 참가자들의 논의가 기대하지 않은 방향으로 진행되는 경우도 있다. 가령 누군가의 의견이 시발점이 되어 전혀 다른 관점의 새로운 논의가 시작되는 경우도 있다.

포커스그룹은 도서관 이용자에 대한 전체적인 그림을 그려볼 수 있는 좋은 방법이다. 하지만 참가자들이 각자의 생각을 자유롭게 표현할 수 있는 분위기를 이끌어내기가 그리 쉽지는 않다. 혹시 도서관의 포커스그룹 운영과 관련해 대학교 내에서 도움을 받을 수 있다면 적극 활용하는 것이 좋다. 예를 들어 학내 비즈니스 전공 교수에게 포커스그룹 운영을 위한 퍼실리테이터facilitator 역할을 부탁하거나, 도서관 직원들이 관련 훈련을 직접 받아보는 것도 유용할 수 있다.

인터뷰

인터뷰를 통해서도 유용한 정보를 많이 얻을 수 있다. 그런데 생산적인 인터뷰를 진행하려면 세심한 구성이 필요하다. 사람들은 일반적으로 자기 자신에 대해 이야기하는 것을 좋아한다. 인터뷰에 참가하는 이들 역시 비슷하다고 생각한다. 참가자들이 인터뷰에서 전하고 싶은 내용 중에는 유용한 정보도 있지만 필요하지 않은 내용도 있다. 도서관 서비스를 개발하거나 조정해 나가는 과정에서 필요한 정보는 확보하면서, 동시에 인터뷰는 주제에 벗어나지 않도록 진행하는 것이 중요하다. 이와 관련해 학내 마케팅 전공 교수에게 도움을 청해보는 것도 좋다. 도서관에서 소장하고 있는 마케팅 분야 학술지나 책에서 필요한 정보를 찾아 참고할 수도 있지만 마케팅 분야의 경험이 풍부한 전문가의 도움을 받는 것이 훨씬 더 효과적이다.

인터뷰를 진행하기에 앞서 도서관 이용 경험 유무에 따라 참가자들을 내부자와 외부자로 구분해야 한다. 도서관을 규칙적으로 이용하는 내부자들은 그간의 도서관 경험을 바탕으로 도서관에 대한 나름의 의견을 갖고 있는 편이다. 반면 외부자는 도서관 서비스를 이용하지 않는 학내 구성원으로, 대다수 학생과 교수진이 여기에 해당한다. 도서관이 이들에게 다가가려면 가장 먼저 학내 생활을 주의 깊게 관찰해야 한다. 그리고 각자의 학습이나 연구, 휴식, 개인적인 여가 활동에 도서관 서비스가 활용될 수 있는 방안을 찾아내야 한다. 아쉽게도 대학도서관에서 진행하고 있는 마케팅 활동의 대부분은 도서관을 이용하지 않거나 잘 모르는 구성원들에게 도서관 소식을 일방적으로 전달하는 정도에만 그치고 있다. 그보다는 잠재적 도서관 이용자인 외부자의 눈높이와 특성에 초점을 맞춘 마케팅 활동을 계획하고 실시해야 한다.

설문조사와 질문지

양적 연구는 설문조사와 질문지를 통해 얻은 자료를 통계적으로 분석하는 작업이다. 설문조사에서 사용하는 질문들은 인터뷰와 포커스그룹에서 확인한 문제나 상황이 얼마나 많은 이용자에게 해당하는지, 혹은 특정 이용자에게만 한정되는지 확인할 수 있다. 다시 말해 인터뷰나 포커스그룹에서는 최소 한 명의 학생은 특정 문제나 상황을 경험했다고 말할 수 있지만 학생 대다수가 그렇다고는 단정할 수 없다. 학내 구성원을 표본으로 하는 질문지를 만들면 해당 문제의 확산 정도를 추정할 수 있다.

설문지의 타당성은 철저한 과정을 거쳐야만 검증될 수 있다. 따라서 설문조사를 계획하는 과정에서 통계적으로 입증된 타당성이 과연 의미가 있는지 파악하는 단계는 매우 중요하다. 중요한 결정일수록 더 많은 시간과 전문적인 기술을 투입해야 유효한 설문 도구를 개발할 수 있다. 이와 관련해 이용자들과 의사소통을 효과적으로 진행하고 있는 도서관 사례를 소개하려고 한다. 혁신적인 도서관을 찾는 과정에서 방문했던 이 도서관에서는 계획하고 있는 프로그램에 대한 이용자 의견을 참고하기 위해 설문조사를 활용하고 있었다. 주로 간단한 설문지를 작성해서 안내 데스크에 배포하고 이를 수거하는 방식으로 진행했으며, 통계적 유의성statistical significance●에 대해서는 거의 고려하지 않았다. 이 도서관에서는 안내 데스크가 모든 이용자들이 반드시 거쳐야 하는 출입문 가까이에 위치하고 있었다. 이렇게 약식으로 진행하는 설문조사는 이용자와 효과적으로 소통할 수 있는 비공식적인 의사소통 채널이라고 할 수 있으며 온도계나 기압계의 눈금을 읽는 것처럼 결과를 즉시 확인할 수 있다는 장점이 있다. 다시 말해 현재 상황을 신속하게 파악하는 데 매우 효과적이다.

　다음은 18개월에 걸쳐 설문조사를 진행한 대학도서관의 사례이다. 이 설문조사는 도서관 분야 학술지에 소개되었을 정도로 성공적인 평가를 받았다. 설문조사 프로젝트를 시작한 뒤 얼마 지나지 않아 연말 자금 중 일부가 갑자기 도서관에 떨어졌다. 진행 중인 프로젝트를 실행할 수 있을 만큼의 충분한 금액이었지만 지금 당장 지출해야 한다는 조건이 붙어 있었다. 만약 예산을 사용한다면 해당 프로젝트의 통계적인 검증은 포기해야 하는 상황이었다. 결국 도서관에서는 예산을 포기하고 원래 진행하던 조사를 계속하기로 결정했다. 몇 년이 지난 지금까지도 이 도서관의 설문 결과는 상당히 긍정적으로 평가받았지만 예산을 확보하지 못했기 때문에 프로젝트는 끝내 실행되지 못하고 보류되었다. 그리고 사서들은 시급한 다른 업무에 집중하

●　[옮긴이] 어떤 실험 결과 자료를 두고 '통계적으로 유의하다'라고 하는 것은 확률적으로 봤을 때 단순히 우연이라고 생각되지 않을 정도로 의미가 있다는 뜻이다. 반대로 '통계적으로 유의하지 않다'라고 하는 것은 실험 결과가 단순한 우연일 수도 있다는 뜻이다[위키피디아, "통계적 유의성", https://ko.wikipedia.org/wiki/%ED%86%B5%EA%B3%84%EC%A0%81_%EC%9C%A0%EC%9D%98%EC%84%B1(검색일: 2020.4.6)].

느라 그 프로젝트는 대부분 잊어버렸다. 사서 입장에서는 충분히 어려운 선택일 수 있다. 양질의 데이터를 확보하는 일도 물론 중요하다. 그럼에도 불구하고 도서관이 충분한 재원을 확보하지 못했다는 점이 어쩌면 더 큰 문제일지도 모른다. 힘들더라도 '고도의 전문성'과 '신속하고 간편함' 사이에서 적당히 타협을 했더라면 더 좋은 결과로 이어졌을지도 모른다. 어쨌든 설문 도구의 한계와 제한적인 특성을 이해하고 있다면 설문조사를 통해 유용한 정보를 얻을 수 있다.

데이터 분석

도서관에서 실시하는 이용자 중심 조사customer-focused research의 가치는 이용자가 무엇을 원하고 어떤 것이 필요한지 파악하는 데 있다. 더불어 이용자와 어떻게 의견을 주고받는 것이 가장 좋은지 확인할 수 있는 기회이기도 하다. 결국 이용자 중심 조사를 통해 도서관에서 입수한 정보의 구체적인 활용 방안을 결정하는 것이 마케팅 계획의 핵심이라 할 수 있다. 도서관과 이용자 간의 원활한 커뮤니케이션이 필요한 도서관 서비스에는 어떤 것이 있을까? 도서관의 적극적인 홍보에도 불구하고 성공하지 못한 서비스는 무엇일까? 그리고 결국 사라져버린 도서관 서비스는 무엇일까? 모두 이용자 중심 조사를 통해서만 확인할 수 있을 것이다.

이 질문에 답을 하려면 가장 먼저 도서관과 이용자 간의 커뮤니케이션을 어렵게 만드는 요인이 무엇인지부터 파악해야 한다. 어쩌면 생각보다 많은 장애물을 발견할 수도 있다. 도서관에서 실패했던 과거 사례에 대한 원인을 충분히 분석하지 않는다면 현재 도서관 마케팅 목표를 설정하는 것은 소용이 없다. 도서관 직원이라면 누구나 이용자의 도서관 만족도에 관심을 갖고 있다. 비록 체계적인 방법은 아니더라도 어쨌거나 도서관 마케팅과 관련 있는 활동을 진행하고 있을 것이다. 그런데 이용자들이 직접 표현한 요구 사항이 아니라 도서관 직원들이 임의로 추측하고 판단한 것을 근거로 마케팅 활동을 계획한다면 과연 효과를 기대할 수 있을까? 아무리 훌륭한 포커스그룹을 구성하고 인터뷰를 실시했더라도 도서관 직원들이 각자의 추측이나 믿음을 더 우선시한다면 아무런 소용이 없다. 도서관의 변화와 혁신은 여전히 먼 얘기일 수밖에 없을 것이다.

이용자에게 더 가까이

도서관 이용자가 어떻게 정보를 입수하는지 파악하는 것도 이용자 중심 조사를 통해서 파악해야 하는 중요한 정보 가운데 하나이다. 우선 사서와 이용자가 서로 사용하고 있는 커뮤니케이션 채널이 서로 다르다는 가정에서 시작하는 것이 좋다. 예를 들어 도서관 홈페이지는 도서관의 자료나 서비스, 행사에 관한 정보를 얻을 수 있는 매우 중요한 정보원이다. 동시에 도서관에서 직접 관리하는 정보 전달 매체이며, 도서관을 찾는 이용자들이 주로 이용하는 편이다. 도서관의 웹사이트와 관내 인쇄 자료를 통해서 이용자와 교류하고 있는 도서관이라면 아마 잘 알고 있을 것이다. 이용자 설문조사를 통해서 온라인상에서 자주 이용하는 웹사이트는 어디인지, 어떤 유형의 자료를 주로 이용하는지 파악해야 한다. 대학도서관을 이용하는 학생들이 학보는 읽고 있는지, 학생들이 캠퍼스 내에서 주로 시간을 보내는 곳은 어디인지, 학내에 비치된 안내물 꽂이에서 찾아 학생들이 주로 이용하는 리플릿은 무엇인지 확인해야 한다. 페이스북과 같은 소셜네트워크 참여 문제 역시 도서관 이용자의 의견을 반영해서 결정해야 한다.

문서화

개인적으로 이런 계획서를 전적으로 신뢰하지는 않지만, 마케팅 계획은 문서로 작성해서 보관해야 한다. 대학도서관에 근무하는 동안 어떤 영향력도 발휘하지 못한 채 버려지거나 잊힌 계획안을 너무 많이 목격했기 때문이다. 도서관의 각 부서와 모든 구성원들이 공통적으로 적용하고 실행하기 위해서는 조정과 조율의 과정이 필요하다. 그리고 진행 상황을 점검할 수 있도록 회의 일정을 계획안에 포함시키는 것이 좋으며, 대략의 일정이 정해지기 전에는 종료 날짜를 구체적으로 기입하지 않도록 한다.

자관의 계획을 완료하기 전까지는 타관의 마케팅 계획을 참고하거나 읽고 싶은 유혹에 흔들려서는 안 된다. 문서 작성에 필요한 표준 문안•을 찾기 위해 굳이 시간을 낭비할 필요가 없다며 합리화하기 시작할 수 있기 때문이다. 그런데 다른 계획안에서 사용한 인상적인 문구를 찾아 열심히 끼워 넣다 보면 결국 핵심 내용은 줄어들 수밖에 없다. 그리고 이런 과정이 반복되면 결국 여러분이 작성한 계획안은 아무도 읽고 싶지 않은, 그래서 검토조차 어려운 상태가 될 수 있다. 일부 도서관에서는 컨설턴트의 도움을 받아 마케팅 계획안을 작성하기도 하는데, 이렇게 작성된 보고서는 컨설턴트가 평소 자신의 고객들에게 작성해 주는 문서와 별다른 차이가 없을 것이다. 조금은 밋밋하게 느껴지더라도 표준 문안을 너무 많이 사용하는 것은 좋지 않다.

• [옮긴이] 사업상 서류나 법률적 합의안 등의 표준 양식의 문안이다.

대학도서관의 프라이머리/세컨더리 마켓

여기까지의 과정이 완료되었다면 다음은 마케팅 진행을 위한 구체적인 계획을 세울 차례다. 마케팅 계획은 도서관의 사명선언문에 초점을 맞춰 진행해야 한다. 사명선언문은 여러분의 노력과 시간이 낭비되지 않도록 도와주는 일종의 로드맵과 같은 역할을 하므로 되도록 자주 읽어보는 것이 좋다. 다음은 마케팅 대상을 정의해야 하는데, 도서관 입장에서 가장 중요한 이용자와 도서관 서비스가 필요한 이용자를 고려하는 것이 중요하다. 대학도서관의 프라이머리 마켓은 학생과 교직원이 해당한다. 대학교가 속해 있는 지역 사회는 부차적인 문제로 볼 수 있다. 그렇다면 대학도서관의 중간 영역은 무엇일까? 여러분의 도서관에서도 지역사회 주민을 위한 협력 프로그램을 진행하고 있을 것이다. 이렇게 다양한 요구에 대해 도서관에서는 어떤 구체적인 계획을 갖고 있으며, 학생들에게 제공되는 서비스와는 어떤 차이가 있는지 점검하는 것이 좋다. 또, 중요도와 우선순위에 따른 구분도 필요하다. 마케팅을 위한 노력이 비현실적인 기대감을 불러일으켜서는 안 되기 때문이다.

세부 목표를 설정하고 결과 예측하기

도서관 이용자를 충분히 파악했다면 이번에는 도달하고 싶은 결과 범위를 고려해야 한다. 가령 도서관 이용률 10% 증가와 같은 구체적인 목표를 세웠다고 가정해 보자. 이러한 목표를 달성하려면 어느 정도의 시간을 투입해야 할까? 또 어떻게 해야 원하는 기대치에 근접할 수 있을까? 가장 먼저 광범위한 목표를 구성 요소별로 세분해야 한다. 예를 들어 지정 도서의 대출, 정보 리터러시 수업, 이용자 수와 같은 각각의 세부 목표를 구분해서 정해놓는 것이 좋다. 그리고 나서 도서관 직원들과 세부 목표에 대한 기대치를 구체적으로 논의해야 하는데, 무엇을 언제까지 마쳐야 할지에 대한 내용이 바로 여기에 해당한다. 이러한 중간 목표는 소기의 목적을 달성하는 데 어떤 영향을 미치게 될까?

도서관에서 대기업 수준의 마케팅을 실행하기 어려운 이유는 재원과 인력이 부족하기 때문이다. 결국 도서관의 성공을 위해서는 한정된 자원을 창의적으로 사용하는 수밖에 없다. 현재 도서관이 갖고 있는 자원을 보다 효율적으로 활용할 수 있는 방법을 고려해야 한다. 그런데 다른 분야의 많은 전문가의 도움을 요청할 수 있다는 점에서 대학교는 운이 좋은 편이라고도 할 수 있다. 도서관에서는 경험하기 어려운 분야를 가능하다면 학내 사회에서 충분히 이용해 보자. 마케팅이나 홍보 관련 학과가 있다면 도서관장과 함께 방문해서 도움을 청해보는 것도 좋으며, 도서관 직원들을 대상으로 관련 분야 워크숍을 진행해 보는 것도 유익할 수 있다. 강의 프로젝트가 필요한 교수가 있다면 도서관의 요청을 흔쾌히 받아줄 가능성이 크다. 가능하다면 산업디자인학과에서도 비슷한 지원을 받을 수 있다. 지나치게 상세한 계획안은 도서관 운영에 방해가 될 수 있으므로 주의가 필요하지만 도서관의 안녕과 미래를 위해서 마케팅을 위한 노력은 반드시 필요함을 잊지 말아야 한다.

거시적인 관점으로

도서관은 학내 사회 어디에 가장 잘 어울릴까? 도서관은 어떤 역할을 해야 할까? 도서관이 본래의 목적을 달성하는 데 방해가 되는 요인이 있을까? 혹시 정말로 있다면 그 어려움은 어디서부터 시작되었을까? 도서관이 안고 있는 문제들 가운데 상당 부분은 도서관 스스로 자초한 부분도 있지만 모든 문제가 그렇다고는 할 수 없다. 우리는 학내 행정부서나 본부가 도서관을 대하는 태도를 눈여겨볼 필요가 있다. 이들 부서는 도서관을 어떻게 생각하고 있을까? 도서관의 중요성은 인식하고 있을까? 도서관에 적대적인 태도를 보이거나 반감을 갖고 있는 부서가 혹시 있을까? 혹은 도서관이 자신의 영역을 침범하고 있다고 오해하는 부서나 학과가 있을까? 그렇다면 도서관의 목표 달성에는 어떤 영향을 미칠까 생각해 봐야 한다.

또, 신임 총장이 계획하는 대규모 구조 조정과 같이 도서관에 영향을 끼칠 만한 변화 요인을 예상하고 있는가? 그렇다면 이러한 상황이 도서관에는 어떤 영향을 미치게 되는가? 학내 권력 구조에는 어떤 변화가 있을까?

도서관을 둘러싼 환경을 구체적으로 파악할 수 있다면 도서관의 미래에 대해서도 생각해 보자. 앞으로 5년 후 혹은 10년 후 도서관은 어떤 모습일까? 현재 도서관이 안고 있는 문제점과 한계는 어떤 영향으로 작용할까? 도서관의 미래에 관한 최악의 시나리오 그리고 최상의 시나리오를 그려보는 것도 나름 의미가 있을 것이다. 더불어 도서관의 장점과 약점은 이러한 전망에 어떤 영향을 미치게 될지를 함께 고민해야 한다.

세분화 마케팅

도서관을 둘러싼 환경에 대한 구체적인 그림이 완성되었다면 다음은 도서관을 좀 더 세분화하는 단계가 필요하다. 학생들의 도서관에 대한 니즈는 교수와는 다르다. 신입생과 논문을 준비 중인 대학원생에게 필요한 도서관 서비스 역시 차이가 있다. 그러므로 각각의 이용자 그룹을 도서관으로 끌어오기 위해서는 서로 다른 접근이 필요하다. 대다수 이용자들은 한 개 이상의 이용자 그룹에 속하는 편이다. 가령 직원으로 근무하면서 동시에 학위를 준비하는 교직원의 경우 도서관에 대한 니즈는 좀 더 다양할 수 있다. 다시 말해 자신의 학습이나 논문 준비를 위해 이용하는 도서관과 독서나 휴식을 위해 찾는 도서관의 니즈는 다르다는 점이다. 이밖에 학내 구성원과 관련하여 여러분이 파악하고 있는 정보가 최신인지도 수시로 점검해야 한다.

다음으로 미처 파악하지 못한 도서관의 프라이머리 그룹을 고려해야 한다. 학내 구성원들 가운데 도서관을 찾지 않는 이용자 그룹이 누구인지 점검해야 한다. 만약 아직 파악하지 못했다면 도서관 이용자에 대한 표본조사를 실시하고 해당 결과를 기존에 알고 있던 내용과 비교해 보자. 도서관 이용자 그룹 가운데 학생 비율은 얼마나 되며, 이들의 연령이나 성별, 인종 등에 관한 정보를 대강이라도 파악해야 한다. 이를 바탕으로 도서관을 이용하지 않는 그룹에 초점을 맞춰 마케팅을 진행할 수 있도록 도서관 전략을 수정해야 한다. 이들을 유인할 만한 새로운 도서관 서비스 방안과 어떻게 접근해야 할지도 고민이 필요하다.

여러분 대학교의 학내 구성원들은 도서관을 어떻게 인식하고 있으며, 도서관 서비스에 대해 가장 높은 만족도를 보이는 이용자가 누구인지 파악하는 일도 필요하다. 또한 도서관 서비스를 전혀 경험하지 않는 이용자에 대해서도 알고 있어야 한다. 포커스그룹이나 설문조사, 인터뷰 결과가 중요한 이유가 바로 여기에 있다. 이용자가 원하지 않거나 필요성을 느끼지 못하는 서비스라면 이를 수정하거나 홍보하는 일은 별 의미가 없다. 도서관만의 특별한 점, 말하자면 교내 다른 곳에서는 제공하지 않는 무언가가 있어야 한다. 예를 들어 교내 컴퓨터 랩실에는 없지만 인포메이션 커먼스에서만 경험할 수 있는 서비스에는 어떤 것이 있을까?

마케팅 예산

여러분이 고려하는 모든 마케팅 계획에는 항상 비용이 발생한다는 사실을 잊지 말아야 한다. 마케팅과 관련해서 직간접적으로 소요되는 경비는 대략 어느 정도로 추산하고 있는가? 도서관의 마케팅 업무를 전담하는 인력이 필요하므로 예산에는 인건비도 포함시켜야 한다. 예를 들어 임시 직원을 고용하거나 아웃소싱이 필요할 수도 있다. 도서관의 1년 예산만으로는 기대하는 마케팅 목표를 달성하는 데 부족할 수 있다. 도서관 마케팅 활동과 관련해서 두드러진 변화를 기대한다면 계획과 실행 단계를 월 단위로 나누어서 진행하는 방식을 고려해야 한다. 또한 5년 단위의 계획이 필요할 수도 있는데, 이 경우에는 예산 수급이 원활하지 않은 상황에 대해서도 대비해야 한다.

앞으로 2년 후의 계획을 세워야 하는 경우에는 많은 변수가 발생할 수 있으며 예산 위기 역시 자주 겪을 수 있음을 기억해야 한다. 만약 예상치 못한 예산 삭감이 도서관에서 발생했다면 마케팅에는 어떤 영향을 미치게 될까? 그렇다면 어떤 대비책을 갖고 마케팅 활동을 진행해야 할까? 어쩌면 이러한 상황으로 인해 도서관 직원들은 좌절을 경험하게 되고 모든 상황을 비관적으로 받아들이면서 도서관 마케팅이 필요하다는 사실을 잊을 수도 있다.

일정표

프로젝트 수행을 위한 소요 기간이 구체적으로 정해졌다면 다음 단계에는 일정표를 작성해야 한다. 2년 정도의 기간을 계획한다면 일련의 중간 단계로 계획을 세분하고, 가장 먼저 달성해야 하는 중요한 목표가 무엇인지 확인해야 한다. 어떤 의미에서 이런 작업들은 계획을 준비하는 과정으로도 볼 수 있다. 마케팅 계획은 단순한 로드맵이므로 프로젝트의 진행 과정을 분명하고 객관적인 방법으로 확인하는 것이 중요하다. 이때는 각 단계별로 필요한 시간을 고려하고 구체적인 날짜를 정하면 된다. 시작 시점부터 24개월 후에는 최종 목표를 달성할 수 있을까? 만약 그렇지 않다면 예산에서부터 목표, 일정표 등을 다시 작성해야 한다. 하지만 앞으로 2년 후의 계획을 미리 세우는 것은 역시 어려운 일이다. 새로운 이슈가 발생하거나 참가자가 교체될 가능성이 있기 때문이다. 혹시 계획이 무기한 연기될 것 같다면 계획을 재고할 필요가 있다.

초기 계획 단계의 흥분과 열정이 어느 정도 가라앉을 때쯤이면 신경 쓰이는 문제가 하나 둘 보이기 시작하고 직원들의 불만이 발생할 수 있다. 이런저런 문제 때문에 실행할 수 없다거나 다음 달이나 다음 주 정도로 연기해야 한다는 식의 의견이 직원들 사이에서 오가다 보면 결국 마케팅 계획이 무산될 수 있다. 따라서 데드라인을 설정하는 것이 매우 중요하다. 만약 정해진 기한을 준수하지 못하는 상황이 발생한다면 이는 주의가 필요한 위기 상황으로 받아들여야 한다. 계획을 보류하겠다는 결정은 실패로 이어질 위험이 있으므로 단계별 의사결정 시기를 지정해 놓아야 한다.

성공과 실패의 기준

마케팅 활동에 대한 성과를 측정하는 기준은 미리 정해놓아야 한다. 안타깝지만 이는 인간의 기본 성향과 어느 정도 연관이 있다. 성공하고 싶은 마음이 너무 앞서는 바람에 원래 계획에 없던 성과를 부풀릴 수 있으므로 프로젝트 초기에 분명한 목표치나 성과를 정해놓아야 한다. 또, 성과에 대한 측정은 프로젝트가 종료되는 시점에 진행될 수 있도록 구체적인 절차를 미리 준비해 놓아야 한다. 눈에 띌 만한 성과를 거두지 못해서 실패로 간주되더라도 그동안의 노력을 정당화시키고 싶은 인간의 성향을 주의해야 한다.

도서관 마케팅 활동의 중심 대상은 도서관 이용 경험이 전혀 없는 학내 구성원이다. 다시 말해 도서관에 새로운 이용자를 끌어들이는 것이 마케팅 활동의 핵심 과제다. 도서관의 노력에도 불구하고 학내 모든 구성원이 도서관을 이용하기는 어렵겠지만 대학교의 의사결정에 관여하는 이들에게 대해서는 주목할 필요가 있다. 이들에게 도서관의 의견을 전달할 수 있는 방법을 찾아야 한다. 도서관을 꾸준히 이용하고 있는 정책 결정자가 있더라도 그 사람만을 의지해서는 안 된다. 학내 의사결정 관계자는 도서관에 아주 큰 영향력을 행사할 수 있으므로 이들을 위한 별도의 노력이 필요하다. 그리고 계획의 중요한 부분은 이들에게 초점이 맞춰져야 한다. 도서관 재정 지원에 대한 가치를 대학교의 총장이나 학장에게 어떻게 설명하고 전달해야 할까? 어떻게 해야 사서의 긍정적인 면이 부각될 수 있을까? 도서관 이용 경험이 전혀 없는 학내 의사결정자를 대처하기 위한 별도의 노력을 강구해야 한다.

도서관 이용자 가운데 학내 주요 이해관계자는 특별한 대상으로 인식하고 별도의 노력과 관심을 기울여야 한다. 그렇다고 도서관의 모든 관심이 의사결정권자에게만 집중되는 것은 바람직하지 않다. 학내 이해관계와 무관한 학생들의 요구가 무시될 수 있기 때문이다. 도서관의 '연간보고서annual report'나 '예산요청서funding request'는 대학교의 의사결정권자와 도서관이 교류할 수 있는 대표적인 방안이며, 도서관 마케팅 과정에 더 효과적으로 사용될 수 있는 자료이다. 도서관의 마케팅 계획안에는 기존과는 다른 새로운 커뮤니케이션 방안이 포함되어야 한다. 대학교의 의사결정에 관여하는 이들을 더 자주 만날 수 있는 방법을 찾아야 한다. 가끔이나마 도서관 회의에 참석하는 학내 이해관계자를 파악하고 도서관에서 발행하고 있는 뉴스레터나 브로슈어, 출판물의 발송자 명단에 이들이 포함되어 있는지도 확인해야 한다. 이들에게 도서관이 학내 구성원들에게 다가가기 위해서 어떤 노력을 하고 있는지 알려주어야 하기 때문이다. 교내 캠퍼스 곳곳에 도서관 이름이 보일 수 있도록 신경 써야 한다. 한편 대학교의 주요 정책에 관여하는 이들에게는 그들만의 정보 요구가 있음을 기억해야 한다. 이와 관련해 도서관이 얼마나 유용한가를 여전히 깨닫지 못하고 있더라도 말이다. 결국 양면적인 접근 방법을 고려하는 것이 중요하다. 도서관에서는 학내 구성원들에게 다양한 서비스를 제공하고 있다는 사실을 정책 결정자 스스로 인식하게 만들 필요가 있다. 따라서 이들에게 도서관 서비스를 직접 경험할 수 있는 기회를 제공하는 것이 필요하다.

도서관 홍보 자료 제작

홍보 자료를 제작하는 일은 계획보다 훨씬 많은 시간이 소요될 수 있으므로 어려운 일이다. 만일 홍보 자료가 정해진 기한 내에 완성되지 않으면 결과는 매우 심각해질 수 있으므로 세심한 주의가 필요하다. 그밖에 도서관에서 준비하고 있는 웹사이트가 있다면 되도록 신학기 전에 완성하는 것이 좋다. 도서관에서 주기적으로 발행하는 뉴스레터 역시 마찬가지다.

디자인과 실용성을 모두 갖춘 홍보 자료

디자인까지 훌륭한 홍보 자료를 만들기 위해서는 많은 비용이 필요하다. 하지만 아무리 유능한 직원이라도 근무 시간을 활용해서 홍보 자료를 만들기란 어렵다. 해당 업무에만 온전히 집중하기도 힘들 뿐 아니라, 가능하다 해도 적지 않은 시간이 필요하기 때문이다. 마케팅은 이제 선택 사항이 아니라 도서관의 필수 업무가 되었다. 따라서 다른 업무와 마찬가지로 시간과 기술, 지속적인 노력을 투입해야 한다. 도서관 마케팅과 관련하여 전자출판 지식은 다양하게 활용할 수 있다. 예를 들어, 도서관의 연간보고서 발행이나 안내 자료, 책갈피 제작에 매우 유용하다. 과거 도서관에서는 등사물로 작성한 뉴스레터나 수기로 작성한 안내문을 사용했으며, 개인용 컴퓨터가 등장하기 전에는 전문 업체의 도움을 받기도 했다. 하지만 최근에는 '인디자인 InDesign'이나 '쿼크익스프레스QuarkXpress' 같은 전자출판 프로그램이 등장하면서 일반인들도 전문적인 편집 작업이 가능해졌다. 요즘에는 어디서나 풍부한 그래픽과 세련된 편집 디자인을 적용한 다양한 안내물과 보고서, 각종 홍보 자료를 쉽게 만날 수 있다. 이러한 환경에 익숙해진 이용자들이 도서관에서 만든 밋밋하고 재미없는 홍보 자료를 제대로 읽어보기는 할지 모르겠다. 아래는 도서관 홍보와 관련해 실제

진화하는 대학도서관

활용하고 있는 인쇄물 사례다.

- 신착 자료 목록
- 도서관 안내
- 도서관 브로슈어
- 광고 전단fliers
- 핸드북
- 비즈니스 레터 양식(편지지 헤드 문구)
- 뉴스레터
- 패스파인더, 자료 목록, 추천도서 목록(필독서 리스트)
- 포스터
- 프레젠테이션(파워포인트 프레젠테이션)
- 보고서
- 사인물

보고서 작성과 관련해 전자출판에 관심을 가져야 하는 이유는 무엇일까, 골치 아픈 보고서를 조금이라도 빨리 완성하기 위해서 필요한 걸까? 도서관에서 생산하는 보고서는 그간의 업무 성과를 자랑할 수 있는 기회로 활용할 수 있다. 다시 말해 효과적인 마케팅 수단으로 매우 유용하다. 하지만 도서관 보고서에 아무도 관심이 없다면 도서관의 노력은 모두 헛수고가 될 수 있다. 교내 각 학과나 행정부서에도 도서관의 홍보 자료를 보내보고, 어떤 반응을 보이는지 면밀히 관찰할 필요가 있다. 도서관이 세운 전략이나 계획이 있다면 학내 사회와 함께 공유하는 것이 좋다. 대학도서관의 꿈과 미래에 대해서 학내 구성원과 함께 의견을 나눌 수 있는 기회를 제공해야 한다. 도서관의 사명선언문을 읽어본 이용자는 과연 몇 명이나 될까? 도서관 안내 브로슈어나 뉴스레터와 같은 인쇄물, 홍보 자료에 도서관의 사명선언문을 노출시키는 것도 도서관을 알리는 좋은 방법이다.

보고서를 읽는 독자가 도서관의 긍정적인 성과에 좀 더 집중하기를 원한다면 보고서의 디자인에 신경을 써야 한다. 복잡한 통계 수치가 한눈에 잘 들어오고 현재의 상황을 잘 파악할 수 있도록 표와 그래프 자료를 활용하는 일은 이제 그렇게 어려운 일이 아니다. 또, 색상을 효과적으로 사용하면 보고서를 읽는 이의 흥미를 지속시킬 수 있다. 길고 지루한 보고서 읽기가 부담스러운 이용자를 위해서 간단한 브로슈어 형태로 제작해 보는 것도 좋다. 무엇을 하든지 도서관의 장점을 숨기지 말고 알리는 것이 중요하다. 도서관에서는 학내 구성원을 위해 유익한 방법으로 서비스를 제공하고 있으며, 계속해서 새로운 도서관 서비스를 개발하고 있음을 알려줘야 한다. 여러분과 도서관 직원들은 흥미롭고 보람찬 방식으로 기여해 왔고, 도서관을 이용하지 않는 잠재적 이용자에게 다가가기 위한 노력을 게을리 하지 않았다. 이는 대학교 구성원들에게 도서관이 지금까지 어떤 일들을 해왔는지 분명하게 알릴 수 있는 좋은 기회가 된다.

이용자의 관심 끌기

데스크톱 컴퓨터가 등장하면서 세련되고 참신한 뉴스레터나 출판물을 누구나 만들고 발송하기가 쉬워졌다. 여러분은 전문가 모드의 이러한 출판물과 도서관 자료를 비교하는 것은 무리라고 생각할 수 있다. 혹은 도서관 마케팅 자료를 만들기 위해 직원들이 이렇게까지 노력해야 할까 의아해 할 수도 있다. 반드시 필요한 업무가 아닌데 말

진화하는 대학도서관

이다. 안타깝게도 경쟁은 이미 시작되었다. 각종 홍보 자료나 잡지, 우편물, 비즈니스 레터 양식 등 양질의 인쇄물에 익숙한 이용자들의 관심을 얻기 위해 도서관은 노력해야 한다. 여러분의 도서관에서 만들고 있는 인쇄물이 어딘가 부족하고 유치해 보인다면, 이용자들이 도서관에서 받는 인상이나 느낌에도 영향을 미칠 수 있다.

홍보 머신: 업무 절차

도서관을 이용하지 않는 잠재적 이용자의 흥미와 관심을 어떻게 유도할 수 있을까? 다른 조직과 마찬가지로 이제 도서관에서도 홍보는 중요한 업무가 되었다. 하지만 언제나 그렇듯 문제는 예산이다. 홍보 예산이 매우 부족하거나 아예 편성조차 되지 않은 도서관이 여전히 많다. 기업의 마케팅 활동과 마찬가지로 도서관의 홍보 작업 역시 어느 정도의 시간이 지나야만 그 효과를 확인할 수 있다. 학내구성원을 대상으로 하는 도서관 홍보 활동은 분명 중요한 업무이지만 도서관 입장에서는 시간이 부족하다고 느낄 수 있다. 이를 위해서 일종의 '홍보 머신publicity machine'을 만들어보는 건 어떨까?

예를 들어 도서관에서 워크숍을 준비하고 있다고 가정해 보자. 여러분이라면 이 행사를 어떻게 홍보할 것인가? 당연히 높은 참여율을 목표로 하겠지만, 홍보에 전념할 수 있는 시간이 별로 남아 있지 않다면 바로 '홍보 머신'을 활용하면 된다. 거의 자동적으로 진행되는 과정을 강조하기 위해 나는 머신machine이라는 단어를 사용했다. 홍보 작업이 필요할 때마다 잘 만들어놓은 동일한 절차에 따라 업무를 진행함으로써 신속하고 매끄럽게 진행할 수 있을 뿐 아니라 업무 과정도 간소화할 수 있다. 가령, 학내 게시판과 교수진에게 메일로 발송할 기본

전단 템플릿basic flyer template을 금방 완성할 수 있다. 학내에 라디오나 텔레비전 방송국이 있다면 동일한 정보를 약간만 수정해서 활용하는 것도 가능하다. 교내 학보에 실린 기사를 지역 신문에도 활용하는 것도 마찬가지며, 도서관 홈페이지나 학내 일정에도 반영할 수 있다.

도서관의 홍보 장치를 제대로 만들어볼 생각이라면 어떤 매체를 사용할 것인지에 대해서도 생각해야 한다. 가장 많은 이용자에게 효율적으로 정보를 전달할 수 있는 이메일을 사용한다면 정확한 이메일 주소를 준비해 놓는 것이 좋다. 또한 교내 학보사 편집장이 혹시 바뀌지는 않았는지 확인해 보는 등 힘들게 작성한 보도 자료가 엉뚱한 이에게 전달되지 않도록 확인할 필요가 있다.

특히 안내 자료와 같은 인쇄물은 신속하게 배포하는 것이 중요하므로 지정된 장소에 전달할 수 있도록 직원과 근로학생 명단을 미리 준비해 두어야 한다. 교직원 대상 뉴스레터에 관련 기사를 싣는다면 원고 마감일과 발행 시기 등을 잘 고려해야 한다. 도서관 홍보와 관련한 위와 같은 작업 과정은 문서화해서 보관해야 한다.

신문과 뉴스레터 칼럼

학내 구성원의 관심과 흥미를 유도하기 위해 교내 신문이나 뉴스레터에 칼럼을 실어보는 것도 효과적이다. 아마 교내 신문사에서도 긍정적인 반응을 보일 것이다. 신문 기사를 작성해 본 경험이 없더라도 그렇게 어렵지 않으므로 크게 걱정하지 않아도 된다. 만약 어떻게 글을 시작해야 할지 막막하다면 개인적인 이야기로 시작해 보자. 혹은 감동적이거나 흥미로운 학내 사례가 없는지 찾아보는 것도 한 가지 방법이다. 일반적으로 실화를 바탕으로 한 이야기는 사람들의 관심을 끌 수 있다. 사소하지만 인간적인 면모가 느껴지는 내용이라면 누구나 호감을 느끼게 된다. 도입 부분을 이렇게 시작했다면 다음은 독자들에게 전달하고 싶은 도서관의 새로운 서비스나 자원resources에 대한 내용을 더해보자. 반드시 새로운 내용일 필요는 없다. 독자들이 집중할 수 있도록 적절한 유머가 더해진다면 더 효과적일 것이다. 도서관은 재미없고 지루하다는 고정관념에 도전할 필요가 있다.

마감 기한이 점점 다가오지만 마땅한 내용이 떠오르지 않는다고 해서 무작정 기다릴 필요는 없다. 직원이나 이용자와 대화를 나누면서 도서관에 대한 다른 견해나 새로운 관점에 귀를 기울여 보는 것도 도움이 될 수 있다. 그래도 별다른 아이디어가 생각나지 않는다면 도서관 서가에 꽂혀 있는 책을 읽어보는 것도 좋다. 가능하다면 최근에 발행된 신간 서적이나 프로그램을 살펴보는 것이 더 유용할 것이다. 우선 여러분이 준비하는 신문 기사나 칼럼의 주요 독자층을 파악해야 한다. 독자들도 여러분과 비슷하게 생각할 것이라는 추측은 맞지 않을 수 있으니 주의해야 한다. 가령 4월이나 5월 무렵 학생들에게 관심 있는 정보는 문학작품보다는 다가오는 여름방학을 대비한 아르바이트 구직에 대한 내용일 것이다.

학생들이 흥미를 잃지 않고 기사를 끝까지 읽어낼 수 있도록 그들의 라이프스타일이나 관심사에 초점을 맞춰 글을 쓰는 것이 중요하다. 그리고 나서 여러분이 말하고 싶은 내용을 하나씩 꺼내놓아야 효과적이다. 그래도 여전히 감을 잡기 어렵다면 실제 신문에 실린 칼럼을 찬찬히 읽어보기 바란다. 그리고 개인적으로 관심이 있거나 흥미를 느끼는 글은 어떤 내용인지 직접 확인해 보도록 하자.

마케팅은 의사소통이다

마케팅과 관련해 참고할 수 있는 책들은 이미 넘쳐나지만, 신간 도서 역시 계속해서 발간되고 있다. 물론 그중에도 읽어볼 만한 책은 많다. 조직의 유형에 따라 효과적인 마케팅 기술은 달라질 수 있는데, 마케팅 분야의 다양한 책을 읽다 보면 상황에 맞는 전략과 기술을 선별할 수 있을 것이다. 하지만 어떠한 경우에도 이용자에 대한 고려를 잊어서는 안 된다. 도서관에서는 이용자의 시간과 노력이 아깝지 않을 만큼 귀중한 자원과 서비스를 제공하고 있다. 대학도서관 직원들은 도서관에 대한 깊은 신뢰를 바탕으로 학내 구성원을 위해 도서관이 반드시 필요하다고 굳게 믿고 있다. 도서관의 마케팅 계획이나 마케팅 전략이 무엇이든 사서 여러분의 도서관에 대한 열정과 진심은 반드시 좋은 결과로 나타날 것이라 확신한다. 덧붙여, 대학도서관 최고의 자랑은 도서관을 위해 노력을 아끼지 않는 직원 여러분임을 항상 기억하길 바란다.

참고자료(Resources)

• Duke, L. M. et al. 2007. "How to Develop a Marketing Plan for an Academic Library." *Technical Services Quarterly*, Vol.25, No.1, pp.51~68.

• Hallmark, E. K. et al. 2007. "Developing a Long-Range and Outreach Plan for Your Academic Library: The Need for a Marketing Outreach Plan." *College and Research Libraries News*, Vol.68, No.2(February), pp.92~95.

• Koontz, Christie. 2005. "Customers-Based Marketing: Retail Interior Layout for Libraries" *Marketing Library Services*, Vol.19, No.1(January/February). http://www.infotoday.com/mls/jan05/koontz.shtml

• _____. 2002. "Stores and Libraries: Both Serve Customers!" *Marketing Library Services*, Vol.16, No.1(January/February). http://www.infotoday.com/mls/jan02/koontz.htm

• Motin, S. 2007. "Reach Out to Your Community through Exhibits: Employing ALA Partner Grants as Part of Your Academic Library's Marketing Efforts." *College and Research Libraries News*, Vol.68, No.5(May), pp.310~313. https://crln.acrl.org/index.php/crlnews/article/view/7803

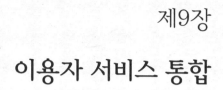

제9장

이용자 서비스 통합

여러분도 충분히 공감할 텐데, 21세기 대학도서관의 생존은 사서에게 달려 있다고 확신한다. 오프라인 도서관에서 제공하는 다양한 자원과 서비스를 온라인상에서 이용할 수 있을 뿐 아니라 방대한 양의 학술 정보를 클릭 몇 번으로 찾아낼 수 있는 현재의 정보 환경은 사서의 노력이 더해진 결과다. 하지만 도서관의 물리적 공간 활용과 이용자에게 일 대 일로 제공하는 서비스가 사라져가는 최근의 상황을 그대로 방치한다면 사서들은 대학교 사회에 막대한 피해를 입힐 수 있다. 대학도서관 생존 전략의 핵심은 '직원'을 빼놓고는 이야기할 수 없다. 전문 지식과 경험을 갖춘 사서와 도서관 이용자가 직접 교류하지 않는다면 앞으로의 대학도서관의 성장과 발전은 기대하기 어렵다. 그런데 안타깝게도 도서관을 찾는 이용자들이 참고사서나 자료 대출과 이용자 서비스를 담당하는 도서관 직원과 마주하는 기회가 점점 줄어들고 있다.

이 책을 준비하기 위해 2년제 전문대학교에서부터 대규모 종합대학교에 이르기까지 다양한 대학도서관을 다녀오면서, 대학도서관의 문제는 여기서 시작된 것이 아닐까 하는 의구심을 갖게 되었다. 대학도서관마다 담당 직원이 없는 상태로 방치되어 있는 넓은 공간이 상당히 많았다. 이용자들에게는 눈에 띄지 않지만 도서관 곳곳에서 많은 직원들이 근무하고 있다는 사실을 우리는 잘 알고 있다. 하지만 상당수의 이용자들은 여전히 모르고 있다.

대출 카운터

대출·반납 데스크에서 근무하는 직원 가운데 상당수(10명 가운데 8명 정도)가 근로학생이라는 사실을 이번 방문을 통해 확인했다. 물론 모든 직원을 실제로 만났다는 건 아니다. 도서관 직원 명부에는 상당

수 직원이 해당 부서에 근무하는 걸로 기재되어 있었지만 대부분 2~3명 정도의 담당 직원과 무인대출기 몇 대로 대출·반납 업무를 운영하고 있었기 때문이다. 대출 카운터circulation desk를 관리하는 여러 대학도서관 직원들을 인터뷰하면 이들에게는 이용자 서비스에 관한 두 가지 마음이 있다는 사실을 확인할 수 있다.

직원들은 학내 구성원들에게 더 나은 도서관 서비스를 제공하기 위해 열심히 노력하고 있다고 애써 강조했다. 이들은 대학도서관의 가장 중요한 업무는 당연히 이용자 서비스라고 생각했으며, 최근 대학도서관의 대출 책수와 이용률 감소를 걱정했다. 하지만 다른 한편으로는 대출 카운터 업무가 자신의 업무를 방해한다고 생각하고 있었다. 일반적으로 대출·반납 업무를 포함한 모든 서비스 데스크가 항상 분주하기만 한 것은 아니다. 이용자들이 유난히 몰리는 바쁜 시간대도 있지만 비교적 한가한 때도 분명히 있다. 그런데 직원들은 이용자가 별로 없는 한가한 시간대에 대출 카운터에 근무하는 것을 시간 낭비라고 여기며 처리해야 할 일이 잔뜩 쌓여 있기 때문에 사무실에서 근무할 수밖에 없다고 주장했다. "내가 필요한 일이 생기면 티파니(근로학생)가 바로 전화를 걸어서 알려줍니다. 그러면 즉시 데스크로 나가 어떤 일인지 확인하고 해결합니다. 제 업무도 물론 급하긴 하지만 이용자 서비스를 위해서라면 괜찮습니다." 담당 직원의 대답이다.

이 대답은 도서관의 대출·반납 업무에 대한 도서관 직원들의 솔직한 생각과 태도를 그대로 보여주는 실례이다. 앞에서도 언급했듯이 이 직원은 대출 카운터에서 근무하는 것과 자신의 자리에서 근무하는 것을 분명하게 구분했으며, 자신의 업무는 이용자 지원과 다름을 재차 강조했다. 그동안 도서관에서 근무하면서 티파니와 같은 근로학생의 이용자 응대를 많이 지켜봤었다. 그러나 데스크에 근무하는 근로학생이 아무리 친절하게 응대하더라도 담당 직원이 제공하는 서비스와는 분명한 차이가 있다.

'좋은 이용자 서비스'에 대한 정의

그렇다면 도서관 직원과 근로학생의 이용자 응대는 어떻게 다를까? 간단하게 답하기는 어렵지만 다음과 같은 면에서 차이가 있다. 대출데스크의 배치나 담당 직원의 직무기술서 내용은 도서관마다 다를 수 있다. 하지만 도서관에 근무하는 직원이라면 학생이나 교수가 문의하는 내용에 대해 관련 정보를 제공하거나 담당 직원에게 안내할 수 있을 것이다. 또, 자신의 용무를 해결하기 위해 어떤 질문이 필요한지 모르는 이용자에게도 적절한 서비스를 제공할 수 있다. 특히 도서관 경험이 부족하거나 익숙하지 않은 신입생들에게는 정보 요구를 파악하기 위한 탐색probing 질문이 필요한 경우가 많다. 도서관에서 참고 인터뷰를 가장 잘 하는 사람은 당연히 참고사서겠지만 도서관 근무 경험이 많은 직원들 역시 학생들의 정보 요구를 어느 정도 파악할 수 있다.

이번에는 근로학생이 대출·반납 데스크에서 이용자를 어떻게 응대하고 있는지 살펴보자. 일반적으로 근로학생들은 컴퓨터로 무언가를 찾는 일을 제일 잘한다. 그래서 이용자의 대출 정보를 조회하는 일은 이들에게 비교적 쉬운 일이다. "제가 빌린 책이 몇 권인지 확인할 수 있을까요?"라는 문의에 제대로 답하지 못하는 학생은 거의 보지 못했다. 반면 이용자가 대출·반납 정보를 확인하는 모니터에 엉뚱한 화면을 띄워놓는 실수는 가끔 발생한다. 그런데 이때 근로학생들은 근무 중에 저지른 자신의 실수에 대해 도서관 직원이 아닌 동료 학생들에게 도움을 구하는 경향이 있으며, 대출데스크 업무가 아닌 다른 내용을 문의하는 이용자는 별도의 추가 설명 없이 바로 참고사서에게 안내하는 편이다.

이용자들이 문의하는 내용의 대부분은 지시형이므로 참고사서의 도움이 없더라도 충분히 답할 수 있다. 근로학생들은 화장실 위치를 묻는 질문은 자신 있게 대답하지만 음악 CD를 어디서 이용할 수 있는지 물어보는 학생에게는 답변을 주저한다. 한 페이지로 제작된 도서관 안내 지도가 책상 위에 잔뜩 쌓여 있지만 이를 활용하는 근로학생은 거의 보지 못했다. 어쩌면 도서관 지도가 있다는 사실조차 전혀 모르는 듯했다. 결론적으로, 대출데스크에서 근무하는 근로학생이 구체적으로 대답할 수 있는 질문은 제한적이다. 또, 이용자의 질문 내용을 확인하는 과정 역시 이들에게서는 거의 찾아볼 수 없다. 다시 말해 이용자가 문의하는 내용을 충분히 이해하지 못한 채 엉뚱한 답변을 제공했을 가능성이 높다.

근로학생의 역할

티파니가 근무하는 도서관과 상당히 비슷한 대학도서관을 한 군데 더 다녀왔다. 도서관 로비의 대출데스크에는 근로학생들이 근무하고 있었고, 직원들은 데스크 근처에 있는 별도의 사무실에서 근무하고 있었다. 이 도서관에서는 이용자 문의사항을 도맡아 처리하는 제러미라는 근로학생이 가장 인상적이었다. 이 근로학생은 티파니와는 대조적으로 이용자 질의를 대화를 시작하는 계기로 활용하는 듯 보였다. 다시 말해 사서들처럼 이용자에게 탐색질문을 했으며 지시적인 질문에 적절한 답변을 제공하기도 했다. 그는 더 나아가 이용자가 원하는 내용을 파악하기 위해 추가 질문을 하기도 했다. 당시 나는 대출 카운터에서 조금 떨어진 위치에서 제러미를 지켜봤기 때문에 대화 내용을 제대로 듣지는 못했다. 하지만 제러미가 응대했던 학생의 반응은 아직도 기억한다. 연신 고개를 끄덕이며 제러미의 설명에 집중했던 학생은 자신감 있는 발걸음으로 자료실로 향했다. 얼마 후 엘리베이터에서 우연히 제러미와 마주쳤는데, 반가운 마음에 나도 모르게 아는 척을 하면서 적극적인 이용자 응대를 칭찬했다. "그런데, S선생님(사무 공간에서 근무하는 도서관 직원) 앞에서 그렇게 말씀하시면 제가 곤란해져요. S선생님은 근로학생이 이용자 질문에 지나치게 많이 대답해서는 안 된다고 하셨거든요"라고 제러미는 말했다.

갑자기 죄책감이 밀려왔다. 여러분도 제러미와 비슷한 근로학생을 많이 경험했을 것이라고 생각한다. 나 역시 S선생님과 크게 다르지 않았다. 뭐든지 아는 척하는 근로학생에게는 주의를 주었으며 비슷한 문제로 고민하던 동료 담당자를 위로했던 기억이 하나 둘 떠올랐다. 우리는 도서관 직원이 근로학생보다 더 정확한 정보를 제공할 수 있다고 생각하면서도 근로학생만을 도서관에 남겨두었다. 이용자 질의에 적절한 답변을 제공하는 근로학생들도 있지만 질문 내용조차 제대로 파악하지 못하는 이들도 있다. 또, 이용자를 다른 근로학생에게 떠넘기거나 자신이 알고 있는 범위에서만 이용자를 응대하는 모습을 확인하기도 한다. 결국 티파니를 비롯한 상당수의 근로학생들은 이용자 질의는 되도록 피하는 편이 낫다고 믿게 되었다. 물론 대출데스크에 근무하는 근로학생들에게는 관련 사전 교육을 제공하고 있지만 신분별 대출 가능 책수나 대출 기간에 대한 내용, 그리고 연체 도서와 대출 연장에 대한 처리 방법과 컴퓨터 처리 과정을 보여주는 정도가 전부다. 실제 근로학생들이 갖고 있는 도서관에 관한 지식은 매우 미비하다.

　내가 만약 이용자였다면 티파니보다는 제러미의 응대를 받고 싶었을 것이다. 우선 상냥한 학생들의 따뜻한 환대를 받으며 한결 편안해졌을 것이다. 또, 대부분 지시형 질문이었으므로 이용자들은 필요한 서비스와 자료를 빨리 찾았을 것이다. 그렇지만 만약 제러미가 적절히 응대하지 못했다면 이용자들은 오히려 시간만 낭비한 채 참고실로 향했을 가능성도 있다. 도서관을 방문한 이용자를 대상으로 만족도를 조사한다면 티파니보다는 제러미가 응대한 이용자들이 훨씬 긍정적이고 생산적인 도서관을 경험했을 것이다.

　티파니가 근무하는 도서관에서 대출데스크에 문의하는 이용자를 직원이 직접 응대했던 모습을 두 번 목격했다. 그중 한 번은 연체료 부과에 대해 불만을 제기하는 이용자였는데 이 문제는 상급자에게 넘겨졌다. 두 번째는 직원이 대출 카운터 앞을 지나가다 이용자가 문의하는 내용을 우연히 듣게 된 경우였다. 그렇다면 이용자 서비스 측면에서 위 두 가지 경우는 어떤 차이가 있을까? 우선 담당 직원은 이용자의 문의 사항을 끝까지 듣고 난 뒤 답변을 이어갔다. 여러분도 짐작하듯이 제러미처럼 예외적인 경우도 있지만 일반적으로 근로학생들은 이용자의 질의를 주의 깊게 듣지 않는 편이다. 그리고 모든 상황에 두루 적용할 수 있는 두 세 개 정도의 답변을 주로 사용하는 편이다. 두 번째 차이는 진짜 대화가 이루어진다는 데 있다. 이용자와 직원 사이에 어떤 대화가 오갔는지 직접 듣지는 못했지만 나는 그들의 생기 넘치는 표정을 여전히 기억하고 있다. 도서관 직원은 이용자가 문의하는 내용을 충분히 이해할 때까지 질문을 이어갔다. 이용자의 질문을 이해한 직원은 이해를 돕기 위해 지도를 보여주면서 몇 가지 방법을 제안했다. 이 직원이 이용자와 대화를 나눈 시간은 불과 몇 분에 불과했지만 이용자의 반응에는 엄청난 차이가 있다. 직원의 안내를 받은 이용자는 자신감 있는 발걸음으로 자료실로 향했다. 이처럼 도서관 직원으로부터 기분 좋은 환대와 신뢰감이 느껴지는 안내를 받은 이용자는 원하는 자료를 제대로 찾았을 가능성이 크다. 동시에 도서관을 다시 방문할 가능성 역시 높다고 볼 수 있다. 하지만 대출데스크 직원이 이용자를 응대하는 모습은 그 이후로 보지 못했다.

대형 건물을 처음 방문하는 이용자들은 가장 먼저 안내 데스크를 찾아가 도움을 요청한다. 도서관에서는 모든 이용자가 지나다니는 대출·반납 카운터가 또 하나의 안내 데스크 역할을 하기도 한다. 그런데 대출데스크를 20분 정도 일부러 지켜봤는데, 책을 대출하고 반납하는 경우를 제외하고는 찾아오는 이용자는 별로 없었다. 만약 대출데스크가 사라지더라도 이용자들에게 별다른 차이는 없을 것 같다. 직원 부족은 상당수 대학도서관에서 겪고 있는 문제이다. 따라서 근로학생의 필요성은 모두가 인식하고 있다. 만약 근로학생의 지원이 중단된다면 대학도서관은 제 기능을 하지 못할 수도 있다. 하지만 근로학생들을 충분히 교육시키고 세심하게 관리한다면 대학도서관의 이용자 서비스 제공에 더 긍정적인 역할을 할 수 있을 것이다. 그동안 나는 여러 대학교의 근로학생을 살펴보면서 이들에 대한 교육과 감독이 부족하다는 사실을 자주 실감했다.

그런데 혹시 이용자들이 대학도서관을 말과 행동이 일치하지 않는 조직으로 오해하지는 않을지 걱정이다. 앞에서 설명했던 제러미와 티파니가 근무하는 대학도서관은 모든 이용자에 대한 봉사를 최우선 목표로 하고 있다. 이러한 내용은 도서관의 '사명선언문'에서도 확인할 수 있으며, 도서관 직원들에게도 계속해서 환기시키고 있다. 그럼에도 상당수 대학도서관에서는 비교적 많은 시간을 투입해야 하는 이용자 서비스를 부가적인 업무로 인식하고 있다. 실제 대학도서관에서 제공하는 이용자 서비스는 지난 20년 동안 양적인 면에서뿐만 아니라 질적인 면에서도 계속 하락하고 있는 추세다. 왜 이렇게 된 걸까? 이와 관련한 몇 가지 가능성을 살펴보자.

도서관 자동화

기록 관리와 관련된 업무가 도서관 직원들의 업무 대부분을 차지했던 시절이 있었다. 도서관의 고참들은 기억할 텐데, 당시에는 수서와 편목을 담당하는 많은 직원들이 정리 부서에서 근무했다. 책 구입에 필요한 주문서를 작성하고 각 주문서에 대해 다섯 장의 복사본을 만들어 파일을 작성했다. 책을 정리하고 목록 카드를 만드는 일은 예술작품 만들기만큼이나 어렵고 복잡했다. 그런데 컴퓨터가 등장하면서 기존의 단순 반복적인 대학도서관의 일부 업무가 사라지면서 훨씬 수월해졌다.

실제 도서관 시스템을 살펴보면 알겠지만 누군가가 시스템을 망가뜨리는 일은 매우 어렵다. 기본적으로 시스템 환경은 패스워드 사용을 통해 보호하고 있으며 백업은 자동으로 진행되고 있다. 따라서 심각한 사태가 발생하기란 매우 드문 일이다. 만약 누군가의 처리 과정에서 오류가 발생하더라도 시스템 전체에 영향을 주기는 어렵다. 그럼에도 티파니가 근무하는 도서관에서는 직원들이 업무 시간의 대부분을 컴퓨터 작업에 쏟아 붓고 있다. 도서관 직원들도 컴퓨터 작업이 이용자를 응대하는 업무보다 중요하다고 말하지는 않을까 개인적으로 걱정스러웠다. 하지만 안타깝게도 직원들은 각자의 업무 평가와 승진을 위해 컴퓨터 작업이 중요하다고 믿고 있었다. 여기에 대한 원인은 도서관 관리자가 직원들의 업무를 평가하는 과정에서 찾을 수 있다.

대학도서관에 근무하는 직원들의 평가는 1년에 한 번씩 진행된다. 긍정적인 평가는 급여 인상으로 이어지지만 부정적인 평가는 징계로 이어지기도 한다. 무난한 평가를 받은 직원들 역시 스트레스를 받기는 마찬가지다. 관리자 입장에서도 직원 평가는 쉽지 않다. 부정적인 평가는 논쟁거리가 될 수 있으므로 되도록 쉽게 검증할 수 있는 문제로 비판점을 제한하는 편이다. 긍정적인 평가는 객관적으로 확증할 수 있는 정보를 근간으로 하고 있다. 그런데 도서관 직원들의 서비스 품질 평가는 서비스 데스크 옆에서 직접 지켜보지 않는다면 매우 어려운 일이다. 티파니를 비롯한 근로학생들은 이용자에게 친절하게 응대해야 한다고 교육을 받았다. 이용자들은 다소 매끄럽지 않은 근로학생의 답변이 항상 만족스러운 것은 아니지만 그렇다고 게시판에 글을 올릴 정도는 아니다.

하지만 자신이 이미 반납한 책이 '연체 중'으로 확인된다면 누구라도 이의를 제기할 것이다. 최근 도서관 이용자들의 불만 사항 가운데 상당 부분은 컴퓨터 오류로 인한 것이다. 그리고 이러한 내용들은 담당 관리자에게 보고된다. 컴퓨터상에서 발생한 대부분의 오류는 쉽게 확인할 수 있다. 예를 들어 연체 통지서가 잘못 발행되었다면 언제 누가 발송했는지 알아낼 수 있다. 퇴사한 직원들이 저지른 실수나 오류에 관한 기록을 발견하는 일은 도서관에서 자주 발생한다. 연체 통지서가 제대로 발행되었는지, 그리고 이용자에게 제대로 전달되었는지 확인하는 일은 어렵지 않다. 어떤 의미에서 보면 컴퓨터 덕분에 관리자는 직원들이 무엇을 하고 있는지 파악하기가 쉬워진 것이다.

관리자가 직원 평가를 위해 참고할 만한 자료는 컴퓨터 작업으로 생산한 결과물을 제외한다면 거의 없는 셈이 되었다. 이용자들로 북적이는 대출·반납 데스크와는 떨어져 있는 조용한 사무실에서 도서관 관리자는 메일을 확인하며, 직원들의 출근 상황표를 확인하고, 이용자 서비스가 아닌 인사 문제에 주의를 기울이고 있다. 한편, 이용자 서비스를 담당하는 직원들은 일상적인 사무 업무를 제일 중요한 일로 인식하게 되었으며 어느새 이용자 서비스는 부가적인 업무가 되었다.

멀티태스킹의 한계

지난 몇 년 동안 우리는 **멀티태스크**multitask 또는 **멀티태스킹**multitasking이라는 단어를 도서관 컨퍼런스나 관련 문헌에서 자주 접하고 있다. 하나 이상의 업무를 동시에 수행하고 있음을 뜻하는 멀티태스킹은 비즈니스, 그중에서도 컴퓨터 시스템을 관리하는 영역에서 시작된 개념이다. 컴퓨터는 몇 가지 일을 한꺼번에 수행할 수 있지만, 인간에게 멀티태스킹이란 한 업무에서 다른 업무로 연속적으로 이동하는 상태를 의미한다. 멀티태스킹이 가능한 업무들은 대부분 높은 수준의 정신 집중을 요구하지 않는다. 따라서 멀티태스킹이 가능한 업무는 '매우 쉬운 일이다'라고 말할 수 있다. 대다수의 사람들은 일상생활에서 충분히 멀티태스킹이 가능하다.

티파니가 근무하고 있는 도서관에서 대출 카운터를 관리하고 있는 (별도의 사무실에서 근무 중인) 도서관 직원의 인터뷰를 다시 한번 살펴보자. "내가 필요한 일이 생기면 티파니(근로학생)가 바로 전화를 걸어서 알려줍니다. 그러면 즉시 대출대로 나가 어떤 일인지 확인하고 해결합니다. 제 업무도 급하지만 이용자 서비스를 위해서라면 괜찮습니다." 이 직원이 데스크에서 처리할 수 없는 업무는 도대체 무엇이었을까? 다음은 대출데스크 직원들이 근무하는 모습을 관찰하면서 정리한 주요 업무들이다.

- 업무 관련 이메일 확인 및 답장 발송
- 업무 관련 메일링 리스트 확인
- 근로학생 근무상황표 관리 및 관련 문서 작업
- 도서 연체 통지서 출력 및 발송 업무
- 지정 자료 관련 업무
- 도서관 시스템에서 업무 관련 통계 및 보고서 출력
- 교수의 요청 및 불만 사항 처리

대출데스크 담당 직원의 직무 분석표에는 여러 가지 업무가 기재되어 있지만 이를 모두 수행하는 직원은 아직 보지 못했다. 위에서 기재한 업무 가운데 '교수의 요청 및 불만 사항 처리'는 일부 도서관에서 교수가 제기하는 불평이나 항의에 대해 직원들이 매우 민감하게 반응하기 때문에 개별 항목으로 추가했다. 직원들은 근로학생들이 혹시 문제를 일으키지는 않을지 걱정하면서 교수의 요청 사항에 대해 개인적으로 응대를 하는 경우도 있다. 그런데 규모가 큰 대학도서관일수록 학생과 교수를 별다른 구분 없이 응대하고 있었다.

대출 업무를 담당하는 직원이 앞에서 열거한 업무를 처리하기 위해서 대출 카운터가 아닌 다른 장소에서 근무해야 하는 이유는 없다. 우리들 대부분은 시간과 장소에 상관없이 이메일을 확인하고 보낼 수 있으며, 별도의 사무실이 아닌 대출대에서도 충분히 업무를 처리할 수 있다. 연체 통지서를 출력하고 발송하는 업무는 근로학생에게 맡겨도 충분히 가능하며, 이렇게 절감된 시간은 이용자 서비스에 더 집중할 수 있다. 달리 말해 그동안 대출 담당 직원은 더 많은 책임감이 필요한 업무는 근로학생에게 맡긴 채 자신들은 훨씬 단순하고 반복적인 업무를 처리했다고 생각한다. 충분한 교육과 훈련을 받은 근로학생이라면 지정 도서 관련 업무 역시 어려움 없이 처리할 수 있다. 만약 직원이 대출데스크에서 근무한다면 이 과정을 더 쉽게 감독할 수도 있다. 물론 인사 문제만큼은 대출데스크에서 처리하지 않도록 주의해야 한다. 일부 정보는 기밀에 해당하거나 서류가 분실될 가능성도 있기 때문이다.

도서관과 서점의 비교

이용자에게 더 나은 서비스를 효과적으로 제공하기 위해서 적합한 직원을 채용하는 일은 매우 중요하다. 몇 년 전 도서관과 대형 서점을 비교하는 책*을 준비하면서 도서관에서 대출 카운터 업무를 담당하는 직원과 서점에서 이용자를 응대하는 직원의 업무가 매우 유사함을 발견했다. 도서관 이용자나 서점 고객을 가장 먼저 만나는 업무인 만큼 이들에게는 책임감 있는 업무 태도가 중요하다. 그밖에 이용자나 고객의 간단한 참고질의 또는 지시형 질문에 응대하고 간단한 컴퓨터 업무를 수행하는 것도 두 직종 간의 공통점이다. 반면 차이점

* [옮긴이] *Creating the Customer-Driven Library: Building on the Bookstore Model*.

은 도서관 직원은 책을 주로 많이 다루지만 서점 직원은 돈을 더 많이 만진다는 사실이다.

급여 수준이나 자격 요건이 비슷하기 때문에 두 조직의 채용 공고에 응시하는 지원자의 배경 역시 (도서관에서 받는 혜택이 더 많음에도) 거의 비슷하다. 그러나 각 조직의 직원 선발 기준은 분명히 다르다. 효율적인 업무 수행을 위해 유능한 지원자는 서점이나 도서관 모두 선호하기 마련이다. 하지만 비슷한 수준의 지원자라면 서점에서는 되도록 외향적이고 활발해 보이는 이를 뽑으려고 한다. 이에 반해 도서관에서는 업무 수행 능력이 가장 높아 보이는 지원자를 관리자 개인의 주관적 판단에 따라 선택한다. 지원자를 면접하면서 사람들과 일하는 것을 좋아하는지 묻는 것도 항상 동일하다. 지원자는 당연히 좋아한다고 답하며, 그렇게 면접은 끝난다. 물론 지나치게 사회성이 없어 보이거나 반사회적인 성향이 엿보이는 지원자들은 당연히 제외된다. 그러나 면접시험에서는 누구나 최선을 다하기 마련이다.

내성적인 성격의 직원에게 이용자 서비스 관련 업무는 아주 고단하고 부담스러울 수 있다. 이용자를 상대해야 하는 직원은 낯선 이용자와의 접촉을 즐기고 이를 통해 즐거움이나 보람을 느낄 수 있어야 한다. 자신의 업무를 정말 좋아하는 직원과 내키지 않는 일을 억지로 하는 직원을 이용자들은 충분히 구별할 수 있다. 도서관의 서비스나 장서가 아무리 유용하더라도 인간적인 친근감을 느낄 수 없는 도서관이라면 이용자들은 자주 찾지 않을 것이다. 개인 간의 상호작용은 무엇보다도 중요하다. 만약 이용자 응대가 불편한 직원이라면 이를 모면하기 위한 핑계나 이유를 계속해서 찾아낼 것이다. 그리고 이것이 직원들이 대출대 근무를 꺼리는 대표적인 이유이다. 반면 서점에서는 직원이 고객의 눈을 피해 있는 것이 절대 불가하다. 내성적인 성격의 직원이라고 해서 고객과의 접촉을 최소화해서 업무를 수행할 수 없다. 결국 서점 업무에 적합하지 않은 직원은 다른 일을 찾아야 한다. 그런데 그런 직원들이 혹시 도서관으로 옮겨 오지는 않을지 내심 걱정이다.

참고사서와 이용자의 상호작용

대출 카운터에서 근무하는 직원이 이용자를 피하고 싶은 마음은 참고사서 역시 크게 다르지 않다. 그런데 여기에는 나름의 이유가 있다. 효과적인 참고 서비스를 제공하려면 자신의 컴퓨터 파일(각종 문서나 자료 등)과 전화를 사용할 수 있어야 한다. 대부분의 대학도서관에서는 비교적 복잡한 컴퓨터 네트워크가 잘 구축되어 있으므로 파일을 공유하는 문제는 그렇게 어려운 일이 아닐 것이다. 다시 말해 학내 구성원들은 필요에 따라 파일을 네트워크 서버에 보관하거나 복사할 수 있다. 결국 여기서 중요한 점은 기꺼이 그렇게 하려는 사서들의 의지라고 할 수 있다. 일반적으로 사서들은 참고데스크 교대근무에 앞서 몇 가지 준비를 하는 편인데, 특히 도서관 분야 저널과 같은 읽을거리를 챙기는 이들이 많다. 참고 데스크는 주로 특정 시간대에만 바쁘고 그 외 시간은 비교적 한가하기 때문이다. 참고 데스크에서 딱히 할 일이 없으면 사서들은 서평을 읽거나, 인터넷 검색을 하거나, 또는 정말 아무것도 하지 않는다. 만약 각자의 컴퓨터 파일에 접근할 수 있다면 이러한 자투리 시간을 생산적으로 보낼 수 있을 것이다.

참고 데스크에 근무하는 사서는 전화 통화가 자유롭지 못하다는 어려움이 있다. 이용자 교육을 담당하는 참고사서는 교수들과 연락을 주고받아야 하는 일이 많으며, 관리자급의 사서라면 일반 직원들과 수시로 의견을 교환해야 한다. 지나치게 시끄러워서 전화 통화가 어려운 참고실도 있는 반면 직원의 전화 통화가 이용자에게 방해가 될 만큼 조용한 참고실도 있다. 다른 업무에 비해 전화 통화가 사람들의 주의를 많이 끌기 때문이다. 여러분도 비슷한 경험이 있을 텐데, 예를 들어 어떤 용무를 해결하기 위해 상점이나 관공서를 찾았을 때 나보다 먼저 온 사람들이 있다면 당연히 순서를 기다려야 할 것이다. 하지만 담당 직원이 몇 분째 계속 전화 통화를 하고 있는 상황이라면 조금씩 짜증이 날 것이다.

메신저 서비스

언젠가 별도의 사무실에서 근무하는 사서를 인터뷰하던 중이었다. 우수한 평가를 받았다는 도서관의 교육 프로그램을 열심히 설명하던 사서가 내 눈이 자신의 업무용 컴퓨터 화면으로 향한 것을 알아챘다. 금방 얼굴이 붉어진 이 사서는 남편과 아들이 보내는 메시지를 확인하기 위해 야후 메신저 프로그램을 사용한다고 조심스럽게 털어놨다. 그런데 이 사서가 죄책감을 느낄 필요는 전혀 없다. 업무를 소홀히 하면서 채팅만으로 시간을 보냈던 것은 아니기 때문이다. 그저 업무에 방해가 되지 않도록 전화 대신 메신저 프로그램으로 가족과 연락을 주고받았던 것뿐이다. 인스턴트 메신저 사용자는 계속해서 늘어나고 있다. 그렇다면 도서관에서도 메신저 프로그램을 사용해 보면 어떨까? 도서관 전용 메신저 아이디를 만들어 학내에 공개하고, 도움을 요청하는 이들에게 필요한 서비스를 제공할 수 있을 것이다. 다만 도서관 업무가 아닌 개인적인 용무로 메신저를 활용하는 경우에는 별도의 계정으로 접속하는 것이 좋다.

대출데스크에서 사용하는 업무용 컴퓨터에 메신저 프로그램을 설치하면 티파니와 같은 근로학생들도 담당자에게 참고질의를 보낼 수 있다. 참고 데스크에서 사용하는 컴퓨터 이름을 알 수 있다면 OPAC 컴퓨터에서도 참고질의를 보낼 수 있다. 그러면 학생들은 어디에서든 장소에 상관없이 참고 서비스를 이용할 수 있을 것이다. 그동안 일부 도서관에서는 보안이 취약하다는 이유로 검색용 컴퓨터에 메신저 프로그램 설치를 제한해 왔다. 메신저 프로그램을 안전하게 사용하려면 다운받은 파일을 정기적으로 삭제하고 컴퓨터 환경을 규칙적으로 점검해야 한다.

메신저 프로그램 활용은 사서들이 참고 데스크에서 근무하면서 일상 업무도 함께 수행할 수 있는 한 가지 방법이다. 최근 대학도서관에서는 문자메시지와 채팅을 포함한 다양한 온라인 커뮤니케이션 수단을 이용하고 있다. 휴대폰을 사용할 수 있는 장소라면 어디에서든지 사용할 수 있기 때문에 특히 젊은 층에서 문자메시지는 인기가 매우 높다. 또, 많은 사람들과 교감하는 기회를 제공한다는 점에서 인터넷 채팅 역시 이용자들에게 인기가 많다.

대학도서관의 온라인 커뮤니케이션

≪레퍼런스 라이브러리언Reference Librarian≫ 2007년 7월 호는 대학도서관의 문자 전송 서비스나 메신저 서비스 활용과 관련한 매우 유용한 참고 자료이다. 그중에서도 사라 스타이너Sarah Steiner와 케이시 롱Casey Long이 발표한 논문*에는 이와 관련한 거의 모든 내용을 포함하고 있다.[1] 2005년 미국의 퓨 인터넷 앤드 아메리칸 라이프 프로젝

트Pew Internet American Life Project에서 실시한 설문에 따르면 미국 온라인 이용자의 45%는 메신저 프로그램을 사용하고 있다. 또한 아메리카온라인에서 발표한 보고서에 따르면 인터넷을 이용하는 젊은 층의 90%가 메신저 프로그램을 사용하고 있다. 따라서 대학도서관 서비스의 프라이머리 마켓에 해당하는 젊은 층과의 의사소통은 메신저 프로그램을 사용하는 것이 효과적이다. 실제로 요즘 학생들은 개인적인 용무의 대부분을 온라인으로 해결하고 있으며, 도서관 역시 온라인에서 이용하기를 기대하고 있다. 한편 전체 사서의 25%가 메신저 프로그램으로 이용자와 교류하고 있으며 메신저 프로그램으로 문의하는 참고질의 역시 계속해서 늘고 있다.

스타이너와 롱의 논문에는 채팅 레퍼런스와 메신저 서비스를 비교한 설문 결과도 함께 실려 있다. 설문조사를 시작했을 당시에는 채팅 레퍼런스를 실시하는 대학도서관이 더 많았지만, 메신저 서비스 이용 역시 빠르게 증가하는 추세였다. 채팅 프로그램은 정보 전문가들이 자체적으로 사용하기 위해 개발되었다. 그래서인지 사서들 사이에서 어렵고 불편하다는 의견이 많았으며 학생들에게도 별로 인기가 없었다. 반면 인터넷 메신저는 이용자 인터페이스가 단순하고 개인정보 보호 면에서도 더 우수한 편이다. 하지만 메신저 사용을 위한 등록 과정에 대해서 우려를 나타내는 사서들도 있다. 이미 많은 이용자들이 메신저를 사용하고 있는 상황에서 온라인 질의를 위한 메신저를 또 등록해야 한다면 충분히 부담스러울 수 있기 때문이다.

이용자가 원하는 옵션을 모두 제공하기 위해 채팅 레퍼런스와 메

●　[옮긴이] 「우리가 걱정하는 것은 무엇인가? 메신저 서비스에 대한 사서들의 의견과 오해(What Are We Afraid of? A Survey of Librarian Opinion and Misconceptions Regarding Instant Messenger)」.

신저 프로그램을 모두 제공하는 도서관도 일부 있다. 그런데 연령대가 높은 사서들 중에는 이것이 관리가 어렵고 불편할 뿐 아니라 이용자 서비스 향상에도 별 도움이 되지 않는다며 부정적인 의견을 토로하는 이들도 있다. 통계 데이터 수집의 어려움을 호소하는 의견도 있다. 하지만 트릴리언Trillian과 가임Gaim•에는 모두 해당하지 않는다. 이들 프로그램은 다른 메신저 서비스와도 소통이 가능하며 실시간으로 진행되는 모든 대화를 저장할 수 있다는 두 가지 장점을 가지고 있다. 달리 말해 도서관 직원과 이용자가 주고받았던 모든 메시지는 마스터 컴퓨터로 보내져 일정 기간 보관된다. 도서관에서 인스턴트 메신저 사용을 제한했던 시절의 문제는 이제 대부분 해결된 상태이다. 예를 들어 MSN이나 AIM 같은 인스턴트 메신저는 프로그램을 다운받아 실행했지만 최근에는 별도의 프로그램을 설치하지 않아도 충분히 사용할 수 있다. 학내 정보기술부서에서 취약한 보안을 문제 삼아 메신저 프로그램 사용을 반대하던 시절도 있었다. 그러나 한 보고서에 따르면 보안 침해나 위반과 같은 우려하던 문제가 실제로 발생할 가능성은 매우 낮다고 한다. 그래도 의심스러운 링크는 외부 침입의 가능성이 있으므로 무시하는 것이 가장 바람직하며, 컴퓨터 바이러스를 치료할 수 있는 백신 프로그램을 사용하는 것도 좋은 방법이다.

실시간 의사소통 속도

다음은 ≪레퍼런스 라이브러리언≫ 2007년 7월 호에 실린 미국

• [옮긴이] 다양한 플랫폼을 지원하는 메시징 클라이언트 소프트웨어로, 2007년에 피진(Pidgin)으로 이름이 변경되었다.

사우스이스턴루이지애나대학교Southeastern Louisiana University 심스 메모리얼 도서관Sims Memorial Library의 '텍스트 어 라이브러리언Text a Librarian' 프로젝트에 관한 기사다.[2] 이 대학교에서 해당 프로젝트를 실시했던 2005년에는 전체 대학생 가운데 90% 정도가 휴대폰을 사용했다고 한다. 따라서 당시에도 휴대폰을 사용해서 연락하는 것이 가장 효과적이었다. 그즈음 심스 메모리얼 도서관에서는 문자메시지를 이메일로 전환해 주는 새로운 서비스를 실시하기 위해 호주의 한 업체와 계약을 맺었다고 한다. 이용자들이 도서관으로 보내는 문자메시지를 이메일로 변환해 참고 데스크 담당자에게 메일로 전달하는 서비스였다. 처음에는 어느 정도 효과가 있는 듯 보였지만 이용자들의 질의 수가 점차 감소했다.

도서관의 홍보 자료나 웹사이트에는 이용자들의 문의 사항이 도착하면 두세 시간 이내에 답변을 제공한다는 문구를 확인할 수 있다. 나는 이것도 이용자 질의가 감소하는 요인 가운데 하나라고 생각한다. 즉각적인 반응과 실시간 대화에 익숙한 학생들의 문자서비스 활용과는 상당한 차이가 있기 때문이다. 참고질의를 요청하는 이용자들은 대부분 누군가의 도움이 절실하게 필요한 상태라고 할 수 있다. 그런데 이들을 두세 시간 이상 기다리게 만드는 것은 많은 시간을 허비하게 만들거나 다른 방법을 찾아보라고 떠미는 식이나 다름없다. 결국 도서관을 이용하는 가장 빠른 방법이 오히려 가장 느린 방법이 될 수 있다.

온라인 참고봉사 개념에 대한 이해는 이러한 오해 때문에 더 어려워질 수 있다. 참고 데스크를 찾는 이용자들은 상황에 따라 기다려야 하는 경우도 있지만 대부분 원하는 정보를 비교적 신속하게 얻을 수 있다. 또한 참고 데스크에 전화로 문의하거나 도서관을 찾아와 직접 문의하는 이용자들에게는 비교적 신속한 지원이 제공되고 있다. 물론 복잡하고 까다로운 문제에 대해서는 별도로 회신을 보내서 답변하고 있다. 참고사서들은 대체로 신속한 지원에 익숙해져 있다. 그러나 이메일이나 온라인 채팅, 인스턴트 메신저, 문자메시지 등과 같은 온라인 참고봉사를 긴급한 상황으로 판단하지 않는 경향이 있다. 대학도서관에서는 온라인 참고봉사 처리 시간을 대부분 3일로 정해놓고 있었다. 다음은 대학도서관 참고 서비스에 관한 제임스 레티그 James Rettig의 의견이다.

> 학생들은 주중 어느 때를 막론하고 도서관 서비스가 항상 제공되기를 바란다. 인터넷 메신저에 접속하자마자 자신이 문의했던 내용에 대한 답변이 도착해 있기를 기대할 것이다. 그런데 사서들에게 온라인 참고봉사는 사실 매우 복잡하고도 어려운 업무라고 할 수 있다.[3]

무엇보다 사서들은 온라인상에서 진행하는 참고봉사 업무를 별로 중요하게 생각하지 않는 것 같다. 그래서 신속하게 진행하기보다는 자신의 업무 스케줄에 맞춰서 진행하는 경우가 많다. 신속한 의사소통에 익숙한 최근 이용자들은 즉각적인 반응을 기다리고 있는데도 말이다. 한편 레티그는 사서들이 참고 인터뷰를 별로 중요하게 생각하지 않는다고 지적하고 있다. 인터뷰를 위한 상당한 시간과 주의를 투입하지 않고서는 참고 서비스를 제대로 처리하기 어렵기 때문이다. 이와 관련한 레티그의 주장이다.

사서들의 이러한 태도는 훌륭하게 수행한 참고 서비스의 가치를 평가절하시킬 수 있다. 우리는 미국의 유명 슈퍼마켓 캐시앤캐리Kash n' Karry의 슬로건에 주목할 필요가 있다. "새롭고 빠르게 그리고 친절하게." 이는 학생들이 도서관 서비스에 기대하는 핵심 개념이라고 할 수 있다.[4]

도서관에서는 어떻게 해서든 이용자에게 접근해 그들의 의사소통 방식을 배워야만 한다. 그래야만 이용자의 니즈를 파악할 수 있으며, 동시에 도서관에 대한 만족도를 높일 수 있다. 대다수 학생들은 가족이나 친구들과 매일 한 시간 이상 온라인상에서 대화를 나누는데, 이는 이들의 일상생활에서 빼놓을 수 없는 중요한 부분이다. 서로의 목소리는 들리지 않지만 이러한 의사소통 역시 우리는 '**대화**'라고 인식한다. 얼굴을 마주하는 대화와는 분명 차이가 있지만 즉각적이라는 공통된 특성이 있다. 한두 줄 정도의 문자 메시지를 상대방에서 보내면 다시 몇 줄의 메시지를 받는 식으로 대화는 이어지고 진행된다. 그런데 만약 질문과 대답 사이의 간격이 두세 시간 정도라면 어떻게 대화를 나눌 수 있을까? 참고 인터뷰를 과연 진행할 수 있을까?

대학도서관의 이메일 활용

디지털 통신 수단 가운데 하나인 이메일에 대한 인식과 활용은 사람마다 다르다. 특히 젊은 세대일수록 컴퓨터를 사용하는 동안 이메일 프로그램도 동시에 켜놓는 편이다. 새로 도착한 메시지를 수시로 확인하고 삭제하기 위해서다. 이메일 사용 경험이 많은 이용자들은 신속한 작업을 위해 스팸 메시지는 차단하고 메일함을 깔끔하게 유지하는 편이다. 중요한 메일이 스팸이나 답장을 미뤄두었던 예전 메일과 뒤섞여 있다면 효과적인 의사소통이 어려울 수 있기 때문이다.

최근 대학도서관에서는 참고질의에 대한 답변을 이메일로 제공할 수 있다고 안내하지만, 확인한 바로는 2~3일이 넘도록 답장을 받지 못한 이용자가 매우 많았다. 한편 도서관에서는 주중 근무 시간 중에만 이메일 문의 사항을 처리하고 있다. 근무자들은 '디지털 참고봉사'를 신규 서비스로 시작했지만 실제 참고봉사 업무와는 업무와 동일하게 인식하지 않는 듯 보였다. 디지털 통신의 신속함을 기대했던 이용자들이 오히려 지연과 지체를 경험한다면 어떻게 될까? 당연히 이용자들의 불만이 이어질 것이다.

도서관 이용자 관점

새로운 도서관 서비스를 개발하려면 이용자들이 기존의 서비스를 어떤 상황에서 왜 이용하고 있는지부터 파악해야 한다. 따라서 대학도서관에서는 핵심 이용자인 학생들이 어떻게 공부하고 과제와 시험은 어떻게 준비하고 있는지 관심 있게 봐야 한다. 만약 도서관에서 과제나 시험을 준비하지 않는 학생이라면 각자의 집이나 기숙사에서 공부를 할 것이라고 짐작할 수 있다. 그리고 학생들은 컴퓨터를 활용해 강의 교재를 읽기도 하고 에세이나 과제를 완성하기도 한다. 전자 저널이나 지정 자료reserve materials도 각자의 컴퓨터로 이용할 수 있다.

그런데 이렇게 컴퓨터에서 작업을 하다 보면 궁금한 점이 생길 수 있다. 예를 들어 데이터베이스 접속이 제대로 되지 않거나 특정 데이터베이스에서 사용한 검색어가 다른 데이터베이스에서는 적용되지 않을 수도 있다. 또, 월요일부터 제공하기로 되어 있는 지정 자료를 여전히 이용할 수 없다면 어떻게 해야 될까? 혹은, APA 양식*으로 작성한 사례를 어떻게 온라인에서 찾을 수 있을까? 도서관 이용자들이 디지털 참고봉사에 관심을 보이거나 직접 문의하는 경우는 바로 이와 같은 상황이다. 도서관에서 온라인 참고봉사 업무를 열심히 홍보한 덕분에 이용자들은 도서관 이용과 관련한 어떤 질문이라도 쉽게 답을 얻을 수 있을 거라 믿고 있다. 게다가 문의하는 즉시 친절한 답변이 제공될 거라 기대하면서 말이다.

아마 모레쯤이면 학생들은 과제 제출과 시험을 모두 마치고 새로운 과제를 준비해야 할 것이다. 결국 며칠 전 학생들이 문의했던 질문에 대한 답변은 더 이상 필요하지 않을 수 있다. 도서관에서 보낸 답변을 학생이 메일로 확인할 때쯤이면 자신이 질문을 올렸던 것조차 기억하지 못할 수도 있다. 하지만 실망스러운 도서관에 대해서는 두고두고 기억할 것이다.

다시 말해 도서관은 필요하지 않은 서비스를 개발한 셈이다. 시간에 구애받지 않는 질문에 대해서만 답변을 제공하고 있으니 말이다. 대학도서관을 이용하는 상당수의 학생들은 학부생이다. 그리고 한때 학부생이었던 대학도서관 사서들은 무엇보다 학생들이 공부하는 방법을 잘 알고 있을 것이다. 그렇다면 우리는 애초에 학생들의 니즈를 만족시키기 어렵다는 것을 잘 알면서 왜 이런 서비스를 만들었을까? 게다가 도서관에 대한 부정적인 이미지까지 남기면서 말이다. 도서관 웹사이트나 홍보용 인쇄물에 작은 글씨로 기재되어 있는 처리 시간을 발견할 때가 있다. 일반적으로 전자 통신의 개념은 신속성을

• [옮긴이] 미국심리학회(American Psychological Association: APA)가 정한 논문 양식으로, 사회과학 분야에서 많이 사용하고 있다. 본문에는 '저자, 연도' 형식으로 인용하고, 논문 끝에 참고문헌 목록을 이름순으로 정리하는 것이 특징이다.

진화하는 대학도서관

강조한다. 신속하지 않다면 인스턴트 메시지라고 할 수 있을까? 자신이 보낸 메시지가 호주까지 갔다가 도서관에 도착한다는 사실을 학생들은 과연 상상할 수 있을까? 도서관에서는 전자 통신이라는 새로운 형식을 그저 수용하는 척만 했던 것은 아닐까? 이용자들이 전자 통신을 어떻게 이해하고 있는지 제대로 알지도 못하면서 말이다.

참고 데스크 직원 운용

대출대로 돌아가라

참고 서비스와 관련해 주목할 만한 실험을 진행한 도서관을 다녀왔다. 전체 학생 수가 대략 1500명 정도인 소규모 대학도서관이었는데, 거기서는 모든 사서가 참고봉사 교대근무에 참여하고 있었다. 다른 직원에 비해 적은 시간이지만 도서관장도 교대근무에 동참했다. 어쨌든 이 도서관에서는 사서가 참고 데스크를 지키고 있었다. 한동안 도서관장과 사서들은 도서관에서 양질의 참고 서비스를 제공하지 못하고 있다고 생각했다. 앞에서 논의했던 대출 담당 직원의 경우처럼 일부 사서들은 다른 업무가 너무 많아 바쁜 날에는 참고봉사 교대업무가 '시간 낭비'처럼 느껴진다고 했다. 이에 반해 도서관에서 제공하는 참고 서비스 품질을 걱정하는 사서들도 있었다. 그리고 참고 서비스 개선에는 전혀 관심이 없는 일부 동료들을 언급하면서, 그들은 참고 인터뷰조차 제대로 진행하지 않을 것이라고 걱정했다.

그런데 한 교수가 자신의 강의와 관련해 이용했던 참고 서비스에 대해 정식으로 불만을 제기하면서 그동안 우려하던 문제가 표면으로

드러났다. 학내에서 비교적 좋은 평판을 유지하고 있으며 사서들과도 꽤 친분이 있었던 이 교수가 제기한 문제는 충분히 타당하고 합리적 이었으며 도서관 직원들도 충분히 공감할 수 있었다. 도서관 관장은 사서들에게 참고 서비스 업무를 전반적으로 제고해 볼 것을 요구했으며, 이용자 니즈에 더 충실한 서비스를 개발할 것을 지시했다. 이 사건을 계기로 도서관에서는 참고 업무 개선을 위한 자아성찰의 시간을 가졌다. 그동안 도서관에서는 참고 업무에 대한 관심이 거의 없었을 뿐 아니라 참고 업무 기술을 업그레이드하려는 노력이나 시간도 들이지 않았다.

결국 이 도서관에서는 참고 데스크 근무 인원을 한 명에서 두 명으로 조정했으며 야간과 주말에는 보조사서의 지원을 받아 추가 근무도 시작했다. 또, 가능하면 참고 업무 경험이 많은 사서와 그렇지 않은 사서가 팀을 이뤄 근무할 수 있도록 조정했다. 이를테면 멘토나 롤모델로서의 역할을 숙련된 사서에게 기대한 것이다. 그런데 이렇게 운영하다 보니 다른 업무를 담당할 인력이 부족해졌고, 참고 데스크에서 근무하는 사서들이 다른 업무도 함께 병행해야 했다. 이를 위해, 개인 소지품이나 업무에 필요한 비품 그리고 자료 등을 함께 비치할 수 있는 공간이 필요해졌다. 다시 말해 사서들이 참고 업무와 다른 업무를 함께 처리할 수 있는 근무환경을 마련해야 했다.

가장 먼저 거대한 주문 제작 참고 데스크부터 교체하기로 결정했다. 함께 사용하던 높은 스툴•은 잠시만 앉아도 불편하기 때문에 사서들은 스툴을 사용하지 않고 선 채로 근무했다. 직원들의 교대근무

• [옮긴이] 등받이와 팔걸이가 없는 의자로, 원형이나 사각형 등 다양한 형태로 인테리어 소품으로도 활용할 수 있다.

진화하는 대학도서관

가 길어지거나 빈번해진다면 편안한 근무환경 조성은 매우 중요하다. 한편 위압감이 느껴지는 높고 거대한 참고 데스크를 치우고 낮은 사무용 책상을 마련했더니 이번에는 이용자들이 사서를 내려다보는 상황이 만들어졌다. 사서나 이용자 모두 그리 유쾌한 상황은 아니었다. 간단한 지시형 질문이 있는 이용자들은 주로 서서 묻는 편이었지만, 긴 설명이 필요한 질문이 있을 때는 의자가 필요했다. 데스크 주변에는 이용자들이 끌어온 의자 숫자가 점점 늘어났다. 여러분들도 잘 알겠지만 편안한 의자에 앉아 서로 마주하고 있을 때 비로소 진정한 대화가 시작되는 법이다. 간혹 흥미로운 논의가 있으면 동료 참고사서까지 동참하는 경우도 있었다.

30분가량 참고사서가 진행하는 도서관 이용 교육을 이 도서관에서도 꽤 오랫동안 실시하고 있었다. 주요 학내 인쇄 매체와 도서관 홈페이지를 통해 홍보를 했지만 실제 학생들의 참석률은 별로 높지 않았다. 하지만 참석한 학생들의 반응은 긍정적이었다. 한편 사서들이 이용자 개개인에게 관심을 쏟을 수 있게 되자 비로소 참고 데스크가 제 역할을 하게 되었다. 다시 말해 참고봉사 업무에 좀 더 많은 시간을 할애하기 시작하면서 조금씩 가시적인 변화가 생겼다. 사서들의 관심이 높아짐에 따라 관련 워크숍이나 컨퍼런스에 참석하는 사서들이 늘어났다. 또, 숙련된 선배 사서들의 멘토링 덕분에 일부 주저하던 사서들도 그동안 자신이 참고봉사 업무에 소홀했음을 깨닫게 되었다.

진화하는 직무기술서

그런데 참고 데스크가 항상 바쁘다고는 할 수 없다. 하루 중 대부분의 시간은 참고사서 한 명으로도 이용자를 충분히 응대할 수 있으며, 참고사서 두 명 모두 다른 업무를 볼 수 있는 시간대도 꽤 있는 편이다. 참고 데스크 업무를 경험한 사서들은 이용자를 응대하면서 처리할 수 있는 업무와 그렇지 않은 업무를 자연스럽게 구분하게 되었다. 참고 데스크는 개인적인 업무 공간이 아니므로 항상 말끔히 정돈해야 한다는 암묵적인 규칙을 군이 따르지 않아도 된다는 최근의 합의에 이르기까지 꽤 많은 시간이 걸렸다. 지나치게 깨끗한 상태보다는 어느 정도 흐트러진 공간이 업무에 편하다는 사실을 사서들 스스로 깨달은 것이다. 간혹 참고 데스크 책상이 너무 지저분하다는 이용자의 불만도 있었지만, 사서와 이용자 모두 개선된 시스템에 만족한 이후부터 이러한 불만 사항은 심각하게 받아들이지 않았다.

한편, 사서들에게는 다른 업무를 처리할 수 있는 시간을 확보하는 문제가 시급했다. 이에 따라 도서관에서는 업무의 중요도를 다시 평가해서 우선순위를 결정한 뒤 오랫동안 방치하고 있었던 직무기술서를 수정했다. 우선도가 현저히 떨어지는 업무는 사서의 직무기술서에서 제외하거나 보조사서 업무로 옮겨졌으며 우선순위가 낮은 업무임을 표시했다. 그리고 여전히 우선순위가 높은 업무들은 그대로 유지했다. 다행히 대부분의 사서들은 개정된 직무기술서에 만족했지만, 유독 부정적인 의견을 제기한 사서 때문에 도서관에서는 전체 회의를 열게 되었다. 도서관의 변화를 탐탁해 하지 않았던 이 사서는 자신이 중요하다고 판단하는 업무의 우선순위가 너무 낮게 평가되어 자신의 직무기술서가 엉망이 되었다고 목소리를 높였다. 이용자와 직접 대면하는 업무가 불편하다는 이 사서는 자신이 그동안 열심히 해왔던 업무를 갑자기 중요하지 않다고 결정해 버리는 것이 과연 정당한지를 되물었다.

어쨌든 이 사건은 도서관장이 나서서 해결을 했고, 잠시 잠잠해진 듯했다. 그런데 문제는 많은 대학도서관에서 이와 비슷한 사례가 발생하고 있다는 점이다. 20년 전 사서가 도서관에서 수행했던 업무 가운데 상당 부분은 컴퓨터의 등장으로 사라지거나 간소해졌으며, 혹은 보조사서에게 넘겨지고 있다. 달리 말해 다른 업무를 진행할 수 있는 새로운 시간이 생겨난 셈이다. 끊임없이 진화해야 하는 도서관의 입장에서 새로운 업무나 책무가 추가되는 것은 어쩌면 자연스러운 일이다. 반면 굳이 필요하지 않은 업무를 일부러 떠맡거나 개인적인 관심사를 업무에 반영해서 직무기술서 내용을 늘려가는 사서들도 일부 있다. 도서관의 변화에 대응하는 또 다른 방법인 셈이다. 사무직이나 보조사서의 업무와 달리 사서직의 직무기술서는 일반적인 경향이 더 강하기 때문이다.

변화의 어려움

도서관에서 전혀 다른 업무를 맡고 있는 두 사서의 직무기술서 내용이 상당히 비슷한 경우가 종종 있다. 사서는 자신의 업무 목표를 스스로 설정할 수 있는 전문직이긴 하지만 도서관에 근무하는 모든 구성원은 조직의 공통된 목표를 위해 노력해야 한다. 도서관의 사명 선언문과 구성원의 직무기술서에서 거듭 강조하고 있을 뿐 아니라 이 것이 도서관의 기본 의무임을 수차례 밝히고 있지만 일부 사서들은 여전히 이를 인정하고 있지 않다. 도대체 어떻게 된 일일까? 도서관의 변화를 부정적으로 바라보며 소극적이고 안일한 태도로 저항하는 이들은 대학도서관에 막대한 피해를 입히는 이들이라고 할 수 있다. 21세기 대학교 사회에 적합한 도서관을 만들어나가야 하는 임무와 일부 비협조적인 장기근속 사서들 사이에서 대학도서관은 여전히 갈등하고 있다.

20~30년 가까이 오랜 시간을 도서관에서 근무하고 있는 사서들 중에는 급격한 변화에 쉽게 적응하지 못하고 어려움을 겪는 이들이 있다. 이들의 고충은 충분히 공감할 만하다. 그런데 일부 신입 사서들 가운데 이러한 태도를 보이는 이들이 있다면 어떻게 이해해야 할까? 현재가 아닌 과거의 도서관에 더 적합한 사서를 고용한 이유는 도대체 무엇일까? 이용자와 소통하고 교류하는 업무 환경을 불편해하는 사서는 21세기 도서관 환경에 어울리지 않는다. 하지만 안타깝게도 대학도서관에서 신규 직원을 채용할 가능성은 점점 더 희박해지고 있다. 사서직이든 행정직이든 상관없이 이용자 서비스 데스크를 믿고 맡길 만한 직원을 채용하기가 점점 더 어려워지고 있다.

참고자료(Resources)

- Harney, J. 2002. "The Value of Personalization in Customer Management." *e-doc*, Vol.16, No.2(March/April), pp.24~26.

- Hernon, P. et al. 1999. "Service Quality and Customer Satisfaction: An Assessment and Future Directions." *Journal of Academic Librarianship*, Vol.25, No.1(January), pp.9~17.

- Moysa, S. 2004. "Evaluation of Customer Service Behaviour at the Reference Desk in an Academic Library." *Feliciter*, Vol.50, No.2, pp.60~63.

- Stratigos, A. 2002. "The 'R' World[Relationship]." *Online* (Weston, CJ), No.1(January/February), pp.78~80.

- Sutton, Lynn. 2003. "Collaborating with Our Patrons: Letting the User Select." Presentation at the Eleventh National Conference of the Association of College and Research Librarians, Charlotte, NC, April 10-13, 2003. http://www.ala.org/acrl/sites/ala.org.acrl/files/content/conferences/pdf/lsutton.PDF

제10장

대학도서관의 성과 평가

예전에 근무했던 대학교의 고민거리 가운데 하나는 학부생의 높은 중도 탈락률이었다. 이 문제를 해결하기 위해 대학본부에서는 학부생 중도 이탈에 대한 교내 현황 조사와 분석을 유능한 컨설턴트에게 의뢰했다. 그리고 구체적인 해결 방안을 마련하기 위해 학내 구성원을 대상으로 리텐션retention 태스크포스를 만들었다. 당시 나도 태스크포스에 함께 참여했다.

통계 수치의 오류

학생들의 전반적인 성향이나 선호도를 충분히 인지하고 있는 학내 교수와 직원들이 참여한 리텐션 태스크포스는 컨설턴트에게 의뢰했던 결과 보고서를 검토하면서 본격적인 활동을 시작했다. 그런데 기대와는 너무 다른 보고서 결과를 확인한 팀원들은 놀라움을 감추지 못했다. 설문지와 포커스그룹 인터뷰에서 학생들의 답변이 너무나 뜻밖이었기 때문이다. 입학팀 담당자는 걱정스러운 표정으로 학생 선발 절차 재검토를 고민했으며, 학생지원팀 직원은 그동안 파악하고 있었던 학생들의 요구 사항과 너무 다르다며 의아해 했다. 교수들은 자신이 담당했던 강의와 관련된 것이 맞는지를 확인하기 시작했다. 여러분이 짐작하는 대로 첫 번째 회의를 마친 팀원들은 각자 앞으로의 대처 방안을 고민하느라 모두들 분주했다.

이후 서너 번의 회의가 더 진행되었을 무렵 교내 튜터링 프로그램 주관 부서에서 근무하는 젊은 직원 한 명이 통계 자료에 대한 의문을 제기했다. "우리 부서는 정부의 예산 지원을 받고 있기 때문에 정부 관련 통계 정보를 수집하고 분석하는 일이 일상입니다. 그런데 이런 수치가 어떻게 나왔는지 정말 이상합니다. 뭔가 오류가 있다고 생

진화하는 대학도서관

각합니다." 팀원들의 시선이 모두 발표자에게로 향했다. 학내에서 서열이 가장 낮은 직원이 학내 영향력이 가장 높은 대학교 부총장을 역임한 발표자에게 의문을 제기한 것이다. 나머지 태스크포스 구성원들도 반신반의하는 심정으로 보고서에 첨부된 통계 수치를 다시 확인했다. 데이터를 제공했던 일부 팀원들이 그럴듯해 보이는 통계 자료에서 의심스러운 점을 발견했다. 결국 경영학과 교수 한 명이 데이터를 재검토하겠다고 나섰으며, 처음 의문을 제기했던 직원도 함께 돕기로 했다.

이렇게 시작된 통계 수치에 대한 의심은 마침내 오류가 있었던 것으로 밝혀졌다. 수집한 데이터를 SPSS 통계 패키지*로 처리하는 과정에서 작업자의 실수가 있었는데, 이게 바로 오류의 원인이었다. 컨설턴트 본인이 직접 처리를 했는지 아니면 대학원생이나 조교 혹은 컨설턴트의 비서를 시켰는지 실제 작업자가 누구인지 확인하지는 않았지만 이들 가운데 한 명의 잘못일 가능성이 매우 높았다. 상황을 정리해 보자면, 통계 자료를 처리하는 과정에서 중요한 연산 몇 개가 거꾸로 처리되면서 엉뚱한 산출 결과가 나왔지만 컨설턴트는 이를 모른 채 데이터를 정리했다. 그리고 그것을 이용해 수치 변화와 차이를 한눈에 파악할 수 있도록 표와 그래프까지 덧붙여 보고서로 완성한 것이다. 이렇게 통계 자료를 산출하고 분석하는 과정에서 예상치 못한 결과가 발생한다면 이를 검증하고 수정하는 일은 담당자나 해당 부서에서만 가능하다.

---

* [옮긴이] 사회과학 분야의 자료 분석을 위해 만들어진 컴퓨터 통계 프로그램 패키지이다.

통계 수치에 대한 경외감

숫자들이 잔뜩 나열되어 있는 통계 수치는 의미를 모르더라도 일반인들의 눈에는 꽤 그럴듯해 보일 수 있다. 하지만 이런 식의 막연한 경외감은 통계 자료에 대한 무조건적인 신뢰감을 형성한다는 점에서 위험하다. 다시 말해 제시된 통계 수치를 아무런 의심 없이 무조건 인정하고 수용하는 태도는 태도는 바람직하지 않다. 일부 대학도서관에서는 통계 수집을 위해 지나치게 많은 시간을 할애하는 경우가 있다. 수집한 자료 가운데 상당 부분은 전혀 활용하지 못하거나 제대로 사용하지 못하면서 말이다. 대학도서관에서 진행하는 통계 수집 활동의 대부분은 정부 기관의 요청에 따라 진행되고 있다. 대학본부의 행정 직원들은 통계 데이터를 상당히 신뢰하는 편인데, 이는 사서들 역시 마찬가지다. 한편, 더 유효한 통계 자료를 작성하기 위해서는 도서관 업무를 측정하는 방법과 수집한 데이터를 전년 또는 5년 전의 수치와 비교할 수 있어야 한다. 하지만 문제는 시간은 한정적인 데 반해 쓸모없는 통계 수치가 너무 많다는 데 있다. 다시 말해, 도서관 외부자의 관점에서 만든 도서관 통계는 그렇게 인상적이지 않을 뿐 아니라 업무의 성패를 가늠할 만한 유용한 정보를 제공하지도 않는다.

도서관에서는 상당히 오래전부터 물리적 자원에 대한 투입량과 산출 결과를 측정하고 있다. 하지만 이것만으로는 도서관의 제한적인 모습밖에 보여줄 수 없다. 전자 자료는 통계 산출 기준을 도서관이 아닌 업체들이 정하고 있는데, 간혹 기준을 정하지 못하는 경우도 있다. 또한 도서관 간 통계를 비교하기 위해 자관의 특징이 잘 드러나는 자료를 포기해야 하는 경우도 있다. 물론 이러한 비교 작업도 필요하지만, 자관 이용자의 요구 사항을 기반으로 도서관 자원과 서비스를 평가하는 일을 빠뜨려서는 안 된다. 통계 업무의 가장 중요한 목적은 도서관 운영의 기본 방침을 점검하는 데 있다. 이용자 중심 도서관 구현이 도서관 운영에 목표를 두고 있는지 아니면 전혀 다른 방향을 향하고 있는지 통계 수치가 보여줄 수 있어야 한다. 다시 말해 도서관에서 추진하고 있는 계획과 전략 그리고 사명선언문에 근거한 도서관 목표를 제대로 수행하고 있는지 통계 자료에서 확인할 수 있어야 한다. 더불어 도서관 자원과 서비스가 이용자에게 어떤 영향력을 발휘하고 있는지도 통계 데이터가 보여줄 수 있어야 한다.

라이브퀄

대학도서관의 서비스 품질을 평가하기 위해 미국연구도서관협회가 개발한 라이브퀄LibQUAL은 엄격한 테스트 과정을 거쳐 개발된 웹 기반 설문 도구다. 라이브퀄은 도서관이 설문 결과를 해석할 수 있도록 광범위한 교육 기회를 제공하고 있으며, 도서관의 서비스나 조직 문화를 개선하기 위한 수단이나 도서관 홍보에도 활용할 수 있다.

앞에서 나왔던 컨설턴트가 사용한 통계 패키지와 비교해 보자면, 라이브퀄 자체로는 어떤 문제를 해결하거나 오류를 바로잡을 수 없으며 이용자 서비스의 개선 역시 기대할 수 없다. 하지만 적절한 이용 교육을 받고 제대로 활용할 수 있다면 그동안 도서관에서 파악하지 못했던 문제를 확인하고 해결하는 계기가 될 수 있다. 다음은 대학도서관에서 라이브퀄 사용으로 기대할 수 있는 효과들이다.

- 양질의 도서관 서비스를 제공할 수 있다.
- 도서관 서비스 품질에 대한 이용자 인식을 파악할 수 있다.

- 도서관 이용자의 피드백을 체계적으로 수집·분석할 수 있다.
- 도서관 간의 상호 비교평가가 가능하다.
- 도서관 서비스와 관련한 좋은 사례를 참고할 수 있다.
- 도서관 직원의 데이터 해석 및 분석 능력을 향상시킬 수 있다.[1]

　　라이브퀄은 2001년부터 사용하기 시작했는데 2007년에는 이를 활용하는 대학도서관이 1000여 개에 달했다. 라이브퀄은 모든 데이터를 중앙에서 처리하기 때문에 오류 발생 가능성은 매우 낮은 편이다. 그리고 여기서 제공하는 22개 설문 항목을 잘 활용하면 도서관에서는 자관의 강점과 약점을 확인할 수 있다. 그밖에 설문 결과를 해석하고 이를 도서관 운영에 반영하는 데 유용한 교육이나 워크숍 기회도 함께 제공하고 있다.

　　그러나 라이브퀄이 대학도서관 이용자 서비스 모델 형성의 전환점이라고는 말하기 어렵다. 라이브퀄의 유용성에 대해서는 의문의 여지가 없지만, 도서관의 전체적인 상황보다는 특정 시기의 상태만을 제한적으로 확인할 수 있기 때문이다. 대학도서관은 계속해서 변화하는 조직이다. 학내 예산이 비교적 풍족한 시기에는 인력을 추가하고 예산이 부족해지면 도서관 인력을 감축한다. 그런데 도서관 서비스를 확대하거나 축소할 때 실제 이용자 의견을 반영하는 경우는 매우 드물다. 도서관의 전체적인 상황을 파악하는 것도 중요하지만 도서관의 변화는 단계에 따라 순차적으로 진행된다는 점을 기억해야 한다. 따라서 특정 서비스에 대한 정확한 데이터를 확보하는 것도 중요하지만, 또한 시간의 추이에 따라 적절한 계획을 세울 수 있어야 한다. 다시 말해 장기간에 걸쳐 대학도서관의 변화를 파악할 수 있는 종적縱的 특성의 통계 데이터가 중요하다.

가치 측정

패멀라 스넬슨Pamela Snelson이 ≪칼리지 앤드 리서치 라이브러리스 뉴스College & Research Libraries News≫에 발표한 "대학도서관의 가치 전달 Communicating the Value of Academic Libraries"을 다시 읽었다.[2] 대학도서관과 관련한 책들은 넘쳐나지만 '대학도서관의 가치'에 관한 자료가 부족하다는 스넬슨의 지적은 충분히 되새겨 볼 만하다. 대학도서관 사서들 가운데 자신의 업무나 도서관의 가치에 관해 고민하는 이들은 과연 몇 명이나 될까? 지금 당장 대학도서관에서 가장 중요한 것은 무엇일까? 그리고 학내 이해관계자에게 대학도서관의 가치를 어떻게 설명해야 할까? 스넬슨이 던지는 본질적인 질문들이다. 이에 대해서는 학내 의사결정자가 가장 우선으로 하는 기준에 따라 대학도서관의 가치를 설명할 수 있어야 한다. 그런데 문제는 총장을 비롯해 처장, 학장과 같은 학내 이해관계자가 도서관을 어떻게 생각하고 있는지 잘 모른다는 데 있다. 우리는 도서관의 통계 자료가 학내 의사결정에 어떤 영향을 주고 있는지 진지하게 고민할 필요가 있다. 그런데 실제 대학도서관에서는 다른 대학교와의 비교에서 앞서기 위한 통계 자료를 만들기에만 급급한 모습이다. 정작 대학본부나 이해관계자에 대해서는 관심을 기울이지 않으면서 말이다.

예산 삭감에 대처하거나 부족한 인력을 충원해야 한다면 어떤 통계 자료가 도움이 될까? 또, 도서관 외부에서 볼 때 별다른 의미가 없는 통계 자료는 어떤 것이 있을까? 이러한 관점에서 도서관에 대한 긍정적인 정보를 가장 효과적으로 전달할 수 있는 자료는 바로 연간 보고서다. 도서관의 주요 성과가 보기 쉽게 요약되어 있을 뿐 아니라 통계 자료도 함께 확인할 수 있기 때문이다. 하지만 의사결정권자의 판단에 영향을 미칠 만큼 신중하게 만들었는지는 조금 의심스럽다. 통계 데이터에 대한 간단하고도 명확한 설명과 적절한 데이터 선별 과정이 빠져 있다면 도서관에 긍정적인 효과를 만들어내기 어렵다. 대학도서관의 성과를 대학교의 목표에 연결시켜 설명하고 이해시킬 수 있는 통역사 역할은 사서의 리더십에 달려 있다.

대학교의 목표를 지원하기

대학도서관의 중요한 역할 가운데 가장 확실한 제도적 가치는 '학생들의 교육'에서 찾을 수 있다. 그렇다면 학생들의 학업에 도서관이 끼치는 영향력을 어떻게 측정해야 할까? 이 책은 오프라인 도서관에 대한 내용이므로 질문을 조금 좁혀보자. 도서관에서 제공하는 자원과 프로그램, 대면 서비스 등은 학생들의 대학교 생활에 어떤 도움이 될까? 도서관을 전혀 이용하지 않는 학생들보다 도서관을 자주 찾는 학생들이 학업적인 면에서 더 우수하다고 할 수 있을까? 도서관에서 주관하는 교육이나 리터러시 수업에 참여하는 학생들이 참가하지 않은 학생들보다 학업 성적이 더 우수할까? 대학도서관이 학생들의 학습에 미치는 영향력을 수치화할 수 있는 연구 모형을 개발할 수 있을까? 만약 가능하다면 광범위한 통계표를 만드는 것보다 훨씬 더 효과적으로 도서관 예산을 확보할 수 있을 것이다.

도서관에서 생산하는 통계 자료의 대부분은 도서관이 매우 분주한 장소라는 인상을 심어주려는 데 급급하다. 도서관을 찾는 학내 구성원이 많고 이들이 빌려가는 책이 많다고 보여주는 통계 수치도 의미가 있겠지만, 이것만으로 도서관의 가치를 설명하기에는 부족하다. 학내 리더가 통계 자료만을 선호한다고 비난하기보다는 대학교의 목표 달성 측면에서 대학도서관의 중요한 역할과 가치를 도서관의 다양한 통계 수치를 토대로 이들에게 이해시켜야 한다. 이는 대학도서관 사서에게 요구되는 중요한 역할이다. 대학도서관에 근무하는 거의 모든 사서들은 도서관의 중요성에 대한 믿음과 신뢰를 갖고 있다. 하지만 안타깝게도 이러한 신념을 학내 의사결정자에게 여전히 제대로 전달하지 못하고 있다. 앞으로도 이러한 상황이 나아지지 않거나 도서관의 발전이 대학교의 목표 달성에 어떻게 기여할 수 있는지 명확하게 설명하지 못한다면 그나마 도서관에 우호적이었던 일부 직원들마저 돌아설 수 있음을 명심해야 한다. 도서관 내부자가 아닌 외부자의 관점에서, 다시 말해 사서가 아닌 이용자 입장에서 도서관만의 낯선 용어나 이용 절차 등을 진지하게 고려해 봐야 할 시기이다.

교무처장 인터뷰

2006년 미국의 대학교연구도서관협회에서는 일리노이대학교 도서관연구센터Library Research Center와 함께 각 대학교의 교무처장을 대상으로 전화 인터뷰를 실시했다.[3] 대학도서관과 관련해 궁금한 것이 무엇인지 조사하는 인터뷰 결과를 종합해 보면, 각 대학교의 교무처장들은 도서관의 서비스 품질을 측정하는 일에 가장 많은 관심을 나타냈다. 그리고 외부 기관에서 대학도서관 서비스를 어떻게 평가하고 있는지 알고 싶다는 의견도 있었다. 한편 교무처장들은 대학도서관 사서들이 더 적극적이고 단호한 태도로 학내 지원을 요구할 필요가 있다고 충고했다.

이에 대한 연장선으로, 도서관에서는 학내 이해관계자에 대한 학습이 필요하다. 이들이 가장 중요하게 생각하는 것은 무엇이며, 이와 관련해 도서관은 어떤 역할을 할 수 있는지를 고민해야 한다. 또한 외부인의 시각에서 도서관과 사서가 어떻게 생각되고 있는지 파악하는 것도 중요하다. 학생들의 교육 활동에 사서들이 중요한 역할을 하고 있으며 반드시 필요하다고 생각하는지, 아니면 시대에 뒤떨어진 무정부주의자쯤으로 여기고 있는지 알아봐야 한다. 그리고 이들이 도서관에 대해서 갖고 있는 이미지가 어떠한지도 알아야 한다. 학생들이 열심히 공부하는 모습이 가장 먼저 생각나는지 아니면 책들이 빼곡하게 꽂혀 있는 서가부터 생각나는지 말이다. 이러한 이해를 바탕으로 학내 이해관계자가 알아들을 수 있는 언어로 도서관의 성과를 효과적으로 전달해야 한다. 대학교 조직이 추구하는 비전과 조화를 이루는 것도 중요하다. 안타깝지만 대학본부와 도서관의 관계가 그리 우호적이라고는 할 수 없다. 대학본부에 대한 불평은 어쩌면 당연한 일인지도 모르겠다. 하지만 도서관의 불만 사항이 "본부 직원들은 도서관을 이해하지 못한다"라면 이제는 도서관에서 대학본부의 입장을 이해하려고 노력해야 한다.

대학교육 비즈니스

최근 고등교육 분야의 변화를 대학도서관에서도 관심을 갖고 지켜봐야 한다. 미국의 주립대학교가 성장한 배경에는 국가가 대학교육의 기회를 제공해야 한다는 믿음이 자리하고 있다. 그런데 이와 관련해 예상치 못한 큰 변화가 진행되고 있다. 권리나 의무가 아닌 비즈니스 관점에서 대학교육을 이해하려는 경향이 여기에 해당된다. 학생들의 교육비 부담은 점점 더 커지고 있으며 대학교 차원에서의 기금 지원 혜택은 점점 더 어려워지고 있다. 한편 국가 기관에서는 성과에 대한 양적 근거quantitative evidence를 제시할 수 있는, 비용 효과가 높은 대학교 경영을 계속해서 요구하고 있다. 따라서 도서관에서도 학내 구성원에게 제공하는 서비스와 연구 및 교육 활동에 대한 기여도를 측정할 수 있는 방법을 찾아야 한다. 부족한 도서관 예산이지만 현재 수준이라도 유지하려면 평가 절차부터 개선해야 한다. 대학교 내 타 부서나 학과에서는 새로운 환경에 대처하기 위한 나름의 생존 방법을 익히고 있다. 한정된 학내 자원을 확보하기 위한 치열한 경쟁에서 도서관이 밀리지 않으려면 비즈니스 세계의 복잡한 평가 도구와 이용 방법을 미리 숙지해야 한다.

대학교 운영의 기업화와 같은 변화를 인식할 수 있도록 대학도서관에서 학내 구성원을 **고객**customer으로 지칭하는 것은 나름 의미가 있을 것이다. 한편으로는 불쾌하게 받아들일 수도 있겠지만, 21세기 대학도서관의 생존과 발전을 위해서는 과거 학문의 전당으로 존재했던 대학도서관에 대한 애착을 이제 내려놓아야 한다. 그동안 우리는 도서관에 무언가를 요구하는 **고객**에 대해서는 인지하고 있었지만 아무것도 요구하지 않는 **후원자**patron에 대한 인식이 부족했던 게 사실이다. 사실 후원자라는 단어는 무엇을 받는 사람이 아닌 주는 사람을 연상하게 한다. 예를 들어 예술 분야의 후견인 혹은 후원자를 생각해 보자. 이들의 역할은 예술가에게 무엇을 요구하기보다는 그들의 예술 활동을 지원하는 데 있다. 이에 반해 고객은 양질의 자료와 최신 시설, 최상의 서비스를 요구하며 자신의 니즈에 초점을 맞춘 도서관을 기대한다. 하지만 도서관의 요구나 기대에 부흥할 생각은 전혀 갖고 있지 않다.

통계 수치로 상황 파악하기

외부 기관에서 요청하는 통계 자료가 정작 도서관에서는 별다른 의미가 없거나 예산 요청을 위한 근거 정도로밖에 사용할 수 없는 경우가 있다. 또, 도서관의 부정적인 면이 부각되기 때문에 외부 공개를 꺼리는 데이터도 있다. 반면 도서관 이용자에 대한 이해도를 높여줄 뿐 아니라 이용자 니즈에 충실한 도서관 서비스가 무엇인지 확인할 수 있는 통계 자료도 있다.

그런데 도서관에서 사용하는 관리 시스템에서는 굳이 애쓰지 않더라도 수많은 양의 통계 보고서를 간단하게 출력할 수 있다. 게다가 이러한 자료는 꽤 그럴듯하게 보이기 때문에 어딘가 활용하고 싶은 유혹을 받는 것이 사실이다. 통계 수치가 제기하는 이슈는 고민하지 않으면서 말이다. 그렇다면 어떤 통계 자료가 중요할까? 그리고 도서관 운영에 문제가 발생했음을 알려주는 통계 수치는 어떻게 확인할 수 있을까?

가설에서부터 시작하기: 확증편향주의

이용할 수 있는 정보는 매우 많으므로 먼저 무엇을 찾을 것인지를 결정해야 한다. 여러분이 생각하는 것은 도서관에서 진행되고 있으므로 이에 대한 데이터를 찾을 수 있다고 추측하거나 가설을 세울 수 있다. 예를 들어 도서관 서비스에 인력과 재원 투입을 늘렸다면 이에 대한 성과나 결과를 산출할 수 있어야 한다. 여러분은 이러한 노력을 통해 도서관 서비스 이용률이 10% 정도 증가했으리라 추측할 수 있다. 이때 단순한 어림짐작이 아닌 인과관계를 만들기 위해 노력해야 한다. 도서관 시스템에서 제공하는 통계 정보 가운데 여러분의 가설을 뒷받침할 만한 정보는 어떤 것이 있을까? 또, 여러분의 가설에 위배되는 통계 정보는 어떤 것이 있을까? 통계 데이터는 일단 가설을 세운 후에 확인하는 것이 바람직하다. 그런데 인간에게는 사실을 합리화하려는 나쁜 경향이 있기 때문에 실제 데이터가 가설에 부합하지 않는 경우 이를 통계 수치에 끼워 맞춰서 수정하기 쉽다.

여러분 도서관에서 대출 감소에 대한 원인을 찾는다고 가정해 보자. 전자책 사용량 증가와 종이책 대출 감소 사이에 연관성이 있다고 사서들이 생각한다면 도서관 시스템에서 제공하는 데이터를 어떻게 활용해야 할까? 이와 유사한 방식으로 온라인 참고봉사와 참고사서에게 서비스를 제공받는 경우 정반대의 관계가 있다면 어떤 데이터를 활용해야 할까? 도서관의 장기적인 계획을 고려하고 있다면 어떤 자료가 유용할까? 지난 5년 동안 도서관에 어떤 변화가 있었으며, 도서관 서비스가 어떻게 개선되었는지, 그리고 도서관 예산 가운데 감축된 항목은 어디인지 살펴보면 유용할 것이다. 거듭 강조하지만 실제 통계 자료를 먼저 확인하는 것은 바람직하지 않다. 우리는 도서관에 대한 가설을 끊임없이 세우고 있다. 그리고 지금은 그러한 가설을 실제 도서관 현실에 맞춰 나가는 방법을 찾아야 할 때다.

도서관 간 비교

이제 여러분은 자관의 도서관 통계를 국가 전체의 경향과 비교하기 위해 가설을 세울 수 있다. 이를 위해서는 모기관인 대학교의 구성원과 교육 과정, 도서관 서비스에 대한 홍보 노력 등을 고려해야 한다. 여러분이 있는 도서관의 상호대차 건수를 늘리거나 타 도서관과 비슷해지기를 기대한다면 통계 데이터를 활용하는 것이 유용하다. 예산이나 인력, 이용자의 참여도를 보여주는 각 대학도서관의 데이터는 미국연구도서관협회의 연도별 통계 자료와 비교해야 한다. 다시 말해 연구도서관협회의 연도별 통계 자료를 대학도서관의 기준 지표로 활용하면 된다. 자관의 통계 수치를 타 도서관의 수치와 단순 비교하는 것만으로는 별 도움이 되지 않고, 그보다는 상대적인 성장이나 하락을 주의 깊게 살펴봐야 한다. 만약 대학도서관의 대출 통계가 국가 전체적으로 하락하고 있다면 자관의 대출 통계를 비교하는 것은 별로 의미가 없으며, 결국 기관의 투입량과 산출 결과를 비교하는 것이 가장 효과적이다. 예를 들어 DVD 자료라면 구입량과 대출 횟수에는 어떤 관계가 있는지 살펴봐야 한다. (아마도 투자한 만큼의 효과가 발생하기를 기대할 것이다.) 또, 지난 5년 동안의 도서관 동향을 파악했다면 다른 대학도서관에서도 비슷한 모습이 확인되는지 비교해 봐야 한다.

통계 검증

우리가 모두 알고 있듯이 정보를 수집하는 방법에는 여러 가지가 있다. 예를 들어 라이브퀄은 단순한 평가 도구로 보일 수 있지만, 정보 결과에 대한 타당성을 확립하려면 많은 노력이 필요하다. 여기서 타당성이란 정보의 유효성을 의미한다. 라이브퀄의 주된 목적인 도서관 간 비교를 위해서 타당성 확보는 반드시 필요하다. 타 도서관에 비해 현저히 높거나 낮은 통계 수치를 갖고 있는 도서관에서는 자신감을 가질 만하다. 반면 수치가 형편없는 도서관이라면 즉각적인 조치가 필요한지 점검해야 한다. 그렇지 않으면 통계 작업에 들인 노력이 헛수고가 될 수 있다. 타당성 있는 라이브퀄 작업을 수행하기 위해서는 표준화된 절차와 집중적인 노력이 필요하다.

검증이 필요한가?

도서관에서 제공하는 서비스의 품질을 측정하기 위해 라이브퀄과 같은 도구를 사용하면 양질의 정보는 얻을 수 있지만 많은 양의 정보는 얻을 수 없다. 그리고 효과적인 이용자 서비스를 제공하려면 되도록 많은 이용자를 충분히 파악해야 한다. 공적으로든 사적으로든 우리 모두는 각자의 주변 환경에서 접하고 있는 많은 정보를 기반으로 의사결정을 내리고 있으며, 이는 대부분 비공식적인 과정에 해당한다. 예를 들어 친구에게 추천받은 소아과 의사에게 진료 예약을 했다고 가정해 보자. 이 소아과 의사에 관한 정보를 인터넷에서 찾아보는 것은 충분히 가능하지만 해당 의사에게 진료를 받은 환자를 대상으로 공식적인 조사를 하기는 어렵다. 이번에는 집에서 사용하는 휴지를 골라야 한다고 생각해 보자. 합리적인 가격과 품질이 우수한 휴지를 구입하면 가장 좋겠지만 가족의 생존을 위협할 만큼 중대한 사안은 아니므로 크게 고민하는 이들은 별로 없을 것이라 생각한다. 하지만 브랜드별로 휴지 가격을 비교하고 이용자 후기도 미리 읽어봤다면 휴지 구매에 도움이 되었을 것이다.

학내 설문조사를 주관하는 여러 위원회와 태스크포스에는 사서를 포함한 다양한 학내 구성원들이 참여하고 있다. 하지만 구성원들이 많은 시간을 들여 노력했더라도 문제 해결을 위해 수집한 데이터가 그다지 결정적이거나 새롭지 않다면 기대에 미치지 못하는 경우가 종종 있다. 이러한 불만이 발생하는 가장 큰 원인은 위원회에 참여하는 구성원 간의 기대치가 서로 다르기 때문이다. 통계적 사고능력이 가능한 이들은 수집한 정보의 신뢰성 확보를 가장 중요하게 생각하기 때문에 검증이나 분석 과정을 거치지 않은 정보는 신뢰하지 않는다. 반면 질문 내용에 더 관심을 보이는 구성원들은 생각을 유도하는 문항deep question을 중요하게 생각한다. 이렇게 기대치가 서로 다르면 동일한 평가 방법으로는 모두를 만족시킬 수 없다. 이런 경우에는 각기 다른 평가 전략과 평가 방법을 사용해야 한다. 또한 설문조사 한 번으로는 양쪽의 기대치를 충족시키기 어려울 수 있다. 그러나 결국 어느 쪽도 만족시키지 못한 채 끝나버리는 경우가 많다.

도서관 이용자로부터 정보 수집하기

이용자들이 도서관을 어떻게 생각하는지 궁금하지만 막상 도서관에서는 어떤 계획이나 사업을 진행하기 위한 근거 자료가 필요한 경우에만 이를 물어보는 경향이 있다. 이용자 정보를 수집하기 위해서는 상당한 시간과 노력이 필요하기 때문이다. 이러한 이유로 인력과 자원이 부족한 도서관에서는 예산 신청이나 인증과 관련한 근거 자료를 작성할 때까지 기다리는 경우가 많다. 도서관의 이용자 만족도 조사는 학내 구성원의 도서관 선호도를 파악할 수 있는 유용한 자료다. 그런데 도서관 직원으로서 자관의 이익에만 집중한 나머지 긍정적인 설문 결과에만 집중하는 경우가 있다. 이용자들에게 더 나은 서비스를 제공하기 위해서 참고할 만한 사실이나 정보를 얻으려는 애초의 의도는 어느새 잊어버린 채 말이다. 이는 이용자들에게 필요한 것이 무엇인지 제대로 물어보지도 않고 도서관에서는 이미 잘 알고 있다고 자신하는 오만한 태도라고 할 수 있다.

수집하지 않은 정보

자관에서 수집하고 있는 통계 자료에는 어떤 데이터가 수집되고 있으며, 용도는 무엇인지 파악해야 한다. 또, 도서관 외부에 통계 데이터를 제출해야 한다면 자관에는 어떤 혜택이 있는지도 확인해야 한다. 정부 기관에서 주관하는 통계 조사를 위해 필요한 직원은 얼마나 될까? 인증 여부는 대학교 차원에서 중요한 성과가 될 수 있기 때문에 이를 위한 통계 자료가 중요하다. 대학도서관 입장에서도 당연히 의미가 있는 작업이라 하겠다. 가능한 한 빨리 유용한 데이터를 많이 수집하는 방법도 있겠지만, 이 활동은 도서관에 꼭 필요한 작업이다. 도서관에서는 추가 예산을 신청하기 위해 다른 데이터도 수집하고 있다. 그런데 이러한 요건들 못지않게 중요한 사항은, 도서관은 이용자에 관한 정보를 바탕으로 의사결정을 진행해야 한다는 점이다. 도서관에서는 이러한 요구사항에 대해서 어떻게 균형을 맞춰나가야 할까? 두 개 이상의 보고서에 동일한 데이터를 사용할 수 있는 경우는 언제일까? 투입한 노력에 비해 얻을 수 있는 효과나 결과가 미미한 통계 데이터 수집은 거부할 수 있을까? 이는 모두 통계조사와 관련한 모든 활동을 종합적으로 고려해야 대답할 수 있는 질문들이다.

도서관이 필요한 정보를 수집하기 위해 더 많은 시간을 확보하려면 통계 업무를 체계화하고 단순화해야 한다. 다시 말해, 도서관이 자체적으로 활용하기 위해 데이터를 수집하는 작업은 매우 중요하며 우선적으로 실시해야 한다. 그런데 예상만큼 그렇게 많은 시간이 소요되지는 않는다. 예를 들어, 이용자 서비스 개선을 위해 진행하는 통계조사라면 간단할수록 효과적이다. 도서관 입장에서는 최소한의 경비로 되도록 많은 정보를 얻어내는 것이 중요하다.

도서관은 어떻게 이용되고 있는가

이 책은 물리적인 도서관과 이곳에서 제공하는 서비스와 자원에 집중하고 있으므로 물리적인 도서관이 어떻게 활용되고 있는지 평가할 필요가 있다. 간단히 말해 도서관의 투입량과 생산량을 비교해야 한다. 물리적인 도서관을 유지하기 위해 필요한 인력과 재원은 얼마나 될까? 그리고 대학교에서는 도서관을 운영함으로써 무엇을 얻을 수 있을까? 여러분의 도서관에서도 몇 년 동안 잊힌 공간이 숨어 있을지 모른다. 학내에서 공간 문제가 제기되면 항상 등장하는 장소가 있지만 도서관 직원 입장에서는 쉽게 보이지 않을 수 있다. 공간은 도서관의 가장 중요한 자원 가운데 하나이지만 실제 이용할 수 있는 공간은 한정되어 있을 뿐 아니라 관리와 유지를 위해서는 비용이 따른다. 그런데 학내 구성원과 의사결정 관계자는 물리적인 도서관 운영을 충분히 가치 있는 일이라고 생각할까?

대학교를 막론하고 공간 확보를 위한 치열한 경쟁이 일어나기는 마찬가지다. 학과나 행정부서 등 학내의 모든 단위 부서가 자신의 영역을 확장하기 위해 주시하고 있다. 어떤 프로그램이든지 운영하다 보면 공간에 대한 요구가 자연히 커질 수밖에 없다. 이에 반해 캠퍼스에 신규 건물이 세워지고 이를 이용하게 되기까지는 많은 시간이 걸린다. 이것이 대학도서관이 존재하는 대학교의 실제 상황이다. 따라서 학과장이나 총장의 입장에서 도서관 공간을 바라보고 평가하는 것도 나름 의미가 있을 것이다. 그러니 오랫동안 도서관 공간을 눈여겨보고 있는 학과나 부서의 입장에서 공간을 평가해 보는 것이 가장 좋다. 몇 년 전 직접 참여했던 도서관 공간 이용 평가 사례를 여러분에게 소개하고 싶다. 이용률이 저조한 도서관 공간의 활용 방안을 논의하는 과정에서 시작된 프로젝트였다. 그런데 동료 사서들과 관련 내용을 논의하면서 한 가지 공통점을 발견했다. 도서관에는 마치 유령도시처럼 이용자들이 좀처럼 찾지 않은 공간도 있지만 반면 이용자가 지나치게 많이 몰리는 공간도 있다

공간 이용 평가

도서관의 공간 이용률을 평가하기 위해서 먼저 전체 도서관 공간을 대략 '강의실 두 개' 기준으로 나누었다. 기능별로 공간을 구분하면 크기가 일정하지 않으므로 공정한 비교와 평가가 어려울 수 있기 때문이다. 도서관 평면도에 기준별로 나눈 공간을 표시하고 번호를 매긴 뒤 직원들에게 각각의 공간을 평가하도록 했다. 한편 도서관에서는 열띤 평가와 토론을 진행하기 위해 친분이 있는 학내 교수 한 명에게 '데블스 애드버킷devil's advocate'* 역할을 부탁했다. 도서관의 입장이 아닌 강의실이나 사무 공간 확보가 시급한 학과장이나 대학본부 입장에서 도서관 공간을 고려하고 검토하는 것이 그 교수가 맡은 임무였다.

인포메이션 커먼스를 제외한 도서관의 공간별 지출 항목과 비용에는 큰 차이가 없었다. 커먼스에는 고가의 장비나 기기가 집중되어 있으므로 운영 경비가 많이 필요하다. 각 공간별 인건비 역시 커먼스와 도서관 1층에서 제일 많이 지출되고 있었다. 그런데 도서관의 공간별 생산량을 측정하기가 쉽지 않다. 도서관에서는 이용자 가치를

• [옮긴이] '악마의 변호인'이라고도 하며, 의도적으로 반대 입장을 취하면서 선의의 비판자 역할을 한다. 모두가 찬성하는 사안에 대해 반대 의견을 제시하면서 토론을 활발히 전개시키거나 다른 대안을 모색하도록 주도한다.

기준으로 각 공간의 생산량을 계산하고 있다. 다시 말해 특정 공간을 찾는 이용자 수가 많다면 그 공간의 가치를 높게 평가하는 식이다. 또, 특정 공간에 소장하고 있는 자료의 대출 횟수가 많은 경우에도 높은 가치가 부여된다. 그런데 소장 자료의 대출 횟수만으로 해당 공간의 가치를 평가해도 괜찮은 걸까? 도서관이 대출 불가로 지정한 장서들 중에는 이용률이 높은 자료들이 많이 있지만 그것을 구체적인 수치로 표현하기는 어렵다. 대출이나 열람이 거의 없는 일부 자료들은 학내 구성원들의 연구 활동을 위해 도서관이 제공해야 하는 서비스로 정당화할 수 있지만, 만약 상호대차로 쉽게 구할 수 있는 자료라면 어떻게 평가해야 할까?

학생들이 거의 찾지 않거나 뚜렷한 기능이 없는 공간, 그리고 이용률이 저조한 자료는 회수되는 가치에 비해 많은 비용이 들어갈 수 있다. 다시 말해 투입량이 생산량을 훨씬 넘어서는 경우가 생길 수 있다. 하지만 이런 식의 평가를 적용하기 어려운 경우도 있다. 데블스 애드버킷을 맡은 교수가 맡은 바 임무를 수행하기 시작했다. "혼자서 조용히 생각하거나 노숙인이 찾아와 낮잠을 자기에 적당한 공간이네요. 여러분은 얼마나 많은 학생이 그 공간을 이용한다고 생각하시나요? 만약 저희 학과에서 그 공간을 강의실로 활용할 수 있다면 학생들이 원하는 시간에 더 많은 강의를 진행할 수 있을 겁니다." 사서 한 명이 여기에 반박했다. "교수님은 마이크로폼 자료실이 제 기능을 발휘한다고 생각하시나요. 좁은 공간에 잔뜩 쌓아놓은 자료를 혹시 보셨나요? 마이크로폼 자료실은 지금도 매우 좁다고 생각합니다." 직원의 대응에 교수가 다시 대답했다. "귀중한 자료라는 점은 물론 동의합니다. 하지만 낡고 오래된 마이크로폼 자료를 제공하기 위해 그렇게 많은 공간을 낭비할 필요가 있을까요? 지금껏 거기서 여섯 명 이상의 이용자를 본 적이 없습니다. 저는 적절한 공간 운용이 아니라고 생각합니다. 여러분도 잘 아시겠지만 우리 대학교의 교수연구실은 대부분 지하에 있습니다. 만약 마이크로폼 자료실을 이용한다면 최소 여섯 명에서 여덟 명의 교수들에게 쾌적한 연구실을 제공할 수 있을 것입니다."

기존 공간의 새로운 활용

도서관의 어떤 공간에 대해 지금 당장 필요성을 입증할 수 없다고 해서 필요하지 않다고 단정할 수는 없다. 학내 구성원에게 도서관 공간은 새로운 강의실이나 사무실을 몇 개 늘리는 것 이상의 긍정적인 효과를 낼 수 있다. 그런데 도서관에서는 언제까지 이런 상황을 지켜만 봐야 할까? 이제는 이에 대한 대처가 필요하다. 우리는 앞에서 여러 대학도서관들이 시도한 21세기 혁신 사례를 살펴보았다. 도서관에서 사용하지 않는 공간을 이용자에게 더 많은 가치로 돌려주려면 어떤 노력이 필요할까? 최근 인포메이션 커먼스로 교체되고 있는 과거 컴퓨터 랩실을 생각해 보자. 전기 콘센트를 충분히 이용할 수 있다면 노트북 라운지로 운영해 보는 것도 좋다. 또, 그곳이 24시간 열람실과 가깝다면 두 공간을 통합해 보는 건 어떨까? 하지만 안전을 걱정해야 할 만큼 시설이 노후화되었다면 굳이 기존 용도를 유지할 필요는 없다. 음식과 음료수를 제공하는 자판기를 설치하고 매점 공간으로 활용하는 편이 오히려 나을 수 있다. 그밖에 접근성이 낮아서 이용률이 저조한 공간이 있다면 대학원생 라운지로 활용하는 것도 고려해 보는 것도 좋다. 또, 도서관 건물 옥상에 트렌디한 카페를 차리면 도서관을 찾는 새로운 이용자들은 확실히 늘어날 것이다. 하지만 도서관을 이용하는 다른 이용자에게 방해가 되지 않도록 도서관 입구에서부터 카페까지의 이동 경로를 세심하게 관리해야 한다. 예를 들어 이용자들이 많이 찾는 베스트셀러와 같은 자료를 이동 경로를 따라 비치하는 것도 좋다. 그런데 이용자들이 접근하기 어려운 공간을 적극적인 홍보만으로 충분히 극복할 수 있을지는 의문이다.

생존의 문제

OCLC에서는 이용자들이 도서관을 어떻게 생각하는지 알아보기 위해 설문조사를 실시하고 이를 바탕으로 「도서관과 정보 자원의 인식Perceptions of Libraries and Information Resources」이라는 보고서를 2005년에 발표했다.[4] '도서관' 하면 가장 먼저 떠오르는 것을 묻는 질문에 69%의 응답자는 '책'이라고 답했으며, 12%는 '정보'가 떠오른다고 했다. 그런데 검색엔진보다 도서관 자원을 더 신뢰한다고 답한 대학생은 고작 6% 정도밖에 되지 않았다. 이와 같은 결과는 대학생들이 대학도서관이나 종이책보다는 전자 정보를 활용해서 각자의 정보 니즈를 해결하고 있음을 보여준다. 이용자의 정보 니즈를 해결하기 위해 대학도서관에서는 노력을 기울이고 있다고 자신하지만, 정작 이용자들은 도서관이 아닌 다른 정보원을 이용해서 각자의 문제를 해결하고 있었다.

드류 라신Drew Racine의 「생존을 위한 갈림길!Bifurcate to Survive!」에서는 다음과 같이 도서관 입장에서 가장 두려운 질문은 무엇일지 묻는다. "매년 수백만 달러를 지출해야 하는 오프라인 대학도서관을 앞으로는 구글로 대체하겠다는 첫 번째 대학교 총장이 조만간 등장하지 않을까?"[5] 장서 구축과 관련한 대학도서관의 보존 기능을 대학교 총장은 탐탁하게 여기지 않을 수 있는데, 이는 학내 다른 의사결정자들 역시 마찬가지일 것이다. 이제는 비용 대비 효과가 높은 방식으로 도서관 공간을 이해하고 운영해야 한다. 그렇다면 모빌랙 같은 이동식 서가에 좀 더 많은 양의 책을 보관한다면 해답이 될 수 있을까? 대학도서관의 소장률을 높이는 건 그리 중요하지 않다. 그보다는 학내 구성원이 도서관에서 제공하는 다양한 자원과 서비스를 직접 경험할 수 있는 공간을 늘려가는 것이 중요하다.

그렇다고 비관적인 생각에 젖어 있거나 무력감에 빠져 있어서는 안 된다. 하지만 라신이 상상했던 도서관의 최악의 시나리오는 우리 모두 한 번쯤 진지하게 고민해 봐야 한다. 위기와 시련을 겪고 있는 대학도서관이 우리가 퇴직할 때까지 그저 버텨내기를 바랄 수도 있겠지만, 그것이 이용자들에게는 막대한 피해가 될 수 있음을 명심해야 한다. 그럼에도 우리 모두는 대학도서관이 지켜낼 만한 충분한 가치가 있다고 믿고 있다. 대학도서관 사서로서의 의무를 다하고 이용자들을 충실히 응대하려면 더 많은 노력이 필요하다. 그리고 현재 대학도서관이 겪고 있는 고충과 문제점을 학내 사회에 분명하고 확실하게 알려야 한다. 대학도서관 이용자의 니즈와 선호도를 충분히 파악했다면 성공의 기쁨을 느낄 수 있는 날이 그리 멀지 않았다고 생각한다.

참고자료(Resources)

• Cook, Colleen. Fred Health, Bruce Thompson, and Russel L. Thompson. 2001. "The Search for New Measures. The ARI LibQUAL+Study — A. Preliminary Report." *portal: Libraries and the Academy*, Vol.1, No.1, pp.103~112.

• Hernon, Peter. 2002. "Outcomes Are Key but the Whole Story." *Journal of Academic Librarianship*, Vol.28, No.1-2, p.55.

• Hernon, Pete and Robert E. Dugan. 2002. *An Action Plan for Outcomes Assessment in Your Library*. Chicago: American Library Association.

• Ikenberry, Stanley. 2005. "Higher Ed: Dangers of an Unplanned Future." *State Legislatures*, Vol.33, No.8(September), p.16.

• Kane, Thoimas J. and Peter R. Orszag. 2003. *Funding Restriction at Public Universities: Effects and Policy Implication*. Washington D.C.: Brookings Institution.

• Lombardi, John. 2006. "Library Performance Measures That Matter." Presentation at the Library Association Conference: Building Effective, Sustainable, Practical Assessment. Charlottesville, VA. September 25, 2006.

• Maki, Peggy L. 2002. "Developing an Assessment Plan to Learn about Student Learning." *Journal of Academic Librarianship*, Vol.28, No.1-2, pp.8~13.

• Msote, C. D., Jr. 2004.7.4. "The Graceful Decline of Higher Education." *Washington Post*.

• Thompson, Bruce, Colleen Cook and Russel I. 2002. Thompson. "Reliability and Structure of LibQUAL+Scores Measuring Perceived Library Service Quality." *portal: Libraries and the Academy*, Vol.2, No.1, pp.1~2.

각 장의 주

1장

1   Scott Carlson, "The Deserted Library: As Students Work Online, Reading Rooms Empty Out-Leading Some Campuses to Add Starbucks," *Chronicle of Higher Education*, November 16, 2001, 35. https://www.chronicle.com/article/The-Deserted-Library/32747

2   Charles R. Martell, "The Ubiquitous User: A Reexamination of Carlson's Deserted Library," *portal: Libraries and the Academy* 5, No.4(October 2005), p.441.

2장

1   Todd Gilman, "Academic Librarians and Rank," *Chronicle of Higher Education*, January 4, 2008. https://www.chronicle.com/article/Academic-Librarians Rank/45926/

3장

1   S. R. Ranganathan, *The Five Laws of Library Science*(London: Blunt and Sons, 1957).

2   Scott Carlson, "The Deserted Library: As Students Work Online, Reading Rooms Empty Out-Leading Some Campuses to Add Starbucks," *Chronicle of Higher Education*, November 16, 2001, 35. https://www.chronicle.com/article/The-Deserted-Library/32747

9장

1   Sarah Steiner and Casey Long, "What are We Afraid Of? A Survey of Librarian Opinion and Misconceptions Regarding Instant Messenger," *Reference Librarian 47*, No.97(2007), pp.31~50.

2   J. B. Hill et al., "Text Messaging in an Academic Integating SMS into Digital Reference," *Reference Librarian 47*, No.97(2007), pp.17~29.

3   James Retting. "Technology, Cluelessness, Anthropology, and the Memex: The Future of Academic Reference Service." *Reference Services Review*, Vol.31, No.1(2003), pp.17~21. https://www.emerald.com/insight/content/doi/10.1108/00907320310460843/full/html

4   같은 글.

10장

1   Association of Research Libraries, LibQUAL, www.libqual.org

2   Pamela Snelson, "Communicating the Value of Academic Libraries," *College and Research Libraries News* 67, no.8(September 2006), pp.490~492.

3   같은 글, p.491.

4   Cathy De Rosa, "Perceptions of Libraries and Information Resources: A Report to the OCLC Membership: A comparison place to perceptions of Libraries and Information Resources"(Dublin, OH: OCLC Online Computer Library Center, 2005).

5   Drew Racine, "Bifurcate to Survive!" *American Libraries* 37, No.8(September 2006), pp.34~35.

찾아보기

진화하는 대학도서관

지은이

지넷 우드워드 Jeannette Woodward

지넷 우드워드는 럿거스대학교에서 문헌정보학 석사과정을, 텍사스대학교 오스틴에서 문헌정보학 박사과정을 마쳤으며, 여러 대학도서관에서 사서로 근무했다. 대학도서관을 퇴직한 후에는 와이오밍주의 프레몬트카운티 공공도서관 관장을 역임했다. 현재는 도서관 컨설팅 단체인 윈드리버라이브러리의 대표를 맡고 있다. 우드워드의 대표 저서는 다음과 같다.

- *What Every Librarian Should Know about Electronic Privacy*(2007).
- *Nonprofit Essentials: Managing Technology*(2006).
- *Creating the Customer- Driven Library Building on the Bookstore Model*(2005).
- *Countdown to a New Library: Managing the Building Project*(2000).

옮긴이

이윤희

숙명여자대학교 문헌정보학과를 졸업하고 현재 국민대학교 성곡도서관에서 근무하고 있다. 공동 역서로 『도서관을 통한 지역사회 프로그램』(2002)이 있다.

한울아카데미 2225

진화하는 대학도서관

이용자 관점에서 살펴본 대학도서관의 문제와 대안

지은이 **지넷 우드워드** ㅣ 옮긴이 **이윤희**

펴낸이 **김종수** ㅣ 펴낸곳 **한울엠플러스(주)**

편집책임 **조수임** ㅣ 편집 **임혜정**

초판 1쇄 인쇄 **2021년 5월 31일** ㅣ 초판 1쇄 발행 **2021년 6월 25일**

주소 **10881 경기도 파주시 광인사길 153 한울시소빌딩 3층**

전화 **031-955-0655** ㅣ 팩스 **031-955-0656** ㅣ 홈페이지 **www.hanulmplus.kr**

등록번호 **제406-2015-000143호**

ISBN **978-89-460-7225-1 93020(양장)**

　　　 978-89-460-6896-4 93020(무선)

Printed in Korea.